廖平全集

11

主编　舒大剛　楊世文

雜著類

游戲文
四益館雜著
四益館文集
集外文

上海古籍出版社

游戲文

廖平 撰
楊世文 校點

校點説明

《游戲文》實爲説經之作。乙卯（民國四年）仲春敘曰：「子素無志學文，偶爾染翰，都爲經説。及門求刻文集，經説以外每多散失，閒存一二，不足名家，不願傳布。惟每得一新解，輒仿經藝體以發明之，恢詭荒唐，僅資笑噱，既不便編入文集，又未純爲經説，無所附麗，聽其飄零而已。癸丑（民國二年）在京，或答疑詞，或抒懷抱，亦如詩人作詩，以消永晝。合舊作共十餘篇，寫定一册。曲園刊《擬墨》以助賑，人多以文章爲遊戲。科舉既停，久絶此體，或又以爲面目雖同，精神各别，由舊翻新，前所未有，留此花樣，以驅睡魔，其猶有曲園之意乎！或又以戲迷傳十八扯視之，亦可也。因題曰《游戲文》，以付之梓人。」蓋多爲民國二年（一九一三）及此前的一些舊文，因不便入集，民國四年成都存古書局刊入《國學薈編》，今據此本整理。

目録

四益館游戲文篇敘……四二九
游戲文……四三一
不以文害辭……四三一
「子曰三人行必有我師焉擇其善者而從之其不善者而改之」義……四三四
「子曰泰伯其可謂至德也已三以天下讓民無得而稱焉」義……四四一
「周有八士伯達伯适仲突仲忽叔夜叔夏季隨季騧」釋義……四四四
「三軍可奪帥也匹夫不可奪志也」義……四四九
「成事不説遂事不諫既往不咎」義……四五一
「所謂平天下」一章義……四五三
「《詩》云雨我公田遂及我私惟助爲有公田由此觀之雖周亦助也」義……四五六
「太師摯適齊」一章義……四五八
「十有三載乃同」義……四六〇

四益館游戲文篇敘

予素無志學文，偶爾染翰，都爲經説。及門求刻文集，經説以外每多散失，閒存一二，不足名家，不願傳布。惟每得一新解，輒仿經藝體以發明之，恢詭荒唐，僅資笑噱，既不便編入文集，又未純爲經説，無所附麗，聽其飄零而已。癸丑在京，或答疑詞，或抒懷抱，亦如詩人作詩，以消永晝。合舊作共十餘篇，寫定一册。曲園刊《擬墨》以助賑，人多以文章爲游戲。科舉既停，久絶此體，或又以爲面目雖同，精神各别，由舊翻新，前所未有，留此花樣，以驅睡魔，其猶有曲園之意乎！或又以戲迷傳、十八扯視之，亦可也。因題曰《游戲文》，以付之梓人。四譯老人識，時乙卯仲春。

不以文害辭　一句
三人行　一章
泰伯其可謂至德　全章
周有八士　全章
三軍可奪帥　全章
湯之盤銘　全章

顔淵問仁　全章
回也其心　全章
成事不説　三句
所謂平天下　一章
詩云雨我公田　一節
太師摯適齊　一章
十有三載乃同　一句
九州之外謂之蕃國　二句

游戲文

不以文害辭 題下原注云：「文作《説文》之文解。」

詩無達詁，不求甚解可也。夫説《詩》自識字始，及識字，而《詩》更難説，辭害矣，何以文爲？今夫《周易》無達占，《春秋》無達例，學貴變通，無取執一，於《詩》何獨不然哉？蓋四始興觀，不盡學人之所製；六書精奥，豈僅點畫所能包。文字有限，辭義無窮。以無窮之辭，窮有限之文，此其勢不至於交病而不止。且夫依類而文生，理皋而辭出。文非辭不屬，辭非文不立，固並行而不相害者，然而難言之矣。史籀作篆，文章丕焕中興，而汗簡殘編，已收鐘鼎彝盤之舊，經傳所以多異文也。況竹漆尠傳，經師多由於口授，必求通於穿鑿，則郢書燕説，何異舉燭之文。比興陳辭，篇什最多，通轉而長言永歎，不同魯史筆削之嚴，傳箋所以少定解也。況《白華》無辭，樂府但紀其鏗鏘，必牽就於形聲，則太史輶軒，已不勝徵文之苦。但曰文也，甚矣害。且夫文有在體者焉，有在音者焉，有在義者焉。文有體，體必精。霝改作靈，時雨豈由巫玉；禡原作馬，祭祀別有禂名。賊改從戎，賴乃作負，是不但禘之譌禓，乃爲不辨字形也。文有音，音必諧。求福不難，易儺而言語方合；飲食之飫，變鼬而義訓始通。燬不諧火，鳳不殊風，是不但女子讀好，乃爲不識古均也。文有義，義必確。參昴稱嘒，小星乃能有聲；鐘鼓歌謦，樂器乃有行步。鵶即是雅，頌以代容，是不但翦訓爲斷，乃爲有乖古訓也。以象形言之而文害：牛象頭，角三封，馬象髦，尾四足，采象獸爪分別，而西之象，則鳥在巢中，捌造取飛鳥情態，而式廓衣服，製句獨不類夫蟲魚。彼夫東爲木日，北爲背人，辨方位之陰陽，無殊斗建，而此乃獨取依聲之例也。一字附會，遂使人以西眷西人之句法，皆爲難字而莫通，是以文害一句之辭矣。且以方言考之，而文更害：朝鮮謂兒泣不止曰咺，楚謂兒泣不止曰咷嗷，宋謂兒泣不止曰喑，秦謂兒泣不止曰嘵。豳岐爲雍州故地，而《斯干》、《生民》矢音獨不諧夫土俗。彼夫謂他人罤，夃酌我罍，操土音於井鬼，無異楚囚，而此乃獨蹈忘本之愆也。一字舛誤，遂使人疑呱矣喤喤之啼聲，皆爲他州所擬作，是以文害一章之辭矣。害深矣，不塞不可。能爲走獸，於本飛禽，及爾女之爲乃若，古甚，而不古者亦不可泥。穢留彤管，目靜女於城隅；繩束白茅，稱吉士於尨吠。甚至綼巾爲處子所服，而聊可與娛，寡慾者亦思踰墻而摟，文字曾可據乎？所以入又，多又不可據，爲指在掌中；惠而、愛而不可定，爲毛在頰上。我觀西河爲說《詩》之主，而素絢存疑，致勞請益，猶覺讀書未免過拘耳。襄爲解衣耕，刑爲刀守井，及威困之爲姑盧，深甚，而不深者亦不可膠。窈窕無與心容，宮闈歌幽閑之女；蒙戎非關草蔻，泥中嘆流離之臣。況乎文昭皆史册所傳，而則百斯男，太姒亦不勝生育之苦，文義果可信哉？所以菀爲宛而麥爲來，諧其聲而義別；康爲苛而苦爲快，反其用而文同。我觀元公著訓詁之篇，必別本單行，不相比附，正恐據注以疑經文耳。中心爲忠，《扶蘇》與《北山》同調，即狂犬童僕，他説可徵。豈可以別解相繩，遂罪其不倫以爲儗？夫古字孳生未緐，經典別有通用之例。而書傳六體，保氏亦備載而不删。況本書之訓，多非本義乎？故河上築臺，不妨以䵷鼀例其父；墻歌掃茨，亦可以鶉鵲比其君也。不然，莫本爲茻中之日，而臣子作歌反用之，終苦其不典。是子所引之詩文已難解也，而況其他！老子爲孝，《小弁》與《北山》同情，即不離不屬，省文相苞，豈可以辭旨未詳，遂責其不經而難訓？夫古人煩冗不事，《春秋》亦爲錯舉之名。苟極力張皇旁觀，反譏其緐而不殺。況造句之例，不無參差乎？故有周稱顯詁，義未嘗與今聞通；帝命歌時，取義終覺與厥德異也。不然，本爲飛鳥之形，而臣子歌謡引伸之，轉覺其過晦。是子所引之語，文已難通也，而況夫《詩》。亥豕皿蟲，點畫皆存精義，苟字學精貫，則存真正譌，不妨因時作干禄之書。汃汾砅厲，字體未易詳求，苟識見膠黏，即載酒問奇，翻嫌泥古，失史皇之意。子之所害，固不在文，然文辭一也，如曰不然，子何疑《北山》而不疑《雲漢》也耶？

此丙子年張文襄提學四川科考覆試題文，爲文襄所激賞。時平年二十四，至今近四十年，文襄墓有宿草，録此以志哀感。

「子曰三人行必有我師焉擇其善者而從之其不善者而改之」義

聞之民生於三，事之如一，則師者與君、親並重，故或以爲世無仲尼，不在弟子之列，即使學無常師，又何至豫定數目，而曰「三人行」，不差不池？曰：必有我師，師嚴然後道尊。甚矣，師之多有之易也，是必有說。在昔弟子撰《論語》以事素王，故多經義微言，未可望文生訓，以常語解之者。考「三人行」之文，嘗見於《易》，曰：「一人行則得其友，三人行則損一人。」又曰：「有不速之客三人來。」《論語》之「三人行」，與《易》相同，可知矣。《周官》「三易」，曰《連山》、《歸藏》、《周易》者，一經而筮法有三，非有三經也。《歸藏》者，其占在背。《左》云艮之八，貞屯悔豫皆八也。至於《連山》，當爲連三，三爻連變。《晉語》云筮得乾之否，即所謂「三人行」與三客來也。又考父母卦内三爲生，外三爲行，乾與三女旁通。故乾以初姤往巽，巽即以小畜一人來乾四；乾以同人往離，離即以大有一人來乾五；乾以履往兑，兑即以夬一人來乾上。一卦三客來，共得四十八，一人行所謂得其友也。至於祖孫交通，則連袂以出，内外皆以三人行。乾之姤，同人、履往否爲孫。長局三人同行，而姤不見；中局三人同行，而同人不見；少局三人同行，而履不見。否之三索，无妄、遯來乾爲孫，其例亦同。故經曰「三人行則損一人」，通例也。乾、否各以三索互相往來，一生三，三生九，從者六卦，所謂「善者從之」也。獨是二女同居，其志不同，一國三公，何所適從？故同局相錯，不能不損。窮則變，變則通，群龍之中，忽焉首出，故除一人得友之外，三人之中必化一祖。《禮》曰：「君子抱孫不抱子。」孫可爲王父尸，爲祖孫昭穆同也，其不改者，善則擇而從之也。乾、否之三子，内爻相錯者也，異局則可變。如姤之於遯、訟，同人之於遯、无妄，履之於訟、遯是也。至姤與无妄，同人與訟，履與遯，則同局相反。卦變道窮，窮則反本。長居九之一，中居九之五，少居九之九。《傳》曰「始於一，壯於五，終於九」是也。不善者不用同行之兄弟，而爲王父之三祖。《論語》云「其不善者而改之」，即指此也。《易》曰「三人行則損一人」，就所損之爻言之；《論語》「三人行必有我師」，就所變之爻言之，文異而義同也。然自其外觀之，則善者美而不善者惡，改者辱而從者榮。不知天道變化，不主故常，革故鼎新，後來居上，朽腐可化爲神奇。《易》曰「武人爲於大君」，又曰「先迷後得主」，至此三人同行，一人化君，君一臣二，以相統屬，如弟子之於師焉。其曰「善」者，僅可之辭。治法去泰去甚，苟在可以然之域，君子不革。《記》曰：「利不十，不變法。」從者以臣從君，以二從一，所謂君道、子道、婦道者是也。且三王不同禮，五帝不襲樂，琴瑟不調，必改絃而更張，衣裳已敝，必改爲以建始。三統循環，必改正朔，異服色，以明天心，定民志。以改與不改較，則改者新而從者舊，改者君而從者臣。三軍左右同行，王師中軍，全經通例。所以云必有師，與君親同義。《記》曰「民生於三，事之如一」者，此也。

按：卦義詳後圖表。

《易》內卦三人行則損一人表 六十四卦皆如此，舉乾、否以見例。

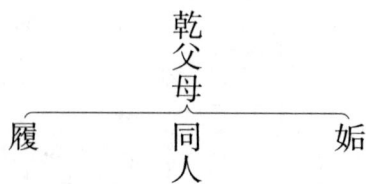

	三子	九孫		
乾父母	姤	乾　遯　訟	姤損	否之三人行，初局損无妄變祖。
	同人	遯　乾　无妄	同人損	否之三人行，中局損訟變祖。
	履	訟　遯　乾	履損	否之三人行，少局損遯變祖。

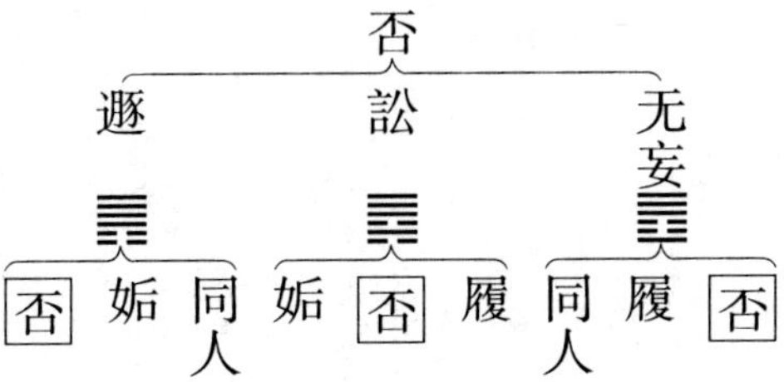

否之三人行，初局損姤變祖。

否之三人行，中局損同人變祖。

否之三人行，少局損履變祖。

外卦三人行必損一人表 六十四卦皆如此，舉乾、泰以示例。

其初本三卦，各以一人行于乾、泰之外三爻，至于往來外爻，則三人連隊而出，因其連隊，故謂之得友。得友以後三人同行，則又必損一人也。

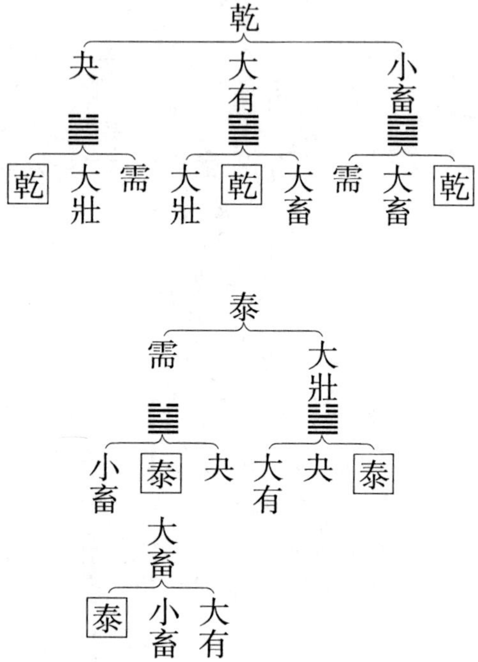

老父母八卦三生之三行圖

十六父母卦，內三爻爲生三子，外三爻全爲一人行得友。

夬澤天	剥山地	渙風水	豐雷火
大有火天	比水地	師地水	同人天火
小畜風天	豫雷地	困澤水	賁山火
履天澤	謙地山	井水風	噬嗑火雷
同人天火	師地水	比水地	大有火天
姤天風	復地雷	節水澤	履火山
乾	坤	坎	離

震	噬嗑火雷	隨澤雷	復地雷	豐雷火	歸妹雷澤	豫雷地
巽	井水風	蠱山風	姤天風	渙風水	漸風山	小畜風天
艮	謙地山	漸風山	旅火山	剥山地	蠱山風	賁山火
兌	履天澤	歸妹雷澤	節水澤	夬澤天	隨澤雷	困澤水

少父母八卦三生之三行圖

泰	大畜山天	需水天	大壯雷天	臨地澤	明夷地火	升地風
否	萃澤地	晉火地	觀風地	遯天山	訟天水	无妄天風
既濟	家人風火	明夷地火	革澤火	屯水雷	需水天	蹇水山
未濟	解雷水	訟天水	蒙山水	鼎火風	晉火地	睽火澤
咸	遯天山	小過雷山	蹇水山	萃澤地	大過澤風	革澤火
恒	鼎大風	大過澤風	升地風	解雷水	小過雷山	大壯雷天
損	臨地澤	中孚風澤	睽火澤	大畜山天	頤山雷	蒙山水

屯水雷	此十六卦皆從三爻往上爻，故八卦外三爻全與內三爻卦同，互相往來。外卦如姓氏不可變，故內卦如三子三婦，外卦如三壻三女。
頤山雷	此十六卦皆從本卦中局往旁通之五爻，爲客，外三爻爲三客，各從一卦而來，彼此交互往來。
无妄天雷	此十六卦皆從本卦初爻往旁之四爻，爲長客，如長女之壻。
家人風火	此十六卦在本卦爲生，爲少男、少女，往旁通卦之上爻，爲少客，如少女之壻。
中孚風澤	此十六卦在本卦爲生，爲中男、中女，往旁通卦之五爻，爲中客，如仲女之壻。
觀風地	此十六卦在本卦爲生，爲長男、長女，往旁通卦之四爻，爲長客，一卦生三卦，三男三女，有明文，京氏六宮之說最謬。
益	

《論語》三人行必有我師表 已見前表。

乾內
- 乾一
- 乾五
- 乾九

乾外：乾一　乾五　乾九

否內：否一　否五　否九

泰外：泰一　泰五　泰九

「子曰泰伯其可謂至德也已三以天下讓民無得而稱焉」義

聞之古有天皇、地皇、泰皇，合爲三皇。有皇則必有伯。説者謂《尚書》「王曰父羲和」，此小臣之伯，如齊桓、晉文夾輔王室。「帝曰咨汝羲暨和」爲中臣之伯，《詩》所謂「文王陟降，在帝左右」者也。首言「乃命羲和」，皇法天，故不言其人，爲大臣之伯，所謂南海之帝、北海之帝，夾輔中央，爲泰皇之伯也。知此，則可以説《論語》之泰伯。泰伯偶與吳泰伯名稱相同，儒者遂以吴泰伯當之，而無解於三讓天下，經不繫吴，可知其誤。考《論語》道、德、仁、藝爲皇、帝、王、伯之師説。皇法天而行，説詳《月令》，所道者天道也。帝主德，《大學》爲帝學，故主德，而不及道。德在人身，《洪範》之三德爲其綱，《帝謨》之九德爲其目。九德咸事，乃爲三公。因德授命，加以九錫，諸侯、大夫以六三迭降。帝爲元首，其德無名，故不可以數目計。《大學》引《堯典》曰「克明峻德」，《中庸》曰「苟非至德，至道不凝焉」。峻德即至德，特互文耳。吴泰伯封於句吴，地方不過百里，斷髮文身，下等於越。皇居中央，光被四表，土圭之法，一尺五寸。《書》曰：「帝光天之下，至於海隅蒼生，萬邦黎獻，共爲帝臣。」《孝經》曰：「先王有至德要道，以順天下，民用和睦，上下無怨。」以四方之民合於上下，即《書》之「光被四表，格於上下」也。又引《詩》曰「自西自東，自南自北，無思不服」，非至德其孰能順民如此其大者乎！側陋之吴，何足以當之！《論語》：「大哉堯之爲君也，唯天爲大，唯堯則之，蕩蕩乎民無能名焉。」堯居北海爲儵，舜居南海爲忽，二帝夾輔泰皇，君臨天下，堯無能名，即泰伯之無稱。《中庸》云：「中庸之爲德，其至矣乎！民鮮能久矣。」「久」當爲「名」，即所謂民無得而稱也。又考《尚書》，皇帝之制地方三萬里，制爲轂輻，所謂一轂三十輻以象月者也。二伯居兩極，地中則三皇居之。二帝爲赤衣、黑衣。素、青、黄爲三統，即所謂天皇、地皇、泰皇也。大同官天下，三統可以循環；二伯則世守其職，在顓頊曰重、黎，在《尚書》曰羲公、和公，傳之子孫，以官爲氏。考《尚書》堯欲傳舜，先讓四岳，傳記以許由當之。許爲泰嶽之後，二伯統八伯，推位讓國，不能越泰伯遂及方岳，舜先讓岳，由此可推。三皇迭更，二伯世守，一代一讓，三皇所以有三讓也。《洪範》五紀，例以皇爲歲，故經言三歲，多喻三皇。《詩》以士女比尊卑，故《左氏》衛臣賦詩，以晉爲士，自比於女。《詩》曰「士二其行」，「士也罔極，貳三其德」，謂三皇三統循環，異姓代興也。「女也不爽，三歲爲婦」者，即三以天下讓之變文。重黎、羲和，子孫世守也。經又以皇爲周，周公云者，即後來之泰伯。「獲麟」傳云：「其諸君子樂道堯舜之道歟，末不抑樂夫堯舜之知君子也。」制《春秋》之義，以俟後聖，生不逢堯舜禪，所謂泰伯，庶幾旦暮遇之乎！

蕭隱公先生《論語二十四問題》有此章，戲拈此以答之，知必見笑方家也。「舜有臣五人」章「亦有至德」，亦指堯舜。惟其說甚長，不便加入，當别爲一首以釋之。四譯自記。

附注

四表。《尚書緯》：萬五千里爲一表，二表相對爲三萬里。表字從毛，當暑袗絺綌。熱道用絺綌，冰海用毛褐，即裘葛之義。

土圭一尺五寸，以求地中。鄭注：千里而差一寸，一尺五寸爲一萬五千里，合之爲三萬里。按土圭測法，古今曆家不得其解，以其專用中國求之，以潁陽城爲地中，又用八尺之表，宜其不合。不知《周禮》爲皇帝制度，以地球緯度長線爲地中，地球升降三萬里，冬至、夏至於二極兩冰海立一尺五寸之土表，由兩極日中無影起算，至赤道之長線，爲萬五千里。說詳《書緯》、《孝經緯》鄭注，今不具録。

北海、南海。《莊子》：「北海之帝曰儵，南海之帝曰忽，中央之帝曰混沌。」《左傳》屈完曰：「君處北海，寡人處南海。」即用此説。以北南二伯中分天下，大小雖殊，其義同也。

三匡。《管子》有《大匡》、《中匡》、《小匡》三篇。今以分配皇、帝、王三等二伯。匡者，《論語》所謂「一匡天下」，與「中分天下」對文。

三皇。《秦本紀》：始皇下尊號，詔曰：「古有天皇、地皇，泰皇獨貴。今著皇去泰，曰皇帝云。」

轂輻。《考工記》：「一轂三十輻以象月。」《老子》、《賈子·容經》皆同。今本誤衍「日」字。又《禮記》「月以爲量」，量即《周禮》量人營地法，千里一日，一月爲三萬里。

五衣。《月令》：冬黑衣，夏赤衣，春青，秋素，長夏黄。三統三王，爲黑、白、赤，三皇則素、青、黄。《論語》：「君子不以紺緅飾，紅紫不以爲褻服。」即二海兩極色。緇衣、素衣、黄衣爲三皇統色，皆爲經例。

五紀。《洪範》：「皇省惟歲，卿士爲月（當爲時），師尹惟日，庶民惟星。」《公羊》：「以年統時，以時統月，以月統日，以日統辰，故曰元年春王正月，大一統也。」《王陽傳》曰：「《春秋》大一統者，六合同流，九州共貫。」六合即十二州，九州在中，十二州在外，爲五運六氣師説。王小一統，爲國；皇大一統，乃爲天下。

重黎、羲和。舊説皆云世守其職，以官爲氏。

「周有八士伯達伯适仲突仲忽叔夜叔夏季隨季騧」釋義

昔高陽氏有才子八人曰八元，高辛氏有才子八人曰八凱。八州八伯，臣子同義。堯有九男，則合計州數；舜有十子，則兼二伯言之。四帝承繼，疊矩重規。説者曰：此《尚書》四鄰四表之説，四分天下，各王萬五千里，以十五服立九州，弼成五服，以五千爲一州之説也。而《論語》八士，可得而推焉。考經天下一家例，閤宇宙爲門庭，皇爲祖，二伯爲父母，八伯爲才子，十六大伯爲公孫。《詩》曰：「先祖是皇。」《書》曰：「天子作民父母，爲天下王。」又曰：「伯兄、仲叔、季弟、幼子童孫。」八才子之説，兩見於《左氏》。九男十子，即才子之變稱。祖父子孫，合皇帝王伯言之，非家庭血族之名辭也。帝王以下，由此而推。雖《春秋》王三千里之九州而亦有二伯、八伯焉，而《論語》之八士，其專屬於周，何也？周者，普、徧、帀，三名同義，不必姬周也。《易》曰「周游六虚」，《詩》曰「有周丕顯」，《周禮》十一言周，知游大地一周，非皇孰足以當之？《記》曰：冬至，八能之士各奏其能。以八士配八音、八風，太乙下行之法取之。泰師摯章八佾適入八州，即此義也。其以伯仲叔季駢稱者，或以爲四乳而生八子，或以南宮氏當之。按：八元先敘四子，而後見伯仲叔季。八凱兩以伯仲叔季，曰伯奮、仲堪、叔獻、季仲、伯虎、仲熊、叔豹、季貍，八子不將爲二母，故各以伯仲叔季見乎？考《堯典》以羲和統四時，春曰羲仲，夏曰羲叔，秋曰和仲，冬曰和叔，見四正以配方岳，而四隅隱焉。《大傳》有「一岳貢兩伯之樂」之説。八伯賡歌，明文具在。詳推其例，羲和父母中分四岳，各統四州：正東羲仲，東南羲伯，正南羲叔，西南羲季。南方四州，各得萬里。大九州之制，乃爲皇極。正西和仲，西北和伯，正北和叔，東北和季。《謨》曰辛壬癸甲，禹爲司馬，所屬北海四州是也。《帝典》與《左氏》分數之，故四子別見。《論語》合義、和而累數之，所以駢文緟出，文雖異而義則同，知其爲八伯，與八元、八凱、九男、十子同爲天下一家例，則不待繁言而解矣。或曰：達、适同均，忽、突與夏、夜、隨、騧皆同，何也？考外十二州分配四時，無京師，則曰六沖，《書》所謂沖人、沖子是也。有京師則曰六合，四時以孟仲季相合是也。至於九宮八風以配八卦，《易·坤》曰「西南得朋，東北喪朋」，坤在西南，則乾當在東南，其在西北者，周在西京一時之言耳。乾坤相配，震與少女折中，艮與長女相合，中男中女當南北，氣同則音同，四正四維相合爲德，故均同也。

九州圖

漢　播鼓舞	晉　四飯	鼓方叔　河
三飯　秦		齊　太師
楚　亞飯干	少師　徐	擊磬襄　揚

四適四國
四正四入
四水四隅
四飯四方

四飯圖

	晉四飯	
三飯秦		齊初飯
	亞飯楚	

說詳《白虎通德論》

尚書

羲和八伯圖

羲伯羲仲羲季
和叔　羲叔
和季和仲和伯

論語

周有八士圖

伯達　仲突　叔夜

季騧　　季隨

叔夏　仲忽　伯适

八風圖

廣莫　庶風　清明

不周　　景

條　閶闔　涼

八音圖

壎土　管　柷圉

鼓革

鐘金

磬石絲琴匏笙

「三軍可奪帥也匹夫不可奪志也」義

自民約之説興，公理大明於世界。民可使由，不可使知，舊解爲愚民之術；或從二「使」字句絶，由爲自由，知爲開智，《詩》曰「云不可使，得罪於天子，亦云可使，怨及朋友」，亦以可使、不可使句絶，則民約之説，是早發見於《論語》。當今民權學説盛矣，上愚下智，民主君奴，無君風潮，喧騰世界，而獨不能推之軍事。夫軍國一理，國既無君，則軍何必有帥？乃海外政學，以軍爲凶事，存亡所繫，不可築室道謀，故國民可以自由，軍人必從號令。吉凶異禮，軍國異法，以爲萬國通行之準。君子曰：爲是説者，是小康之軍法，而非大同之民權，融而未明，知十而不知二五也。若謂軍中無帥，其師必敗。古今戰敗，不必皆無主將主持。林父以牽掣而喪師，子玉之剛愎未嘗不辱國；晉武以獨斷而成功，苻堅非以優柔而敗績？以軍比國，必謂帥聖而君愚，民明而軍黯。且擇民爲兵，兵者民之上級。今謂民之從上爲奴隸，民中高等之軍乃奪落其人權，使不得自由，尚得爲平等乎？且考古制，帥即爲所自主。《左氏》曰：「王將中軍，周公將左軍，虢公將右軍。」又曰：「晉侯將上軍，太子申生將下軍。」當其爲軍也，則俯仰隨人，亦如木偶之待牽引。一旦臨戎，忽若聖神之不可侵犯，軍令森嚴，萬衆無聲，是無君之説有時而窮，民皆逃伍，願爲民而不願爲君矣。故《論語》别有專説，以擴充無君之旨者，曰「三軍可奪帥，匹夫不可奪志」，一以銷汰專制之帥權，一以提倡自由之軍氣。必如此，而後無君之説乃得改良精進，推行皆準，而無妨礙。或者獨囿於舊説，以爲君可無而帥不可奪。不知名將驅市人而戰，置之死地而後生。夫人自爲戰，取勝之道，不關於帥，況教而後戰，三軍之士有勇知。方將門出將，人皆可爲帥，則少數不如多數。帥一廢，軍士志氣自高，牧夫走卒可爲王侯。奪一專制之帥，化成無數聖明之帥，與廢一專制之君，變無數神奇之君，其例正相同也。當今之學説，國法小康有君，大同則無君，吾爲之補一義：小康之軍必有帥，大同之軍決可奪。獨是滔滔，皆是大同之世，孔子且有志未逮，堯舜其猶病諸者，安得旦暮遇之乎？

康、梁主虚君之説，往歲在都中，因作此以調之，閲者不以辭害意可也。季平自識。

「成事不説遂事不諫既往不咎」義

周尊杞、宋爲二王後，爲奉其典章服色，以備三統之義。故徵文考古，皆折衷於二國。乃《詩》、《書》所傳，多非故府之舊，宏文鉅典，託於文獻無徵，此新舊之分，作述之别也。故名雖不改三代之舊，而實則因革損益，出於寸心，好古擇善，殊不足以盡其事也。夫子聞宰我説三代之社，而言「不説」、「不咎」、「不諫」也何？居春秋世族酋長之政未盡革除，一時亂臣賊子無禮君父，上烝下報，甚至姑姊妹不嫁者七人，若喪娶婚同姓，世卿尤小焉者。夫先野後文，古今公理。春秋開化久矣，程度猶僅如此，上溯草昧，愈久愈野，若上巢下窟，飲血茹毛，結繩不葬，實爲實録，非水土既平，逸居無教，乃始近於禽獸。軼文逸事則如彼，典謨雅頌則如此，或以爲史臣貢諛粉飾。然時雍雅化，絶於思議，亦非史臣所能僞爲。嗟乎！仲尼賢於堯舜，在此矣。蓋文明進化之故，莫不察微揆著，自近而遠。始雖褊邇，推廣可至無垠，且根於性生，隨其風俗，若深拒固閉，自外生成者，則有之矣。至於深入其中，父子君臣之尊親，禮樂尊賢之教育，高曾祖父生聚於斯，既已淪肌洽髓，相忘無事，謂一旦能翻然變夏，而其山川動植，因文以改觀，如篳路藍縷，斷髪文身之類者，非僅無此事，亦并無此理，所可共信也。蓋古人無德不敢作，孔子推德合權，以一身兼道德仁義，以一時寓伯王帝皇之事，六合以内，悉主悉臣，萬世以來，是師是表。先進野人，後進君子，時人據時事以相難，如諒闇、親迎、餼羊、公田、久喪、厚葬，皆據經義，以爲先王之典章，其實則非也。然託古使人不疑，以知來之政績，逆溯古昔而不嫌者，後野先文，始小終大，讀者循名核實，自可悟其顛倒。緣此，皇帝王伯之升降，不妨順以數往，以松之夏禮，杞不足徵也，以柏之殷禮，宋不足徵也，以栗之周禮，周亦不足徵也。蓋松、柏、栗皆謂後之法夏、殷、周而王者，古三代實無之。假三王之舊名，寓三統之新法，即三易之循環，存百王之定制。往者不可諫，來猶可追者此也。蓋古之帝王，未嘗非草昧之英雄，制器利用，捍災禦難，亦大有功德於民，雖踵事增華，後來居上，而文獻猶不足徵，且未至其時，不能不俟之君子。非天子固不敢議禮、制度、考文，有位無德，如彼三王者，實亦不能作禮樂焉。我夫子端門受命，蓋嘗如杞、如宋、如周，皆各有所得。然因陋就簡，不足以信今傳後。至於端門受命，不能不別有所作。然有德無位，不敢如三代興王，改正朔，易服色，殊徽號，易器械，懸之象魏，見之施行，使内外服從，互有長短，與三代通力合作，以有易無，彼此交際，而後德位兼隆，以吾之德，合三王之權，今古并而政教興焉。故凡經傳之三代，非已往，謂將來，非舊史，乃新經。作者謂聖，述者爲賢。不自聖而曰述，託於雅譯三王，所以爲述而不作也。故凡三統典章，如松、柏與栗者不一而足，大抵皆謂三統之後王。古之三代，未爲美善，無徵不信，民弗能從，無足稱道。即一二政教，彼善於此，君子無取焉。夫子恐説者以辭害志，故以不説、不諫、不咎明作述之宗旨。後賢芻狗成迹，專以申明聖言，乃後儒猶盛推既往之三代，而儕孔子於鈔胥之小儒，生民未有之謂何？甚矣，其不知聖也！

説詳《董子繁露·三代改制篇》。

凡傳記連舉三代制度可循環者，爲三代例；不能循環，由質而文，爲進化例。進化例猶可以既往之三代言之，若三統循環，皆爲法禹、法殷、法周之後王而言，斷非成事、遂事、既往之史事也。四益自記。

「所謂平天下」一章義

治國主三王，輔以五伯，平天下則主三皇，而五帝爲之輔。《書》頌黄帝之功德，以爲光被四表，格于上下，六矩正而天下平，其斯爲大學之成功歟！皇帝御宇，居中建極，首在辨方正位，以設官分職。方位者何？上天下地，東左西右，背陰向陽，所謂六中之上下四旁也。天不言，陰陽交，四時行，而歲功成。皇者法天，羲和四子各奉其職，庶績咸熙，而宇内定。蓋天下者，國之所積也。六宗合矩，以爲民極，囊括無遺矣。《詩》頌法三皇，魯天統主質，商地統主文。周監二代，人以法三垣。古有天皇、地皇，而泰皇獨貴，三分天下，乘時而王，循環無端，周而復始，是三才之教也。《大學》三引《詩》以法三皇，故《詩》爲天學，人居地中，爲皇祖。《詩》曰：「先祖是皇。」文家尊尊，以法君臣，質家親親，是爲父子。君子者，文質彬彬，以作民父母，以爲天下王。首《有臺》，《周頌》以之，《南山》爲土圭之地中，是爲皇極，東皇太乙。《緇衣》、《羔裘》，以龍名官，天公法日，即上帝也。次引《節》詩，《魯頌》天統也。殷居下方，與東皇作邦作對，以鳥名官，少昊在御，有白狼之瑞。《詩》曰：「克配上帝。」地統《商頌》也。《尚書》、《周禮》以五極法五帝，康居中國之中，黄帝法之，司中央之極萬二千里，后土佐之，南方之極萬二千里，炎帝司之，其神祝融。惟汝荆楚，居國南鄉，世建大號。今之王，古之帝，故以《楚書》居前，占南方七宿，晉與楚夾輔周室，屈完所謂「君處北海，寡人處南海」是也。北方之極，顓頊司之，《春秋》之所謂帝邱，表裏山河，形勢處中國之北。冬官司空陰，常處於虚空，虚不用也。舅犯者世居坎位，重冰苦寒，故有陶唐之遺風。考《尚書》王統五篇，《顧命》居中，四岳南，《甫刑》北，《文侯之命》東。爲《費誓》曰：「魯人三郊三遂。」孟獻子魯臣也，居中國之左，以代太昊，爲春官之司徒。五引《書》以配五帝，與《詩》合爲三五，所謂「三五在東」者，三皇五帝皆在神州，驗小推大，故以配黄帝也。聞之王爲古皇，於文以一貫三，絜矩之道，上與下合，左與右合，前與後合，而貫以居中之皇極，所謂「一以貫之」，「從心所欲，不踰矩」者也。惟二詩配上下，四書配四表，《有臺》與《康誥》不免有二心之嫌，然借三五以起皇帝，義别有取。且周東西通畿，有兩京焉，《有臺》及《康誥》以爲居行二京，亦無不可也。

三引《詩》法三皇表平天下爲三皇五帝，三王五伯乃治國，不足爲天下。

上《南山》：「師尹具瞻，南山在上。」

中《詩》「樂只君子，民之父母」，居中包上下而言。

下「殷未喪師，克配上帝」，居下配上，即絜矩上下。

五引《書》爲五帝圖

	舅犯	
秦誓	康誥	孟獻子
	楚書	

坿今古《尚書》末五篇圖

	文侯之命	
秦誓	康誥	費誓
	呂刑	

「《詩》云雨我公田遂及我私惟助爲有公田由此觀之雖周亦助也」義

昔《周禮》授田有不易、再易、三易之法，有土均、均人以求畫一。蓋涵濡六合，寒暑既各得其平；樂利八家，貧富更無差等。折衡剖斗，無損人自利之私心；讓畔讓耕，無怨老傷窮之習俗。故公田爲大同之盛軌，非小康所可趨步。後儒慕復古之虚名，釀敗亡之實禍，鄉井牙角，盧里蕭條，乃以欺我歸咎古人，亦見其惑矣。井田曰助，與貢、徹不同。儒者于《春秋》、《尚書》税畝、土田皆據以爲説，不獨《大田》之詩爲然也。乃一倡百和，以爲三代之舊規，而以阡陌之廢歸罪商鞅。鞅之所改者秦耳，山東諸侯若鄒魯與齊不聞變法以盡地利，何以孟子别無所聞見？又井田布于鄉間，非圖書藏在秘府者比，縱有變更，父老之傳聞，史册之載記，一時不能盡没。孟子博于考古，有鰥之佚事，齊東之野語，猶時時稱道弗衰，何獨于本朝巨典，先王定制，反不能旁搜遠引，折衷群疑？乃據《大田》一詩單文孤證，爲此模稜兩可之辭？若不徵事實，但據經説，則豈《周詩》有之，上而典謨，下而列國，徵文考典，莫不從同。是果何因而至此哉？説者曰：經傳爲帝王垂法，公田之制，必大同之世，貧富相忘，而後能實行。若在三代以前，不惟夏周，即所謂殷之助法者，殆亦空有其文，而實無其事。儒者託于好古，擇善而從，亦如以鳥名官，歸美殷人耳。嘗就龍子説推之，莫善于助，莫不善于貢。有人于此，欲于三代之中考求一定之法，則不能不取助以定一尊，固必然之勢也。重農爲富國之源，貢賦乃王政之要。《詩》、《書》、《禮》、《樂》、《易》象、《春秋》，疆域雖有廣狹，政治雖有純駁，至於取民一法，不能三代并列，自相矛盾，一國三公，使後人無所適從。故考實事，求目見，歷世雖遠，莫爲之先。至於求經之説，六藝雖博，實無兩歧。公田明文，據見于《詩》，雖不見于别經，而與見經無異者，則不可縷數。由此觀之，雖周亦助，以明新經與舊史之分，往古與來今之别，初非模稜兩可，多聞闕疑。素王定制，經爲大同，隱示學者于語言之表。言公田意不僅在公田，是在學者之善悟矣。閒嘗推考六藝以外微言大義，實多非常可駭，宏大不經，或乃乖背人情，難于遵守。嗟乎！六合以外，萬世無窮，怪怪奇奇，何所不有？事變莫極，心思無多，知其可知，行其可行，餘以付諸後人，若公田者，不過其一端而已。

觀此，足見公田與三年喪同爲經説，爲後王法，有其文而無其事。公田必大同之世，人忘貧富，而後可行。王莽不知，而欲實行，所以自取亡滅。

舊以周已行井田，爲商鞅所壞。商君開阡陌，乃墾荒招工，非廢井田，事詳《商君書》中。秦之公田爲商君所開，山東齊魯公田又爲何人所開？且據龍子説，則周本公田，何廢之可言？

龍子説公田爲三代沿革。以經説言之，則《春秋》言公田，《尚書大傳》二帝三王皆同用公田，並無時代之分。

經書制度，爲周秦所無，故《秦會典》所引秦制，皆由六國舊法及山東人條陳，無一出于周之兩京者。證以《孟子》，其說愈明。經說則歷代皆同，事實則一無所有，此新經創制一大證據也。

「太師摯適齊」一章義

昔魯用八佾，説者以爲和八音，平八風。蓋東鼓，風明庶；南琴，風景；西鐘，風閶闔；北管，風不周；東北壎，廣莫風；西北柷圉，涼風；西南磬，清明風；東南笙，條風。《論語》：使八伶分居四方，各奏爾能，所以廣魯樂於天下，八音和而八風平也。太師八人平分適入，散處八方，既不如作者七人爲述聖言，又不如逸民之下有論議。或以爲諸伶辟魯，亦如殷太師、少師抱器歸周。然何以人各異地，不結侶同行，人適異國，且有遠不啻父母之邦者？君子曰之八伶者，非避地，乃廣魯於天下，非記事實，乃俟後之微言也。昔堯放四凶以化四夷，王者居中建極，臨御八方，移風易俗，端在於樂。八伯賡歌，以風化天下，即元凱布教四方之義也。且天子玉食萬方，有四飯之典。平旦少陽之始，食東岳所貢。齊表東海，泱泱大風，帝出乎震，是爲初飯太師居之。晝食太陽之始，南岳之貢，惟汝荆楚，居國南鄉，是爲亞飯干居之。餔食少陰之始，西岳所貢，秦霸西戎，夏而能大，是爲三飯繚居之。蔡字之誤也。暮食太陰之始，北岳之貢，晉主北方，表裏山河，是爲四飯缺居之。四伶者分適四岳，即《帝典》之羲和四子，宅四隩以正四時。齊、楚、秦、晉者，春秋之四大國，位當四正，即禹州之青、荆、梁、冀也。考黄帝巡狩，一岳貢兩伯之樂，故合爲四岳，分則八伯。東北兖州，河由此入海，兖以濟河爲界。又曰「九河既導」，故使方叔遊於此，所謂方叔即方伯之變文也。西北爲雍州，嶓冢導漾，爲漢水發原之區，使舞於此。播當爲鎛乾之音也。徐、揚二州，皆以海爲界，禹州西南不制州，故徐、揚皆在東南。少師者太師之副，徐合青爲泰岱兩伯，故少師入之。陽者東方位也，磬爲坤音，當副於荆襄，司擊磬者實入之。或以海爲南海，二人所入雖同，而封與樂器則各有别焉。以四入配四適，爲八州。以三音合三飯，成八伯。由内推外，自近及遠，故曰以魯容天下，而八音和，八風平也。八伶抱器以適入異國，非《詩》所謂「陳饋八簋，八鸞鏘鏘」者耶？獨是曹部爲之一空，誰與孔子共此居處，以數朝夕？幸也有師冕在，以不良於行，故居中留守。當日者九人，與孔子賡歌一堂，子告之曰「某在斯，某在斯」，蓋即此八人或適或入之方位，以配風音者也。

「十有三載乃同」義

《周禮》十三載巡守殷國①，以法歲星始於東寅，終於北丑。二月東巡狩，爲卯年卯月。五月南巡，爲午年午②月。八月西巡，爲酉年酉月。十一月北巡，爲子年子月。故説者以《大誥》二月爲春朝，《康誥》夏宗爲南巡，《酒誥》二月爲西③巡，《梓材》冬遇爲北巡，誣也。而兖州之十有三載乃同，可得而説矣。十三載之文，《書》説屢見。如孟津之類，或以其地近海災重，必十三載，乃與别州同賦。考墾荒上徵，近或三年，遠或至于十年、十二年，從無以十三爲期約者，兹何以不先不後，必出于十三載？且乃同與會同、殷同合，知其非也。又《洪範》「十有三祀，王訪于箕子」，以爲武年，則數過多，以爲文年，則數過少，舊説不得其詳，而與此十三載文同。嘗因《周禮》「十二載巡狩殷國」之文，而得十三載之説矣。考殷國四巡，《周禮》所謂春朝、夏宗、秋覲、冬遇，因地異名者也。三載一巡，四方偏而歲星一周，所謂群后四朝也。别

① 十三載巡守殷國：《周禮·秋官司寇·大行人》作「十有二歲，王巡守殷國」。
② 午：原作「五」，據文意改。
③ 西：原作「酉」，據文意改。

有時會殷同，即五載一巡狩者，則義不詳著。蓋三載一方，歲星一周，而外十二州徧。内之九州分爲三省，以法三垣。八伯會同，别占八載。京師大會同，尚不在其數。則内法三垣，知必别有年分，非於四巡十二載中參錯行之。推考義義①，以爲外州四巡，四三十二，而歲星周天三垣，亦三四十二，而歲星周天。經云「五載一朝」，由寅至午，由午至戌，分數爲四，合數皆爲五。此内九州十二載之説也。二十四載而内外徧，二者十五年而重相見。《左傳》云「待我二十五年」者，即此立説。承巡年計之，十七載歲陰在午，時會歲，方北四伯在焉。二十一載歲陰在戌，殷同歲，十南四國在焉，則乙丙丁庚矣。十三載陰歲在寅，大會同於京師，諸侯徧至。所謂十三載者，即巡狩十三年，終丑之明年同，則爲大會同也。《洪範》云「十有三祀王訪于箕子」，箕子當爲其子，内八男，外十二女。《帝典》「咨四岳」、「咨十二牧」，合稱爲二十有二人者，非寅年寅月之十三載不能大會同於京師，而爲禪讓也。蓋外州三年一方，皆于歲星所見之月而行事，時會、殷同則分見四州，如歲士、歲方。惟此十三載之大會同，則《召誥》、《洛誥》應之。帝道揖讓，天下無不至者，故於究特著其文，與江漢朝宗、漆沮會同事同一律。蓋朝宗即春夏之分巡，會同即時殷之夾輔也。或曰夏正建寅，爲得天數。寅年寅月大朝會，以冠各朝之先是也。《春秋》之法，先内後外，先君後臣。二十四載之朝期，當始京師，何不謂之元年

① 義義：據文意，似當作「其義」。

正月？乃先後倒置，承巡狩之數，而謂之十三載也。曰二十四載而朝覲巡狩徧，外詳内略，故必明著十三載，而後再周之説顯。使謂元年正月，或疑内外相間而行，元年朝京，二年則可東巡，時會、殷同亦可相間，故非特著十三載，不足見歲星再周之義也。考三正之説，本據夏正而言，乃舊説以周子爲十一月，殷丑爲十二月，夏寅爲十三月，以寅月爲十三，與此十三載之寅年同。不謂之正月而變其文，而曰十三月。年固有十三載，月且無十三月，蒙上而數，以相别異。知十三月爲寅，可以知十三載之爲寅矣。又考《帝謨》曰：「同寅協恭。」舊説以同僚解之，不知所謂同即「乃同」之同，所謂寅即此寅年寅月之十三載，非京師大同，則内四岳外十二牧，所謂二十二人者皆分見于巡方，不能徧至，所以特著，亦如此之特言十有三載也。

卯年卯月東巡寅卯辰三州爲春朝，午年午月南巡巳午未三州爲夏宗，酉年酉月西巡申酉戌三州爲秋覲，子年子月北巡亥子丑三州爲冬遇。○午年時見上方乙丙丁庚四州曰會，戌年殷見下方辛壬癸甲四州曰同，十三年與二十五年俱當寅年大會同於京師曰同寅。

四益館雜著

廖平　撰
邱進之　楊世文　校點

校點説明

《四益館雜著》收入廖平著作三十種。其中關乎尊孔讀經、《詩經》、《尚書》、《春秋》、《楚辭》、諸子、佛道，以及哲學思想、大統小統、天學人學、進化退化等，内容較雜，然多屬於廖平經學三變、四變時期的著作。其中《十翼爲大傳論》、《牧誓一名泰誓考》、《論詩序》、《續論詩序》等篇，對《書》、《詩》經學問題提出新見，值得重視。《治學大綱》亦爲理解廖平後期學術的重要文獻。這些著作多刊於《四川國學雜誌》、《國學薈編》等雜誌，民國十年（一九二一）四川存古書局刊行，收入《六譯館叢書》，今據此本整理。因《尊孔篇》份量較重，我們將其移入《群經類》單獨成書，《容經凡例》則移入《群經類》中《群經凡例》，餘仍舊。

目録

闕里大會大成節講義……四六九
十翼爲大傳論……四七五
牧誓一名泰誓考……四七八
論詩序……四八五
續論詩序……四九一
山海經爲詩經舊傳考……五〇二
《中庸》「君子之道章」解……五〇六
孔子天學上達説……五〇九
墨家道家均孔學派别論……五一五
改文從質説……五二二
大學平天下章説……五二七
哲學思想論……五二九
世界進化退化總表……五三三

災異論……五四三
天人論……五四五
忠敬文三代循環爲三等政體論……五五三
高唐賦新釋……五五五
佛學考原……五六四
南皮纂輯左氏春秋説長編三十六門目録……五七五
荀子非十二子篇解……五七九
中小學不讀經私議……五八四
洪氏隸釋跋……五八七
隸釋碑目表自序……五九一
隸釋碑目表……五九三
公羊春秋傳例序……六二四
治學大綱……六二八
重刻日本影北宋鈔本毛詩殘本跋……六三一
答江叔海論今古學考書并序……六三六
離騷釋例……六四五

闕里大會大成節講義 在聖廟奎文閣。

今日乃我孔教第一次全國大會，老師夙儒，咸來會萃，平不佞，忝推講席。試問一部十三經，從何講起？四顧茫茫，幾難開口，微言大義，如何闡揚？第如此盛會難得，平欲無言，勢固不可。中國數千年來，講孔學者多矣，各有所得，各省名家，辨真別僞，絶非頃刻口耳間事。簡言之，東海、西海、南海、北海有聖人出焉，此心同，此理同也。孔子爲生民未有、萬世師表之大聖，非一代帝王治世數十年、數百年而止者，果何以能放諸四海、俟諸百世而不惑乎？故平謂貫澈六經，須證明新義。諸君初聞，當覺駭怪，殊不知八股講章風行後，孔子之道不明，已相習成風。孔子立言，功豈止不在禹下？孔子爲將來萬世計，若專述過去陳迹，直塵羹土飯，安在其合於萬世之用乎常。據新經義，知天生孔子，作六經、立萬世法，孔子以前既無孔子，孔子以後亦不再生孔子，前無古人，後無來者，此其所以能統一全球也。故孔子居立言之位，其道兼包天人，統括小大，原始要終，與天地相終始。若於春秋時代，即使爲王，則其功囿於一時一地已耳。試考之《周禮》，言版圖三萬里，於兩極立表，以測地中；據此，則必冰洋不冰，熱帶不熱，始爲太平，可知《周禮》爲三皇五帝治世之經也。《尚書》大義亦與此略同，皆以孔教統一全球者。若誤認二書爲史書讀，則是涇渭不分，直將孔子降與遷、固儕列，一譯手而已，何足以配大祀哉？更以西哲進化之理攻之，孔教益無以自存矣。西人所譯中土經傳，大抵皆科舉之書，以孔子爲村學究，鄉黨自好之士皆能之，至謂人人皆可爲孔子，是豈知孔子之真象？若使知之，其敬仰當較耶蘇尤盛。平常以新經義考之，知孔子之意，乃是以皇降帝、帝降王、王降霸，立退化之倒影，告往知來，使人隅反。蓋治世之制，實係由霸進王、由王進帝、由帝進皇也。孔子以前爲蠻野之世，其男女無别，父子平等，載諸《春秋》者不一而足。孔子特撥而正之，漸而進之也。至論文野進退，主在倫常，不純在物質。物質文明者，倫常反多蠻野；倫常文明者，物質亦不盡文明。不得專以物質爲進化標準。若進化退化之公例，譬如登山，由麓陟巔，仍由巔降麓，一來一往，一上一下，互爲乘除。西人主進化，亦有退化之時；孔經言退化，實示進化之意。寄語西人，毋徒矜物質文化以自豪，而凡我孔教諸子，更當昌明聖教，放諸四海，以企同文同軌，致太平大一統之盛焉，是在吾黨。

附舊説以經爲史之敝十條

一、凡屬史事成迹，芻狗糟粕，《莊》、《列》攻之，不遺餘力。孔經新非舊，經非史。三年喪、公田乃孔作，非舊有，《孟子》詳之。

二、經説若主退化，是乖世界公理。今自孔以降又二千餘年，其退更復何如？宜外人以爲半開明也。須知經言退化，實行經意則爲進化也。

三、經先文後野，先大同而後小康，其説顛倒。故知此爲互文起義，言退化則進化可知。欲列四等，不得不借古人爲符號。

舊史皆字母，新經全用孔氏古文，《莊子》、《史記》甚詳其説。

四、同一周史事，《春秋》、《王制》疆域三千里，《尚書》、《周禮》三萬里，小大相反，皆自以爲真。孔經初出，惟弟子能讀能解，至魏文、齊威、燕昭，乃推之見於事實。秦皇、漢武所有制度，皆山東人條呈，據以見之行事，爲東言西行一大例。若經非孔子託言，小標本三千里，大標本三萬里，則三書皆不可通。

五、《提要》云：《周禮》確爲周公所已行。周公没，後人非周公，又加改竄，久之，當時亦不能行云云。《周禮》言五帝，然秦得兩周故地，其典章無一存留，即黑帝，尚待漢高補足，何以周時已有之？如此，則真芻狗糟粕，何以使百世下服習之，以爲聖經？

六、凡政法，必合時宜。堯舜舊法遠在四千年前，萬不可推行於後世。俗説堯舜制度不論時地皆可推行，乃八股家不明法政學之言，不足爲訓。

以《尚書》、《周禮》爲新經，全球之治譜，聖經存此大綱，以俟後之堯舜。開世界之太平，爲百世之法守，故足以爲經，使人服習。若係舊史芻狗，何可存留？古人已詳言之。

七、《周禮》土圭三萬里，姬周無此版圖；於兩冰洋立表求地中，至今尚不能行，如何可爲史迹？

孔子生知前知，代天立言，萬世師表。先天而天弗違，故預垂空文以俟後王，斷非古史。孔經漢初不過數十百本，今則盈千累萬，不可數計。知地球既通，由近及遠，施及蠻貊矣。

八、立德立功之帝王祇能自成一局，不能兼通。孔子惟立言，乃能兼包天人，貫通皇霸。博學無名，所以爲世界獨有之至誼也。

九、録輯舊史，班、范優爲之。如以經爲史，是二十四史之作者與雜、野各種記載，皆足以分尼山之席。

孔子以前無立言者，故西漢以前，無周公作經立言之説。古文家乃率引周公，遂至《爾雅》亦以爲周公作，孔子所保存者惟《孝經》、《論語》；或又以《左》、《國》早已引用，則孔子直無一椽可避風雨。兩部《皇清經解》，皆有此弊。

十、凡爲政於一時一地者，祇能有功於一時一地。孔子則爲天下，不爲魯國；爲後世，不爲當時。

孔子四經人物表

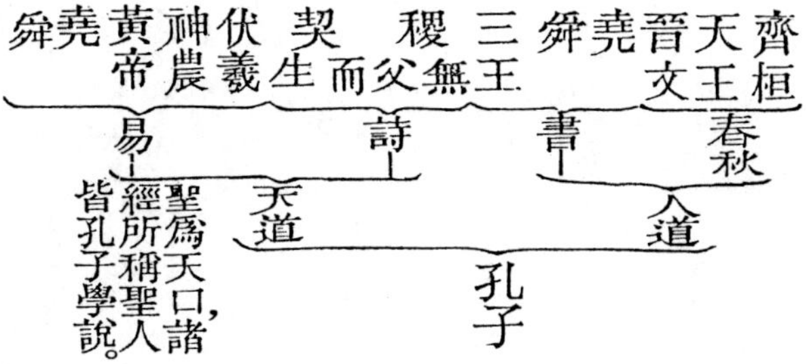

凡文明之皇、帝、王、霸皆爲經說，爲經等級，孔子化身；古有其人，不必有其資格。若太昊、少昊、稷、契，則皆天神矣。獨尊孔子，則人天同在。據東漢古文家說，周公爲先聖，孔子爲先師。沈《野獲編》①、魏源皆欲推周公退孔子，據理而言，其說亦是特欲推周公。周公尚有父兄，又有湯、禹、堯、舜，更有三皇，故除尊孔以定一尊，此席不能定，勢必互相起訴，用無數律師矣。

① 沈野獲編：即明沈德符《萬曆野獲編》。又，「編」原誤作「篇」，今改。

聖經世運進退表

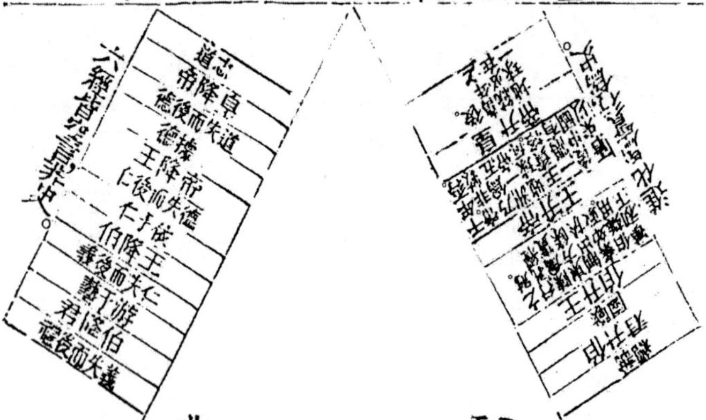

經爲空言，實行經制始于戰國。魏文、齊威、燕昭。戰國以前，中國君民程度與今秦西略同。

東人言：西方行秦皇、漢武皆屬創造，非古所有。由經說變爲史事，在戰國後。

西人所主進化說，如五大洲交通，乃新創之局，非堯、舜、周公以前海禁已通，幽厲之後乃閉關三千里。

此退化之理，孔經据以立說，然由退可以知進。

如專主退化，堯舜至春秋迭降四等，秦漢至今二千年又當降四等，由此推之，數千萬年後不復爲人矣。

退化至于君後，中國又反草昧，爲戰國以前程度。

十翼爲大傳論

或曰：歐陽文忠以《十翼》爲非孔子作，雖師其説者代不乏人，然巨儒官書皆不遵用，奈何踵而推廣之？曰：文忠雖非大師，治經以本經傳記爲主，則不易之法門也。群言淆亂衷諸聖；異論雖多，歸本傳記。今主文王作《易》者，爲本經傳記乎？抑野言乎？姬文之説，見於《史》、《漢》，詳於讖緯，或以爲羼補，或以爲託號，姑不具論；而《繫辭》固明以殷人作，「當文王與紂之事」，與《禮記》「商得乾坤」合。其言畫也，明指伏羲氏，辭果爲文王繫，則亦當如畫卦，明言文王囚羑里繫《易》辭，如伏羲之仰觀俯察之比，何得以爲「當文王與紂之事」耶？《禮記》何以又有「商得乾坤」之語耶？經教之設，西漢以上皆歸孔子，無文、周也。昔時文、史皆爲字母，《史記》所謂「百家語」、「外家語」，孔子以古文譯經，以言爲經，爲作非述，此西漢以上定説也。審是，則孔子得殷人乾坤之書繙譯爲乾坤，與《詩》、《書》、《春秋》相同，孔子作經，賢者因而述傳，聖經賢傳，亦與《詩》、《書》、《春秋》同也。諸書言孔子讀《易》學《易》，以爲孔子即指乾坤言之，可以爲指繙雅之經本，亦無不可。又《左傳》所引占筮諸事，以經爲孔子以前舊籍，此《左氏》之通例，於《詩》、《書》如此，即於《春秋》亦如此。《易象》與《春秋》同爲韓宣子所見賞，此全用「述而不作」一語爲主，以新經爲舊見之通例也。且不惟經如此，即師説亦然。

如《乾・文言》之四德，如穆姜稱引佚《象》，《説卦》比例尤多。左氏作《左傳》，全在發明六經師説微言，非史官史文之巨證也；如必拘其説，則《繫辭》、《文言》亦多鈔襲，非孔子自作。諸經如此，則尼山之功業果從何見？又《左氏》、《周禮》「三易」、「易贊」以「周」爲「周帀」，是也。舊説以「周」爲「姬周」、《易》爲文、周作，故名《周易》。案「三易」乃九筮之總例，非有三經本，《左》、《國》所稱周易皆一爻變，餘不稱「周易」，則周非代名，乃「周流六虚」之周。「三易」乃筮之法，如三夢、三兆，並非三代三書，固不可易者也。且東漢之説初只文王，後乃加入周公，馬、陸晚出，何所稟承？不過以經爻辭有「箕子」明文而避之耳。無端臆造之談，遵信不疑，《大傳》明證，反驚而怪之，可乎？且「箕子」明文見爻辭，可以周公避之，《象》下乃以箕子、文王兩解之，是《象》不惟有箕子，並有文王矣，何以獨避爻文而不重卦義也？又，經學必有根本，西漢之學六藝，全本至聖，古今良法，東漢《易》家則張皇四聖，似乎以爲周公者。吁！是「二國三公，莫知所從」。朱子遂有「伏羲之説不必同於周公，周公之説不必同於文王」，同爲聖言，歧中又歧，此《易》學之所以不明也。又，經爲聖繙，實嘗采用春秋時事以入經文，周以前事證尚少，所有經中經制官名實多由孔子引譯；今因作者從文、周爲斷，所有切證明事皆不敢引用。舊説誤以殷、周爲東、西鄰，則秦、晉獨不可爲東、西鄰乎？即以《晉》與《明夷》二卦而論，《晉》即指晉，《明夷》指楚；「鼫鼠」即《詩》之「碩鼠」，「角」即「國」，「伐邑」即取威定伯，「王母」即惠后，「南狩得首」即吕錡射王中目事，「左股」，楚人尚左，初天後地即王而稱子。

二卦之一明一晦，即《左傳》中國日、夷狄月；以楚正南，故曰明夷。如此之類，僕數難終。舊因有年限，不敢牽用，今發此例，利便無窮。就經傳本文而探得大例，非無病而呻也。或疑退《十翼》於賢述，近於非法，是又未深思：果孔子作，退於傳例，亦在《論語》之班；非聖作而强名之，不同以孔子事有若乎？史公稱《易大傳》，本有明文，《文言》之語已見《左傳》；以弟子記聖言而並下己意，諸經之大傳皆同此例，非以爲不經聖作，便弁髦視之也。況古來傳問之體，惟《喪服》最爲明備，子夏作《大傳》，發明大義總綱，《禮記》中《大傳》是也。《服問》、《間傳》、《三年問》在《大傳》後，故引「傳曰」以爲説；至於經下每條之傳，又在《服問》等篇之後。考其蹤跡，由《大傳》以至坿經之傳，非三四傳後不能。以《易》例《喪服》，謂《大傳》以及經下之傳爲一人手筆，可乎？其中多訓詁解釋之文，以孔子至聖，而退於箋注之末，名曰尊孔子，實乃小之也。《論語》雖非聖作，重等於經，又安得以其退與傳列而遂輕之耶？

牧誓一名泰誓考

《大誓》「大」一作「泰」，別名《牧誓》。古今言《大誓》者共有四焉：一爲西漢博士後得合二十八篇爲二十九篇者；二爲《周本紀》之六十七字；三爲僞古文之《泰誓》三篇；四爲孫星衍之《今文注疏》輯本。博士後得本乃《逸周書》之一篇；《本紀》六十七字，乃史公隱括《牧誓》之訓説；僞古文采輯諸書所引，編次而成；孫則據博士所得之逸文，兼輯《史記》、《大傳》傳説之文，亦成三篇。今按《甘誓》以地爲名，又名《禹誓》，與《湯誓》對文，此以「牧」名，與《甘誓》同，一名「大」，則與《大誥》對文，如《禹誓》、《湯誓》之比也。本名《大誓》，故秦漢以前引《大誓》之名凡十五見，別名《牧誓》，與《甘誓》皆以地爲名，非通行之稱，故秦漢以前《牧誓》之名不見引用，可知古書當名《大誓》，不名《牧誓》。西漢之時，別得《大誓》傳説，博士合爲二十九篇，遂使《牧誓》、《大誓》經與傳分爲二篇，百篇僞序並列二序。古文家因以《史記》隱括《牧誓》訓説爲《大誓》，別録經全文以爲《牧誓》，其誤如《堯典》外別立《舜典》、《禹貢》外別立《九共》、文與《禹貢》同，乃以爲九篇。《帝謨》外別立《帝誥》，古本以《帝典》、《帝謨》爲正名。《法言》云：帝得之而爲謨。《大傳》「帝誥」即「帝謨」之字誤，所引施服上下五采即《謨》明文。一篇誤爲二名，故致歧異。按《尚書大傳》云：「自《大誓》，武王。就《召誥》，周公。而盛於《洛誥》。成王。」《周書》既首《大誓》，則伏生自當以《大誓》爲首，乃伏書無《大誓》，而《牧誓》之名不見於《大傳》。可知今本《牧誓》即古文之《大誓》，故經首《牧誓》，傳詳《大誓》，是一是二也？襲定庵撰《大誓問答》，以《大誓》與《牧誓》原有二篇，《大誓》爲真古經本文者，誤也。《孟子》、《左》、《國》所引《大誓》之文，西漢本無之，故僞古文乃搜輯佚文，別撰三篇；不知博士所得乃事傳，《孟子》、《禮記》、《左》、《國》諸書所引乃經文師説，考「故」爲古傳説書名，《藝文志》言《魯詩故》、《齊詩故》是也。《國語》二引①《大誓》，一作「大誓故」，謂解釋《大誓》之師説，非《大誓》原文也。故二者文義不同。孫氏《今古注疏》又搜采西漢本逸文，於《牧誓》之先補《大誓》一篇，考其文與《牧誓》及史傳《尚書》相出入，其書非《牧誓》異文，則克商之傳説，又誤中之誤矣。今以《誓》本名《太誓》，博士本及孫氏本爲事傳；諸書所引《大誓》，今《牧誓》無其文者，爲異文師説。立十四證以明之。考《泰誓》先秦以前見於引用共十五條：《孟子》一，《禮記》二，《左傳》四，《國語》二，有一稱《大誓故》者。《荀子》一，《墨子》四，而《牧誓》之名絕無引用者。如果古有二篇，當無優劣，不應引《大誓》者十五見，而《牧誓》絕不一及；使古人重《大誓》輕《牧誓》，則伏生傳經又不應録《牧誓》而佚《大誓》。以《牧誓》本名《大誓》，故見《大誓》不見《牧誓》。使果有二篇，《大誓》爲《周書》之首，又爲古人所寶貴，屢見稱述，伏生傳經不應首《牧誓》而佚《大誓》。一也。《墨子》引《書》，文多與今本有異，如《公羊

① 二引：按似當作「三引」。

傳》引《秦誓》與今本大異，讀者幾不知爲《尚書》語。況《天志》中篇《大誓》之道之①曰：「紂越厥夷②居，不肯事上帝，棄厥先神祇不祀，乃曰吾有命，無廖僔務《非命上》作「無僇非扁」③，《非命中》作「無僇其務」。天下」，是即説經「昏棄厥肆祀弗答」之言，即言《大誓》之道。是《墨子》解説經意，非直引經文。又，《非命下》《大誓》之言，殷王「謂人有命，謂敬不可行，謂祭無益，謂暴無傷，上帝不常，九有以亡」，即解經「恭行天罰」之意。「民之所欲，天必從之」，《左》、《國》凡四見，即解經「俾暴虐於百姓」、「今予發惟恭行天之罰」二句之師説。孫本引《本紀》《大誓》篇云：「今殷王受乃用其婦人之言，自絶於天」，是經「惟婦言是用」師説。又引《大誓》云「乃斷棄其先祖之樂，乃爲淫聲，用變亂正聲，怡悦婦人」，是「婦言是用」、「棄祀弗答」師説。又引「離逖其王父母弟不迪」，又引《谷永傳》《書》曰：注家以爲《大誓》。「乃婦人之言，自絶於天，四方之多罪逋逃，是崇是長，是信是使」④，則更爲《牧誓》明文。二也。一事同時，經録二篇，以史法言之可也，經則如《春秋》，別有取義，與傳詳略迴殊，不得以史例經。又經如果二篇並立，則必事實文義迴

---

① 此「之」字原脱，據諸子集成本《墨子閒詁·天志中》補。
② 厥夷：原作「佚遺」，據《墨子閒詁》改。
③ 非扁：據《墨子閒詁·非命上》，當作「無廖排漏」。
④ 按所引《谷永傳》語，據《漢書》，當作：「乃用其婦人之言，四方之逋逃多罪，是信是使。」

然不同，今於事則重複襍沓，何須重出一篇？且記事實之文多，並非誓體，而以「誓」立名，是諸書所引非《牧誓》迭文，則爲傳説無疑。三也。《大傳》引孔子云：「五誓可以①觀義。」後人據有《泰誓》，乃改五爲六，今據經本五篇改正爲五。三王二伯各立一篇，三統二公就此立義，不應周武朝獨有二誓。四也。博士所得之《大誓》所言「惟四月太子發祭畢」、至孟津「白魚躍舟」等説，兼見於《大傳》、《逸周書》，董子亦有語，而《同類相動》篇又引其明文，云《尚書大傳》。《逸周書》多爲《尚書大傳》，伏生所傳乃一家本，文不必全。此云《大傳》即指《周書》，不必爲伏本也。由此推之，是博士所得《大誓》全爲傳説，與伏氏《大傳》相同。《大傳》録傳説，不録經文；其文既見《大傳》，必非經矣。又《大傳》無《泰誓》篇名傳説，可知《牧誓》即《大誓》。五也。《尚書》舊傳多在《逸周書》中，《克商》、《作雒》、《世俘》、《明堂》，皆詳記周事，與《史記》所紀大畧相同；今諸書所引逸文，觀兵、白魚、赤烏等事，又與《史記》相同，西漢所引之《大誓》，即今《逸周書》原文而今佚者，孫本輯之以爲經。以此推之，則《克商》、《作雒》、《世俘》、《明堂》、《王會》等篇亦當升爲經矣。六也。考《史記》，武王出師至孟津，皆有號令之辭，經但録《牧誓》一篇，前後諸篇皆列爲傳，如《左傳》先經起事、後經終事之例，經少傳多。故武王事但取二百四十五字，如夏禹一代但取《禹誓》八十字而已。考《史記》，二月甲子牧野誓師去十二月戊午孟津誓諸侯，相去六十六

① 可以：原作「以」，據四庫本《尚書大傳》增改。

曰，《禮記·大傳》「牧之野，武王之大事」，以《牧誓》爲重，則孟津皆在所包，不應同爲一事相去三月，經遂分載二篇，與夏、殷事不一例。七也。劉歆攻博士經不全，因張霸《百兩篇》撰爲百篇《書序》，凡一篇二名者皆以爲逸篇，湊合百篇之數。《史記》本文曰「孳孳①無怠」，下當接「二月甲子昧爽，武王朝至商郊牧野，乃誓」。及「今殷王商」六十五字，古文家於「無怠」下羼入「武王乃作《大誓》告於衆庶」十②字，以史公隱括《牧誓》之六十五字爲《大誓》，移《牧誓》「二月甲子昧爽」十六字於後，别引經文以爲《牧誓》，遂致訓説爲一篇，别引經文又爲一篇。《史記》如果有《大誓》篇，則文當與《牧誓》不同，今乃全與《牧誓》相合，則何必歧出？又，考《史記》於三代書多隱括，不録全文，不應於《牧誓》直引經文。八也。又，孫本所輯《大誓》之文，全爲《史記》十二月會孟津以前事，作《大誓》上，「師畢度孟津，諸侯咸會，曰孳孳無怠」，是孟津告諸侯辭也；於「孳孳無怠」四字中，不應「孳孳無怠」下再言「作《大誓》」，而《大誓》六十六字又無先秦所引之十五條，則「武王乃作《大誓》告於衆庶」十字，其爲羼入無疑。九也。《本紀》「奉文王以伐紂，不敢自專」，下有「乃告司徒、司馬、司空」三十四字。「遂興師」下又有

① 孳孳：原作「孳」，據《史記·周本紀》改。
② 十：原誤作「四」，徑改。

「尚父號曰：總爾衆庶，與爾①舟楫，後至者斬」十六字，「孟津諸侯咸會」下又有「曰孳孳無怠」五字；如以誓師而論，是牧野之前已有三事，以此爲先經之傳，而引《牧誓》以包之，不應遺前三事而獨以《大誓》爲一篇。十也。考《牧誓》言「友邦冢君御事」②，則諸侯及本國師同此一誓，《本紀》會諸侯曰「孳孳無怠」，是孟津但面勑之，至牧野將戰，乃合内外大誓之，則牧野以前不應有誓師事。十一也。考「誓」之例，如《甘誓》、《湯誓》、《費誓》，皆於臨陣時告誡士卒，整飭戎行，不記前後事實，乃爲「誓」之正體。考西漢佚文及孫本逸文皆記未戰以前事實，如誓後之《克商》、《世俘》皆爲記事之文，非誓詞，不得名爲誓。十二也。《尚書》經少傳多，又多别本異文，《詩書古訓》列《佚文》一卷，枚本據以作僞，實則多非佚文。古人引書時有增省，如《公》、《穀》同引「沈子曰」而文異，《孟子》、《公羊》同引孔子説《春秋》之言而文異。又，先師傳本同爲一家，而字有異同，漢石經所列可考；嚴、顔同爲一家，傳文彼此各有損益；《尚書》西漢真本久亡，馬、鄭承用劉歆誤説，自矜古文，攻博士經不全，於經多改易；今本又出於東晉；是本經之文字原難固執。又，《藝文志》諸經有託内傳、外傳、説、緯諸書，先師所傳伏生《大傳》亦猶采記，古人於傳、記、説、緯多目之爲經，如《易緯》稱《易》是也。《孟子》所言堯舜

① 衆庶與爾：此四字原脱，據《史記·周本紀》補。

② 「牧誓」至「御事」九字：「誓」原誤作「野」，「友」原誤作「有」，均據《尚書·牧誓》改、補。

事最詳，皆古《尚書》師説，其文多别無所見；毛西河、魏默深不明古書義例，誤據《書序》、《舜典》之説，采輯《孟子》諸文别補《舜典》篇，最爲乖戾，見譏儒林。是與孫氏輯《牧誓》傳説别爲《大誓》，事同一律。不得因文字小異，自爲别篇。十三也。西漢孫輯所有赤烏白魚諸文見於《大傳》、《周書》，又見於緯書，宋注甚詳；是明爲傳説，決非經文。十四也。總之，三代各一誓，周不應二，篇不應三；秦屢言《大誓》，不及《牧誓》一語。今故訂《大誓》爲《牧誓》異文，别引《周書》以證之也。大抵後人必增《大誓》，以求合於僞《序》，然僞《序》分《帝典》爲《堯典》、《舜典》，分《帝謨》爲《臯陶謨》、《大禹謨》；以一篇分爲二篇，其慣技也。僞孔本别撰《禹謨》，而不敢撰《舜典》，乃分「慎徽五典」以下爲《舜典》，作僞心勞，支絀可笑。毛、魏乃搜輯佚説，補爲《舜典》，其與博士、孫本補輯《大誓》同一無賴。故今考訂二十八篇，《尚書》、《中候》各有取法，不能增益，亦不能減少，而後《牧誓》即《大誓》之案可定，非可以口舌争者也。

《饗禮》即《鄉飲禮》，未嘗亡也，鄭氏以爲亡，褚氏因有《饗禮補亡》之作，所録多屬論説，而儀節全無發明。《左氏》所引晉楚卿相儀節、詩歌樂奏甚詳，以其與經文同，斥爲鄉人飲酒，而非饗禮，不敢引用，誠屬笑柄。昔曾考明其事，刊入《經話》中，閲者自悉。《大誓》即《牧誓》，亦與此同，《大誓問答》與《饗禮補亡》事同一律。俟纂《尚書傳説》，再爲申明之。壬子十一月二十日，四譯又識。

論詩序

楊萬里以史説《易》，六十四卦、三百八十四爻，皆以史事立説，其中切合者甚多，故其書不廢。孔子序《易》，天下後世事變皆在所包，以史證《易》，其説精確者頗足以啟發聰明，然論者以其書《易》外别傳，以作《易》在前，事變在後，群知爲非《易》本義；所謂郢書燕説，時亦有功，此學者①所共知者也。以序説《詩》，與以史説《易》，事出一律。自《毛序》通行，言《詩》者皆以《序》蔽《詩》，不求其端，不循其末，惟《序》是主；故三百篇之辭盡於三百《序》中，但就《序》立解，其中文詞名物，皆遷就委曲以求通。故《序》者，《詩》之冒也，《詩》無《序》，幾如國之無君，身之無心。甚矣！《序》之於《詩》，其如《春秋》之有譜帙、《禮經》之有篇、《易辭》之有卦爻名數，有《序》則萬殊一源，群枝一本。甚矣！《序》之重，豈不與《古文尚書》之《序》相同也乎？審是，孔子之緐經必先定《序》，子夏之傳經必先傳《序》，先師授《詩》必先授《序》，若是，則《序》如《尚書》之篇題、《春秋》之國名、《禮》之冠昏喪祭，無論何家何人説《詩》，其名物象數、文詞訓解不得互相出入，故《序》則斷斷不能易一字。亦如《春秋》之王爲周、楚子吴王

① 「者」字原無，據文意擬補。

爲楚王吴王、《喪服》之斬齊功緦服免、《易》之九六初上三四二四，自有經以來，數千年之久，億萬人之多，不能有異辭而後可者也。乃《詩》之《序》同於《書》，而其輕重改變則迥不相同，《尚書》之《序》，無論今古文、僞本俗説，不能以《典》、《謨》爲禹湯《誥》、《誓》，爲皇帝從古至今一成不易，此《尚書》之篇序從無異説之明證也。至於以事説《詩》者，一詩也，或以爲古作，或以爲時人，或以爲男子，或以爲婦女；或以爲美，或以爲刺；或以爲法言異語，或以爲淫詞艷曲。人各爲説，家自爲政，群經之中，紛争聚訟，迄無定解者，莫此爲甚。故一學之中，師、弟異同；一人之書，前後迥異。下至明人無學，徧撰僞書，託名古籍，一長可取，行世不廢，何其與《尚書》之《序》其輕重改易不可以道計哉！以此知孔子所傳、子夏所授、先師所習，皆在義例，而不在時事。末流弟子，因屬空文，難於徵實，興會所至，偶以事實託之，各隨所見，故彼此不同，亦如《左傳》之屬賦，斷章取義。此與楊誠齋以史説《易》得失相同，與《外傳》引《詩》證事者事同一律。故綜核傳記、諸子，一詩所證之事不下數十百條，又每同一事而所引詩文或數異其説；如荀子、劉向，每每一人之書，前後彼此互異。證之《詩序》，其例正同。故欲求本義，則必先去《序》。定欲以《序》解《詩》，則一國不止三公，徒亂人意，非古法也。考以《序》説《詩》，原於《鴟鴞》與《武》、《左傳》所賦諸條，《鴞鴟》與《武》大政大事，全書中不及十條，其外皆莫定主名。且爲百世立法，海外大統多非當時所有，如五官、五帝、小球、大球、海外有截、新周受命、百世子孫之類，皆爲後世言之，當時何嘗有此？此《詩》不可采《春秋》録時事之説爲之詞也。《左》、《國》之賦，謂其事偶與《詩》文辭關會，與名卿大夫之賦《詩》相同；諸《序》以賦爲作，本屬誤解，更推補之，尤屬無徵。且《詩》之序皆作漢儒三家即事説《詩》，亦雜入解説中，初不名序，後人乃因《毛詩》有序，遂並三家師説亦以序名之。又多爲樂官故府所留，不知作者爲誰，如《文王》兩君相見之樂，《鹿鳴》所以燕使臣之樂。夫《詩》爲大經，孔子立教，於此經尤詳。古者三家鼎立，亦《公》、《穀》；微言大義燦然明備，如今《公》、《穀》。可見《毛詩》晚出，學者多有微詞，乃毛行而三家全亡。考《毛詩》序傳遠不及《左傳》百分之一，説《春秋》者不能因《左傳》而廢《公》、《穀》，使因《左》行而《公》、《穀》亡，則《春秋》之説豈能如此昌明？況《毛詩》序傳與《周禮》訓、《古文尚書》訓、《左》服訓相同，訓詁已屬簡略，至於本經義例師説，如《公》、《穀》所存者，百不得一；乃東漢以後無師之學，望文生訓，有字訓而無義例，一説惟恃《序》爲主。考以事説《詩》爲末流之晚説，古法實不如此。如《左傳》、《禮記》引《詩》至於數十百條，皆言詩義，而不言作詩之人。即如《詩書古訓》所引東漢古説數千條，言作詩人、事惟《鴟鴞》、《武》，以大事大政略有紀録，以外實不多見。《詩》、《書》之序實爲東漢以後古文家始有成書，三家之始師本不言《序》，如《詩》序，《外傳》言《關雎》何以爲始，孔子之説詳矣，而絶不言作詩之人爲誰。《公》、《穀》説《春秋》，事實不同者不過百中之二，皆屬疑難無定之條，何以作詩之人則言人人殊？同事一家，亦不一定。《詩》與《春秋》同傳於子夏，師同學同，何以三家絶異至於如此？如《詩》以序爲主，則作詩之人亦如《春秋》之十二公，天子諸侯之名號，三《傳》全在，豈有謂隱公爲父桓公爲子、齊許姓子衛曹姓姜者乎？果有師傳，不能互異，此一定之説。蓋三家以事説《詩》，如楊萬里之以史説《易》，空義難明，加事以實之，皆後師推衍之説。亦如《外傳》引《詩》以説諸事，非《詩》之本旨，皆出於漢以後經師之推衍。故《關雎》一詩，作者至於七八説，毛爲之，朱爲之，僞申培爲之，僞端木爲之；毛、朱在前，端木、申培在後，其餘雜家，尤不勝縷數。明人作僞，動撰成書，推尋義理；平心而論，僞書反有長於毛、朱之處，又何論三家？故《漢書・藝文志》大聲疾呼，以三家以事説《詩》「咸非本義」，觀於毛、朱、豐坊之異同，豈非明效大驗哉！或據《唐・藝文志》以《韓詩》有序，謂三家古傳有序，謂班氏所譏指《外傳》言之，此亦循末忘本，不思之甚矣。三家《内傳》章句實以人事説《詩》，《外傳》既名曰外，引《詩》推衍，六經皆有，此書謂班氏責《外傳》以非本義，實以班氏爲目不識丁之人矣！傳《韓詩》者唐猶未絶，仿《毛序》而作序，輯舊聞補爲一篇，曰《韓詩序》，夫誰得而非之？不能以《唐志》著録之書以證先秦以前之學，此等書之有無，著録不著録，無足與較。以晚近之書目，不足以爲典要也。又，言《序》者以《獨斷》全有《周頌》序文，與毛序首句同，因謂蔡氏習《魯詩》，此爲《魯詩》序。《獨斷》全鈔《周頌》詩序，成何著述？中郎著述，何至不諳體例如此？且考核全書，此條與前後不律，必非《獨斷》原文，或爲後人記識，或爲注釋，誤入正文。即使果爲原文，蔡氏生當漢季，毛序既已通行，博士仿而爲之，亦未爲不可，何足以爲《魯詩》先師有序之證耶？班氏云：「三家采《春秋》、録時事，咸非其本義；與①不得已，魯爲近之。」是當時以事説《詩》爲班氏所譏者，三家皆已有之。但當時無序之名，凡以三家有《序》，皆誤於以毛相比之説也。蓋嘗深考《詩》義，每合數篇爲一類，不可分篇立序；又，木《詩》中多自有序，如《尚書》自有序，不必爲之更序。所謂不可分篇立序者，如《關雎》、《葛覃》、《卷耳》、《鵲巢》、《采蘩》、《采蘋》、《鹿鳴》、《四牡》②、《皇皇》、《文王》、《大明》、《綿綿》③、《魚麗》、《南有嘉魚》、《南山有臺》，《序》皆分篇立序，各言作詩之人。考《儀禮》、《左傳》、《國語》所歌所賦所論，皆以三詩合爲一篇，即此推之，知《詩》當合數篇爲一篇。如《論語》言《關雎》「樂而不淫，哀而不傷」。所謂「樂而不淫」者，謂《關雎》「鍾鼓樂之」也；所謂「哀而不傷」者，謂《卷耳》之「維以不永傷」。此合三篇爲一篇之明證也。又以《關雎》與《鹿鳴》之三並論，《鹿鳴》「和樂且湛」是樂而淫也，《周禮》鄭注淫亦作湛。《四牡》之「我心傷悲」，即哀而傷也，此又三篇合一篇之明證也。《左傳》、《鹿鳴》，君所以燕使臣也，此又三篇合一之説也。他如《小雅》以小名，由三「小」而定，所有《小旻》、《小宛》、《小弁》者，以三《頌》相比，《小旻》爲商，《小

---

① 與：原作「無」，據《漢書·藝文志》改。
② 牡：原誤作「牲」，據《詩經》改。
③ 綿綿：同「緜緜」，即《大雅·緜》；或當作「緜蠻」，則《小雅》之篇。

宛》爲魯，《小弁》爲周，以三《小》比三《頌》，合爲一頌而不可分析。他如《静女》之三，《桃夭》之三，《羔羊》之三，《魚藻》之三，《瞻洛》之三，《菀柳》之三，皆同此例。其例甚多，舉此示例。其有四篇當合爲一篇，如《小雅》之四風、四行、四緿、四農、四飲食，此二十篇當合爲五篇讀之。又如《節南山》之四篇分四方四時，《嵩高》之五篇當合爲一，《車攻》之六篇、《祈父》之六篇亦同，《黍苗》之八篇當合爲一，《羔裘》之八篇、《豐》之八篇，當合爲一。一讀①則辭義兼美，分讀則茫無義例。各有詳説，見於本篇。此詩不可分篇立序之説也。其詩中自有序，如「吉甫作頌，穆如清風」。吉甫所作以贈申伯，「寺人孟子，作爲此詩。凡百君子，敬而聽之」，「維是褊心，是以爲刺」，「猷之未遠，是用大諫」，「王欲玉女，是用大諫」，「悠悠南行，召伯勞之」，「四國有成，王心則寧」；推之，如《文王》之爲《大雅》全文之序，《邶風》十九篇爲三《頌》十五《國風》之序，三《小》爲《小雅》後半二十七篇之序，《南有樛木》爲《周南》之序，《南有喬木》爲《召南》之序。此本《詩》自有序，亦如《尚書》本文自有序，不須加序之説也。故説《詩》者必須知《詩》古無序，序不足據，本詩自有序，而後能通也。

---

① 「一讀」之「一」原無，似涉上文而奪，今據文意補。

續論詩序

按《詩》爲百世以下之書，又爲六合以外，《楚詞》是其師説，《中庸》爲之大傳。蓋先天後天，由小推大，《齊詩》多主讖緯者，此也。知天、知來，爲《詩》、《易》二經。《易》託之筮，《詩》託之夢。因思結想，由想成夢，《周禮》三夢全爲《詩》説；故《列子》言三夢，與《周禮》同文。「詩言志」，志即古思字，《詩》無志字，代用思字。由思而夢，思即古詩字，如「思無邪」即謂詩無涯，「無思不服」、「來思」、「又思」之類皆同。《詩》非述往，故班氏《藝文志》云以《序》説《詩》，咸非其本旨。故欲説《詩》，首在明《序》，今特詳序説，以見宗旨。

四庫著録詩集數千百種，别集與總集皆賴有題目及人名。每集間有一二篇無題詩，作者則甚明；或稱無名氏，題目則必詳。故學詩首重題與作詩之人。若不知題與人，則詩不可讀，不可解。此庠序通例。凡教童子，必先令讀其題與其人名，以爲無題無名，則詩不可解也。故後來選本，凡人、題皆佚者不入選。古詩如「十九首」，不題作者名氏，不標題旨，故説者紛紜，人各異端，此詩非題與人斷不能讀，不能解詩所以然。故序者詩之骨，朱本之序俗稱詩柱，義亦同。有序則可解，無序則徒恣異説，則孔子傳《詩》，必先傳序，以紀其人與題也，審矣。

乃今讀經文三百篇直如「十九首」，並不言題與人，聖人何苦留此無題無名之詩以困童蒙？以序言之，此一序，彼一序，以《關雎》言，今曰可考者尚有八九説，此又如一詩變爲七八題，作者或男或女，或先或後，或貴或賤，或美或刺，紛無折中。雖下至豐坊僞撰之申傳端木序，亦不能割愛，屏絶不録。此《詩》不誠一誑藪，説《詩》者不全爲圓誑哉？故因晚序之多，知《詩》本不重序；因詩之本無序，可知爲知來而作。百世之下，時會一至，自能解，未至則不必預言，亦如讖緯，事過方知。又，欲讀《詩》必先讀《書》，欲知《詩》必先習《書》。由《春秋》以求《書》，由《書》然後可知《詩》。《春秋》、《尚書》人事之説既已精熟，則詩詞起興，自能解《詩》之義例。此《詩》所以不用序、無作者人名題名之所以然。蓋必古事古詩乃有人題，若聖人自爲，百世以下，六合以外，言政治綱領，既非采録，又非舊事，有何人何題之可言？故詩緯、詩説直以全《詩》爲一手所成，首尾通貫，其中但分段落而已。若必責聖人以人名、題名，雖聖人亦不能如百篇《書》序編造一序，以騙後賢也。

三家亡後，毛、鄭孤行，自鄭樵發難，朱子垂其後而改易之，宋以下毛、朱互鬥，學者或左右袒，或中立，爲《詩》學第一大難。考毛、朱皆從晚近望文立訓，各以興象所會師心立解，雖有後先，其以賦詩之法立訓則同；互有得失，皆不足以饜人心，爲定論。《提要》記攻毛者曰：《節》以下四十七篇皆刺幽王，何不憚煩？宗毛者反唇，以鄭、衛淫詩爲説。是兩派弟子各有咎心之處，别無明説可爲依歸，故各持門户，互鬥巧詆，同以説《詩》爲兒戲。此弊人心所共悉，今故徵文求義，以息兩家之訌，捐私忿，務公義，庶不致留此争端，以重困兩造。毛未出，三家互相争；毛既出，三家同與毛争。自西漢以至今日，《詩》因長此征戰攻伐，無一甯宇。毛晚出盛行，攻擊者多，其失彰著；近人喜談三家以爲復古。三家義理師説雖多古法，至於以事立説，不惟三家互異，即父子師弟亦各標新解，人各異説。以《黍苗》爲衛事，《漢廣》爲鄭交甫，是三家所同者；禮制序事，則各隨興象所至。如《韓詩外傳》、《説苑》、《新序》，每一詩文，各引數事數十事，以相比坿。三《傳》説《春秋》，是非取舍各標一義，至譜牒事實，無不從同。一則事同而義别，一則義合而事歧。舊疑《左傳》長於毛百倍，不使奪《公》、《穀》。三家最盛，何以因毛而全亡？蓋以事立説，言人人殊，三家並立，自形其短，毛以一抵三，反覺簡易可從。三家之亡，以事自亡。故近人喜談三家以爲復古，而序事一門，不能堅持一定。此已事之明效大驗也。別選《文辭逆志表》二卷，專明序不足從。

語云：「其父報仇，其子行劫。」以事説《詩》之弊，至豐坊僞《卜氏序》、申培《詩傳》而極，真無知妄作，奸猾之尤！攻近賢乃無過貶，反云其義不無可存。竊以毛、朱以射覆招闇解《詩》，辭義豈無一二合者？徧推全《詩》，未能兼到，瑕瑜互見，所以不掩。豐坊師用其法，私創古書，反覺有一二青勝於藍。但以豐坊譾陋，於二千年後妄造師説，即足與毛、朱抗行，則毛、朱之不足以垂定讞，亦明矣。余用班氏説，袪以事説《詩》之誤，或疑爲非古。嘗輯《逆志表》輯録古序，《關雎》一篇耳目所及，已有七説，或男或女，或文或康，或美或刺，一國三公，何所適從？況佚聞瑣記，未盡備録，即以漢師爲斷，已近五六。天下義理，聖經義例，必一定不移，方爲直解；苟偏徵舊説，則何所適從？篤信班説，當非予之私見。

《詩》與《書》體製不同，故文無題目尚可讀，詩歌無題目無姓名，則不解作何語，故漢以下古今體詩歌總、別集刊本無不尊重題目。鮑、謝、李、杜諸作，使但有詩無人無題，則必非善本，必無人收藏。乃《詩》則真爲一無題詩之全本，又不著作者姓名，此固有目共睹者也。凡作詩注者，如李長吉、黄山谷、吴梅村，皆稱善本，各就其人事蹟遇會交遊、本人學術體格爲之比附，或許其精，或傷其鑿；若全本皆失名無題，欲從千年以後爲之求其人其事以實之，雖王李庚諸注家亦不敢出，即有其書，亦無人取信。乃三家、毛、朱、豐坊則固以注失名無題詩爲能事，並非偶然，如譯岣嶁碑、樊宗師記。全書巨帙至於三百篇之多，皆失名無題，而能從百世下望文繹義，得偏考其人其事，鑿鑿道之，如屈指庭樹，則其才其學不在《丹鉛録》上萬倍乎！

傳《春秋》有譜帙、世系、輿圖、官職。三《傳》之於《春秋》，爲義例取舍有出入，至於名諱、宗姓、支派、官職、盟會諸大端，無一不同者。不惟三《傳》，雖下至今日，其解《春秋》，未有弟糾兄桓、父僖子閔、謂魯爲姜、稱齊爲子，以其有師傳，不能立異也。《詩》之鳥獸、草木、山川、水地、衣服、牲醴，三家、毛、鄭、朱、嚴、豐坊同也，下至今之人同也，從無以雎爲四足、兕爲二翼、蘭爲臭草、松爲惡木者。至於作詩之人與作序之事，尤爲全《詩》之心肝耳目，萬不可缺，又一定而不可移，以比名物象數、訓故文義，其緩急輕重不可以道里計，乃人名推理雖萬變而不易者，以其有師傳也。使孔子之傳、子夏之授，當日有序有人有事，乃《詩》之至實，一字千金；師以是授，弟以是學，亦如《春秋》事實，《詩》之名物，百變不移，千載如一而後可；乃西漢初三家已不同，傳三家者，子異其父，弟異其師，下至後世，直如射覆捉迷而不可究詰。《爾雅》一書，昔人以爲釋《詩》作，今之立説者尚宗之，何以於至重最要，乃反無一《爾雅》之本，以致後人疑誤百出，以説經爲兒戲也？

古有賦《詩》法，意象所至，引《詩》自達，或全篇，或斷句。春秋國君、賢相、名卿、大夫，軼事可考。賦者，皆稱引誦法之，非謂作，故一時有賦至再至三者。《黄鳥》、《碩人》皆詞義偶同，傳固同稱賦，而不以爲作也。三家晚出，因以《左》、《國》賦詩法指爲事實，於是乃采《春秋》録事以説《詩》，並無師傳，各就己意興所至，或取一二章、一二句、一二字，如《韓詩外傳》，固有目所共覩。後儒以《外傳》引《詩》説事文理明者指爲斷章，謂《内傳》體裁必有異，當由師傳，必非隨意指稱。今考《外傳》與《内傳》同者若干條，則其《内傳》①以事證《詩》與《外傳》以《詩》解事，固非有二法也。惟其舊傳無序，本不以時事立説，三家以空文寡實，間坿以事，取其條達有依據，本無舊説，故先以歧異爲嫌。毛序以事説《詩》之派，實三家開其先，衛、謝繼

① 内傳：「傳」字原脱，據文意補。

之，朱、嚴等又繼之，固同一嚮壁虚造，與《長吉詩注》首首爲青衣瑶柱而作，其失同也。使爲舊序所以，即一鳥一獸、一名一物尚不至有異同，何況此心肝藏腑、頭面耳目哉！

三家以事説《詩》，各就興會所至，以求實用，非以爲定解。故一詩有引説數十事，各人所闢之境，所悟之理，即爲温故知新，當時並不以爲定解，以爲詩之人名題目，此三家之事、人各不同，而不相嫌者也。至後漢衛宏，乃仿《尚書》百篇而作序，以事解《詩》，以序定題，《詩》至是拘於一序，專於一事；從其學者，如鄭之於衛，不能如三家之再有異辭，皆衛《序》爲之俑。衛《序》亦采三家，並非一人一時所全創。《詩》道至此乃爲《序》所牽引統屬，聖人之大經，受成於晚儒之羈勒，《詩》爲畫①龍，《序》乃點睛；《詩》爲弁卒，《序》爲大將；古今本末倒置，庠序受欺被騙，莫此爲甚。《詩》、《書》二序皆爲經之操、莽，挾天子，令諸侯，易姓改命，以田易姜，鬼當夜哭者也。此爲邪説，蹈之必死，朱子又起而學之，直以經爲今洋字書，無人能識，爲之詳加考求，乃知爲古來淫女佚男互相戲謔暱愛之詞。嗚呼，豈不痛哉！

未有《序》之先，《詩》教至爲廣大：《論語》興觀群怨、遠邇忠孝、多識博物、達政專對，《左氏》之斷章，《孟子》之以意逆志，《荀子》之不切；漢師以三百篇諫，《外傳》、《説苑》、《新序》以《詩》證事。當時以《詩》爲經，出於聖作，賦《詩》明志，各有取裁。其書至尊，其道至廣。至有

① 畫：原誤作「晝」，今改。

《序》而《詩》亡，何則？《詩》無淫詩①，聖經不能濫及淫佚之作，如後世《才調》、《本事》，詞章小技，猶以淫豔爲嫌。直謂聖經録淫詩，並謂男女相戲相悦，此小説《三國演義》、《列國》所不忍言者，經何乃樂道之？誣説固不待言。其實淫奔之説乃毛開之，衛《序》言淫奔者已十九篇。以聖人手訂之經，直改爲浪子娼婦之暱語，議删議削所由來歟？《孟子》曰：「以意逆志，是爲得之，如以辭而已矣，是周無遺民也。」《荀子》云《詩》「不切」。皆以讀《春秋》之法讀《詩》，是必因辭立訓，切近時事，乃《序》則特與二賢相反。《左》、《國》之賦《詩》，與筮易相同。楊萬里以史説《易》，以三百八十四爻作爲三百八十事，朱子嘗譏之。乃作《序》則直以三百篇爲三百事，而不悟其非。且以史説《易》，猶西漢以前以事證《詩》之法，以爲引《易》證事，《易》仍是聖經，特讀者以史立説耳。若《詩序》則以經爲庸夫俗子、浪子淫婦之作，人不必聖賢，言不必典要。所以謂《序》立而《詩》亡也。

《詩》有序而《書》亦有序，然《書序》不如《詩序》之害大。《書》之有序，不過曰經殘耳，所稱作者，尚皆賢君名相；又《尚書》文義明白，不能指爲别解。《書》雖有序，經尚可爲經。《詩》一有序，則人不皆賢，詞不能白，憑之牽引誣陷，二千年如長夜。今人視《詩》名雖曰經，

① 「詩」字下原有「並謂男女相戲相悦，此小説《三國演義》」十六字，作夾注小字，當係涉下文而衍，今删。

是則其品格尚在《香奩集》、《本事詩》之下，以諸作尚爲託辭，而《詩》則閭巷歌謔，挑達戲謔，其品詣斯下，尚不如唐宋人選本。

諸史樂府，廟蒸軍凱諸歌，辭嚴義正，昔人比之正頌，尚爲近之。至於《國風》，則豔體最多，實皆由於作者之自道，則諸詩選中尚不收此誨淫放蕩之作。又，村塾通行《千家詩》本，最爲惡劣，雅不及王、沈諸本各有體要；不知以《詩序》讀《詩》，其惡劣毫無條理，反在其本之下。何則？《千家詩》尚分體分時令，今《詩序》見神説神，見鬼説鬼，不分時代，不以類從，忽貞忽淫，忽先忽後，刺一人之詩至於三四十篇，一切反叛，上烝下報，汙人口頰之事，連篇累牘。以此爲經，不審天下尚有出《千家詩》選下者爲何書也！

《漢書·藝文志》「詩」下言三家「采《春秋》録時事，咸非其本義；與不得已，魯爲近之」。此衛《序》未出之先，班用舊義駁三家之采《春秋》時事立説。當時尚不知衛宏專作一序，視三家變本加厲，滓穢聖經，蒙蔽天下如此之酷也。考孟子以《小弁》、《凱風》分過大過小，並未實指平王，其餘皆以事證《詩》之説。按，《詩》、《易》體製相同，今必削刪古今《詩序》之説，空空無物，隨人自取，方足以挽經學而存《詩》亡。

經以立教，義取明白，方示遵守。聖人既欲以《詩》立教，何苦游移隱晦，使人不得其意旨之所在？既以立詞微隱，何不先作一序，以杜後世分争迂謬之病？曰：《詩》、《易》與《春秋》、《尚書》，守先待後，分道揚鑣；《詩》、《易》爲俟後而作，未至其時，難以明言，既至其時，不序亦解。且言近旨遠，聖人以《詩》立教，事父事君，興觀群怨，博識鳥獸草木，達政專對，諫君傳後，古師獲益良多。特有《序》以後，乃青天白日，魔鬼縱横，長夜漫漫，至於斯極耳。

《尚書》不須别序，本經自有序；《詩》本經有序，亦有須别序。《儀禮》左考圖①所解《詩》多數篇爲一篇，如《關雎》樂哀實包三篇言，《文王》之三、《鹿鳴》之三，亦三篇合讀，非如《序》説篇各一人、人各一篇，如此破碎紛紜，不可詰究也。總之，《詩序》亦《周禮》，無人不疑，不得明説本義，不能不抗顔相争，亦門户之見，勢所必至也。

《易》、《書》、《禮》、《春秋》，前人皆有釋例之例。既曰經學，必全經辭義相通，屬辭比事，不可苟同，方足爲經。三《傳》解《春秋》，凡單辭虚字皆有義例，説《春秋》者異説本多，然不能貫通全經，不爲通義，故所有危言異解，一證全經，皆不足自存。他如《易》、《書》、《禮》，近賢皆有釋例之書，此經書正軌，一定之法。《詩·二南》主王氏，曾作一表，本爲正解發端，惜無繼響。夫《二南》既可立表，則《詩》非無義例可通，何不推此法於全經？今故推《二南》王氏表之例於全經，撰《詩經圖表》四卷；覺其針線蹤跡實有一定不移之法，文辭名物各有取義，彙鈔法字，别爲《釋例》六卷。觀此二篇，亦爲《春秋》、《易》、《禮》各圖表《釋例》，條理井然。諸經同源一貫，則固不妨推《春秋》之法以説《詩》也。

---

① 「儀禮左考圖」云云：此處當有脱訛。

庚子從侍射洪，適值《齊詩微繹》、《必讀》編纂初成，與聞微旨，蓋專宗帝德，以明大九州之義。何以與俗説異同爲嫌？不知《詩》本無序，三家所有録《春秋》采時事，皆各以所具立説，非舊時之序也。故三家互異，即一家之中，每自立異同。後來《毛序》起而盡變之，《集説》又起而盡變之，雜説僞書，紛紛歧出，見於《取義表》者，每篇或六七説或四五説不等。班氏《藝文志》已譏三家以事説《詩》爲失義，則《毛序》晚出，遺義甚多，則固不必膠柱鼓瑟矣。或以班志所譏者爲《韓詩外傳》之類，不爲本經内傳而言，此近人尊崇《毛序》，故爲此説；不知三家既得本義，《毛序》何以起而異之？是欲尊毛，即所以詆毛矣。且諸家《外傳》既以「外傳」立名，自不拘於本旨。班氏乃起而責之。使班氏爲目不識丁之人則可，班氏爲通儒，且爲《魯詩》大師，則其説至有值矣。孟子之説《春秋》曰：「其事則齊桓、晉文，其文則史，其義則丘竊取之矣。」其説《詩》曰：「不以文害辭，不以辭害志；以意逆志，是爲得之。」以《詩》之文辭比《春秋》之文。《春秋》貴取義，《詩》貴逆志，則《詩》之爲《詩》，固非尋行數墨①所能盡矣。明代近矯某氏之説《詩》也，由《詩》有詩人作詩之意，有孔子編《詩》之意，二者並行不悖。又，考《左傳》、《論語》説《詩》多合數篇而爲之，不篇各立説，如《文王》之三、《鹿鳴》之三、《關雎》之

---

①　尋行數墨：原誤作「尋常數墨」，今改。

三；後人篇各立序，非古法也。且舊序甚多，去取皆有所法；今以舊序歸入《取義表》①，本經正注雜采傳記，用緯候，不篇各立序，以發明編《詩》之意爲主。雖新解甚多，然皆根據經傳，由本經推衍而出，推究根源，固非好爲苟難者比也。心肝嗜好，各有不同，如但責以違俗說，創雜解，則陳說具在，固不獨此書爲然也。

① 取義表：原誤作「取如表」，據上文改。

山海經爲詩經舊傳考

《山海經》舊以爲荒唐神怪書，自畢氏乃以證古地理，酈注以後，最稱特識。今再四循繹，始知非地理專書，乃《詩經》大一統之師説也。考《鄒衍尃傳》云：「先列①中國名山大川，通谷禽獸，水土所植，物類所珍，因而推之，及海外人之所不能覩。」竊謂海外九州本《山海經》，而其書即爲鄒衍之所傳；「先列中國名山大川，通谷禽獸，水土所植，物類所珍」，即《五藏山經》及《海内經》也；所云「因而推之，及海外之所不能覩」，則爲《海外四經》、《大荒四經》無疑矣。由五山以及海外，由海内以及大荒，固先驗小物，推而大之，至於無垠之説也。史公譏瀛海之説爲「宏大不經」，又明《山海經》爲「放」，其意亦同，史公特未指明衍之所説即爲《山海經》耳。考《時則訓》言五帝五神各司一萬二千里者，爲五大洲五帝運之根原，《尚書大傳》、《月令》皆與之同，而其説實祖述《海外四經》，則《尚書》、《月令》所言之五帝五神皆出於此經。又考郭本十八篇目次，首《山經》五，次《海外經》四，次《海内經》四，次《大荒經》四，次《海内經》一。今以《周禮》「九畿」、《淮南》「州」、「殥」、「紘」、「極」推之，五山爲五嶽，即禹九州。中

① 列：原誤作「引」，據《史記・孟子荀卿列傳》改。下「列」字同。

山爲中嶽，東山爲東嶽，南山爲南嶽，西山爲西嶽，北山爲北嶽；五山方三千里，爲五嶽，故每篇各見其方之嶽名，此五山爲禹所敍九州是也。《禹貢》五服五千里，爲《海内經》是也。考《海内經》四篇，當閒於五山、海外之間，即《禹貢》之要、荒二服與外十二州之地也，合内五山爲方五千里。以上九篇，皆所謂中國也。然後次以《海外》四篇，次以《大荒》四篇，則又九畿男、采以外之地，《淮南》之八殥、八紘、八極也。此八篇皆指海外，層次井然，固有目所共覩者也。終以《海内經》，不過爲上四篇之釋語，與《周禮》、《尚書》名異而實同，二書但言界畫里數，此則詳其山川道里、禽獸草木、珍奇神怪。然則《山海經》固大一統之《禹貢》，此不待詳論者矣。且引而進之，於《詩》説尤有切證。孔子以《詩》「多識禽獸草木之名」，所言禽獸，固不僅如今所傳《毛詩圖》但有尋常之物，史公所言「水土所植、物類所珍」者，必在所包含之中矣。五《山經》之爲五嶽九州，《詩》之言嵩嶽、河嶽者屢矣，而所謂「南山」、「北山」、「東山」者，名與《五藏經》切合，非得此爲證，不知《詩》所言之山即爲方嶽也。《詩》之言「外」者皆指海外，《魯頌》之「至於海邦」、《商頌》之「海外有截」者，不指《海外》之四經而言之乎？所謂「海邦」、「外大國」者，非即《海外經》之三十六國乎？又，《魯頌》云「保有龜蒙，遂荒大東」者，非即《大荒經》之謂乎？五服海内之荒爲小荒，九畿之荒爲大荒，非相比而可見者乎？考《詩》數見「禹」字，皆爲疆宇，而如「信彼南山，維禹甸之」、「豐水東注，維禹之績」、「纘禹之緒」、「禹敷下土方」，皆以步地推里之事歸之禹，《山海經》條首尾皆引禹之説，不更有合乎？先師據《山海經》

以解經者，《左傳》之窮奇、饕餮、三苗，如《公羊》之雙雙而來、麟鳳非中國所有，《穀梁》之長翟，《尚書大傳》之祝融、蓐收、勾萌、玄冥，《毛詩》之騶虞，《王制》之雕題，《國語》之僬僥，《爾雅》之駒駼，鄭注引《河圖地理説》①之神州，《詩含神霧》之東西南北里數，《淮南子》之湯谷流沙；而《王會解》、《伊尹本味篇》、《穆天子傳》、《爾雅》、《説文》引之大多，不一而足；則據《山海經》以解經，固先師之舊法，非創論也。即以《小雅》南山、北山有所謂臺、萊、桑、楊、杞、李、栲、杻、枸、楰者，非指南北二《山經》中之國名，則必爲南北二經之奇木珍樹、水土所宜，爲別方所無者，必不能指隨處皆有耳目習見之物，此一定之理，必然之勢。特此義早失，不知《山海經》爲《詩》切要師説；文字形體改易，聲音假借，遂盡變爲尋常之物，耳目所共覩共聞者矣。推考比坿，頗有精切之條。惟此係專門大例，通貫全經，非一知半解所能盡，故僅發明其例，不悉引證。按此求之，必當不謬。竊謂《詩》與《山海經》合之兩美，離之兩傷，亦如《月令》爲羲和舊傳，不舉傳以證經，則經爲膚語，傳由吕撰。今《太誓》本爲《牧誓》舊傳，不舉傳以證經，則一事而經再見。二《誓》既傳經重沓，而《太誓》之奇語瑣事足爲經累。惟即《山海》以證《詩》，則大一統之《禹貢》版宇無事旁求，而得此證，則語皆著實，經義乃見。且以南山北山一條言，但言二山者爲九州，爲小統，一言陟彼，即爲要、荒，爲海外，故「陟彼北山」下即言「普

---

① 河圖地理説：似當作「河圖括地象」。

天」、「率土」，「陟彼南山」下即言「未①見君子」。「未見」爲未濟，「既見」爲既濟。隻文單字，皆於經學有關，其切要固猶《三家詩説考》、《韓詩外傳》也。

① 未：原作「既」，據《詩・國風・草蟲》改。

《中庸》「君子之道章」解

此解爲《哲學發微①》所遺，今補刊，以明其義。

君子之道先王有至德要道。○君子包至人、天人、聖人之學。費弗爲衍，貝即見字之誤。費當讀作見。○人學爲見。而隱。天學爲隱，故「莫見乎隱，莫顯乎微」，即《詩》之「不聞②亦式，不諫③亦入」。又，「鬼神之爲德，其至矣乎！視之弗見，聽之弗聞」，常人不見不聞，至神則獨知獨見。○《史記》：《春秋》由隱以之顯，《易》推見至隱④。夫婦倫理學始於男女有别，故以夫婦言之。之愚，匹夫匹婦，謂賤者；愚，謂不智，又，愚而好自用。此指卑近者。可以與知焉。布帛菽粟。及其至本章三言「至」字。凡「至」字皆爲天學，如至人、至道、至誠、至聖是也。凡物極必反，大巧若拙，大智若愚，無服之喪，無聲之樂，無體之禮，皆與「至」字同義。也，至人、真人之事。雖聖人顓頊以下人帝。至人以上爲天學，聖人爲人帝。《五帝德》自顓頊起，合舜爲五帝。亦有所不知焉。《論語》「未知生，焉知死」，知生之事，愚者能之；至於知死，惟至人始能之。夫婦之不肖，九等中人以下，二十五人下五等。可以能行焉。如倫常禮節、各人私德，與

---

① 微：原誤作「徵」，今改。
② 聞：原誤作「問」，據《詩·大雅·思齊》改。
③ 諫：原誤作「見」，據右引改。
④ 「春秋一句」，《史記·司馬相如列傳》作「《春秋》推見至隱，《易》本隱已從顯」，當據改。

夫夫婦婦，凡人所能。及其至也，至人，在聖人之上。《上古天真論》：上古有真人，中古有至人。雖聖人《上古天真論》：其次有聖人①。二十五人，聖人在第五等。亦有所不能焉。《論語》：「未能事人，焉能事鬼？」六合以外，聖人存而不論。天地世界。星辰在地以上者爲天，如金星水星；在外者爲地，如火木土三星。推之恒星，更爲廣大。之大也，《老子》「天大，地大，人亦大」，上天下地，人在其中。人猶有所憾。天無全功，地無全能；天能覆而不能載，地能載而不能覆。故君子語大，宋玉《大言賦》，如《莊子·秋水》篇。天下《詩》「普天之下」，凡恒星，天亦在焉。莫能載焉；《列子》：「安知天地之外不有大天地者乎？」故天有九重，地有九淵。語小，宋玉《小言賦》，微生物之學。天下莫能破焉。蝸角蠻觸，目不能見其形，耳不聞聲。《詩》云：《詩》，天學，專言上下，去世離俗，上下相通。〇《大學》「平天下」章五引《書》，爲五帝；三引《詩》，爲三皇。《中庸》引《詩》不引《書》，故爲天學。「鳶飛鵰屬。《莊子》夢爲鳥而戾天。戾天，通天。〇《詩》：「匪鶉匪鳶②，翰飛戾天。」魚鯤之屬。《莊子》夢爲魚而潛淵。躍於淵。」躍，古逃字。《史記》「漢王逃」作跳，跳、躍古字通。鳶上升，魚下沈，故《詩》曰：「匪鱣匪鮪，潛逃於淵。」〇外附《魚鳥論》列後。言其上下天地，地球。在中爲人。察也。《詩》、《易》天學，寄言上下二經中。以魚鳥見例，足見至人以上與天地相通，而聖人不離世，不去俗。〇《上古天真論》所謂去世離俗，游於六合以外，游於無何有之鄉。故君子之道，《大學》：「自天子以至於庶人，壹是皆以修身爲本。」造端乎夫婦；倫理學首於別男女，《禮》曰：夫婦有義，而後父子有親；男女有別，而後夫婦有義。故

① 「人」字原脱，據《黄帝内經》卷一《上古天真論》補。

② 鳶：原誤作「淵」，據《詩·小雅·四月》改。

禮始於先别男女。○外附《本末論》列後。及其至也，三「至」字皆天學。此包始終本末先後言，由遠自邇，升高自卑。察乎天地。聖人不能知不能行。察天地，即《楚辭》之「上征」、「下浮」，《莊子》「游塵垢之外」。○外附《十二經終始》列後。

魚鳥例　《春秋》、《尚書》文義明白，同史書體；此爲人學，六合以内，可見施行，語皆切實。《詩》、《易》天學，體同辭賦，託物起興，言無方體。凡屬詞賦，皆詳魚鳥，經固創例，《列》、《莊》、《楚辭》，漢初辭賦，亦同此例。六合以外，上天則爲鳥，下地則爲魚，此去世離俗之總例。《論語》射御釣弋亦皆取此，又以鳶飛魚躍爲總標目焉。

論本末　以六藝爲本，六經爲末。六藝之小禮小樂，《學記》、《文王世子》，二十以前所習者是也，而以别男女爲始基。書、數爲知育，射、御爲實業。凡人皆必習六藝，而後普通知識全，可爲公民。至於六經，其中又自有本末：人學爲本，天學爲末；「造端」與「至」，即十二經之終。舊以六藝稱六經，混十二經爲六經者，誤也。

十二經終始　《莊子》「孔子繙十二經」，舊以六經、六緯解之，非是。此謂六藝、六經，共爲十二。考《論語》云：「吾不試，故藝。」又曰：「游於藝。」《周禮》曰「德行道藝」，又有「六藝」明文。今以六藝、六經合爲始終十二經，六藝爲普通學，必通於此，而後人格全。凡今外洋之學，大抵爲六藝所包。至於六經，則爲治平學；而天學更上下位育，則爲專門學。原始要終，始於男女有别，而終於天仙神化。此十二經之終始也。

孔子天學上達説

孔子天學詳於《詩》、《易》，《天學人學表》詳矣。以上下戾天逃淵之魚鳥爲起例，窮則變，變則化，化則通。欲上升則化鳥，「匪鶉匪鳶，翰飛戾天」，《莊子》所謂夢爲鳶而戾天；欲下降則爲魚，「匪鱣匪鮪，潛逃於淵」，《莊子》所謂夢爲魚而潛淵。《楚辭》爲《詩》之支裔，專明《詩》説，其言上征、下降、遠游、魂游、招魂、大招，即謂天學之鳥魚例。《莊子》鯤魚，《論語》鈎弋，《中庸》上位下位。佛書所謂天堂地獄，《詩》「惟嶽」，地之五嶽。《詩》「速我獄」，即地球在下者之五嶽。在天爲神，在地爲祇，在中爲鬼，故游六合以内爲人學，上天下地爲神祇學。以《中庸》證之。其云「君子之道費而隱」。中費，上下隱。夫婦愚不肖可知、能，淺近人事。至上升，下降。聖人有未知未能。至神至誠不能。語大《大言賦》。天下莫載，六合以外。語小《小言賦》。天下莫破，一塵一沙、一涓一埃爲一世界，萬物備具。引《詩》以明上下察，上升下降，周游六漠，《詩》鳥魚例。結曰：君子之道，孔子，天人。造端乎夫婦，地球，小康一家，一身。及其至也，至爲至人標目，天學稱至人至誠。察乎天地，上升天堂，下降地獄。周游六虚，游乎塵垢之外、以地球爲一塵一垢。無何有之鄉。不可聞見。王字於文，十爲地球四方，爲人事，中行。一上天，一下地；即神祇、狂猖。拘於本地球，但爲人道之近學，不足以合天地，爲天人交際之君子。此天人二學所以各分三經。人道邇，故《春秋》、《禮》、《尚書》明言之；舊以爲伯王述古，故明言，誤。今改爲地球四統，人學。天道遠，故《詩》、《樂》、《易》三經託之歌詠卜筮。舊以爲皇帝侯後學，故託詞；今改爲上下天地學，仍有四等。是《詩》、《易》之上下升降飛逃皆爲三才學，通天地人之故。二①十五國爲《風》，十五國配三垣、十二次、十二月。每國之中，大者爲一垣，數十百里爲一局；次爲一宿，數十星爲一局；在小爲一恒星之昴，所謂以十數計。諸星上下無常，故每國中自爲一局，各有四方上下，同爲大氣所浮舉，故曰「國風」。即《莊》之天籟、地籟、人籟，《列》之御風而行，且即《詩》之駕言出游，當據《楚辭》以解之。既非本地球之事，爲萬世後之進化言，故孔子就地球人事言，爲聖人；就上下言，故有至人、神人、至誠之目。《論語》「禱爾於上下神祇」，上升下降、周游六漠之説也。神祇即天，別言天者，本地球爲行星之一世界，由地球推行星，由行星推日系大世界，由日系推昴星世界海，由昴星以推大恒星世界性，由一恒星以推恒星合世界種，一宿爲合。由②恒星合以推恒星總，七宿爲一總。合諸總爲一垣。一元。此天學者，大約有此七等之分。元、種、性、海、大千世界、大世界、一世界。故有五天、九天之説。《易》所謂仰觀俯察、曲成範圍、先天後天、天道人道、人謀鬼謀、精氣游魂，皆爲天人通貫，爲普天之至神，非僅一地球之聖人而已。《莊子》曰：「六合以外，聖人存而不論。」蓋聖人爲六合以內立法，

---

① 此「二」字疑衍。

② 由：原作「以」，據文例改。

不能恢詭，過於不經，故聖人專詳六合以内，而至誠、神人、化人則合内外言之，故天地變化，《易》、《詩》僅言大畧，隱而未發；道家之《列》、《莊》，釋書之《華嚴》，乃發揮無遺，其宗旨皆爲《詩》、《易》所包。前人説論已詳。謂六藝無《楚辭》之上征下降，不可也；謂天堂地獄遂别自名家，爲孔子所未嘗言，則尤不可也。昔者方士揉合道、釋於六藝，識者莫不非之，今乃拾其餘唾者；以前爲蠻野之牽合，今則爲文明之變通。人種進化，至於千萬年後，輕身服氣，鍊氣歸神，衆生一律，同有佛慧，各具神通，入實無閒，入虚如實，水不濡，火不熱，然後有飛仙神游，如《楚辭》之明説者。在彼時爲普化，衆生同等，往來無閒，生於其時之人，亦同仙佛，具大智慧、大神通，同爲恒河沙數百千億萬之化身；不似從前之説，一人潛修，偶爾能驚世駭俗，叱爲神怪，不能加乎齊民，以爲世法，則君子所不取。若由後言，則爲日用尋常，周游六漠，亦如車舟往來郡國，人人能知能行，即所謂衆生皆佛。乃平常進化之極典，故不以爲奇怪而斥之。前後之取舍不同者，時勢爲之也，況今去孔子卒二千五百年，四等尚在王運，必數百年而後帝，地球五分十分。數千年而後皇，地球大一統。三皇住世，周環以後，大約在萬年後。地球盡已開化，同爲今之亞歐，同時頒二十五曆。内治既已休明，然後屢棄塵土，指爲蠻觸，如《楚辭》憤而求去，乃上下周旋，以自寫其憂，開此遠游神化之派，爲天地之交通，人神之共貫，然後學問之能事畢，孔子之行志全，即所謂學貫天人也。方今三千年内，大抵不出《春秋》治法，今之世局如大春秋。《尚書》王帝皇，非再萬年不能盡。孔子新經，不過畧行六分之一，萬年以後，乃能及其天學，又何廢經偏經之可言？如期求用世，專治《春秋》、《尚書》可也。講時務者方求切效於數年數十年内，今爲此説，亦可謂迂闊不近事情。然分知行、辨小大，先師之説詳矣。並行不悖，無所取舍，或近或遠，各擇善從之可也。

附　人天學内外不同説

人學由伯、王以推皇、帝，自内而外。以五服言之，伯占冠，王占衣服，小帝占帶，大帝小皇占裳服，大皇占履服。由内推外，愈加愈大。如《春秋》九州在中國之心，推及要、荒，《海内四經》則爲王，《海外四經》則爲帝，《大荒四經》則爲皇。伯雖小，乃積天下中心以起例。天學之中心則在三垣。如以人事例之，則當以三垣、北辰爲伯推之，加四宫爲王爲帝，偏統諸天星辰乃爲皇。此由中以推外之説也。今以本世界爲君，日系世界爲伯，昴星爲王，四宫列宿爲帝，三垣爲皇，則由外以推。

附　人天學説具於佛經説

佛書舊説地統月，合行星小星以繞日，日統行星以繞昴星，凡得恒河沙數成天河之星團，是爲一大千世界。此大千世界之昴星繞日與行星與月，以至於天河之星團，凡得恒河沙數各星團星林星雲星氣，是爲一世界海；恒河沙數世界海爲一世界性；恒河沙數世界性爲一世界種；恒河沙數世界種爲一華藏世界。華藏世界以上，始足爲一元，以外則所不能稽。又，四大部州繞須彌山爲一世界，本地球爲南贍部州。案世界之説，隋唐以前華人就梵書翻譯而成。當時地球未出，行星之爲地球繞日之測驗未明，佛言宏大，所有海、性、種、元、大千世界，各以意爲之立説。近人乃就西人所測，參合佛書，立論如前。如以目所見之周天星辰統名爲昴星所繞之大千世界，是昴星爲周天各星之主。合目所能見與遠近所測，此足爲大千世界之一，更有海、性、種、元等大名號，是此大千世界尚不得比於恒河之一沙、世界之一塵，大而無當，使人失所憑依，能博而不能約，亦失立教宗旨。考行星有八，經傳則但言五星；緯不止於五，然常人目所能見者止於五，故以五立説。考西人新測天王、海王，須於觀星臺用至精之遠鏡求之，亦不能時時皆可見。西人非專門天文家，見此星者每少。天河爲星團星光，已屬不可究詰；又別有恒河沙重重無限之天河，所謂閎大不經，毫無實用。又如以地球爲南贍部州，若以日比須彌山，則行星又不止於四，日又非山可比。此皆當時地球未出，觀星未審，故誤繹佛説。今切就經傳，參合兩書，別爲立説，以地球爲一世界。世界即《周禮》之「世一見」，千里一畿以爲一界，三萬里立三世界。統地球而言爲世界，日統八行星小行星，則爲一大世界。《論語》「譬如北辰，居其所而衆星拱之」，《禮記》前朱雀後玄武，左青龍右白虎，招搖在上。就目所能見周天之星辰，就地球中辨方正位、體國經野、設官分職之法推之於天下。北斗爲地軸，三元居中，爲上中下三皇三統，以四宫二十八宿爲四方諸侯①。二十八宿，少者三四恒星爲一宿，多者至於三十二恒星。一恒星爲一日，但以井宿言，三十二大日，譬如日系大世界爲三十二加大，比於昴星，則爲三百二十。以一行星推之，知已有三千五百六十地球之世界；合二十八宿言之，已在數萬以上。雲漢比於分陜之山河兩界，以外有名無名之數恒星，以配諸國人民百物。由所見以推所不見，合爲天皇之大一統。如地球世界之有皇，則爲佛書之元；五帝分方，每帝王一萬二千里；天之四宫分占四方，青龍白虎朱雀玄武；用七政例，以一中心統上下四旁之六宿。如地之五帝爲一華藏世界，七宿之中每一宿爲一世界種，以有名無名不在二十八宿三元四宫之恒星爲性海，一地球爲一世界，一日爲一大千世界。一宿如昴星者爲一王，昴宿所統之日系爲一伯，就周天星辰分其大小位次，畧爲四等，一日大約如地球方千里之一州，《天文訓》、《天官書》與《月令》②；其餘天文辨方分野，亦如地球之《地形訓》、《地理志》。天文證驗，上下相同。除常見之星以外，其遠者則亦如地球中之夷狄荒遠，天子所不治，來去無常。故以目所見之四宫爲四嶽，以所不見者爲四夷。諸星之大小尊卑，亦如地上人事之法。此孔子天人之學也。

---

① 侯：原誤作「候」，據文意改。

② 此句「天文訓」上疑脱「如」字。

墨家道家均孔學派別論

《論語》有「從先進」之説，《中庸》則云「從周」，二者相反，不知從周則爲儒，先進則爲墨。致莊子以六藝爲道，諸子爲方術。諸子在六藝後，九流出於四科，諸子爲六藝之支流，固一定之制也。《禮記》以《詩》、《書》、《禮》、《樂》爲四術、四教：春《詩》、夏《樂》、秋《書》、冬《禮》。《六家指要》道爲《易》，陰陽即《春秋》，二者居中，爲皇、帝。東儒，西墨，南名，北法，四家分方，亦如四經分學。後世誤以六經爲全屬儒家之私書，諸子遂别於儒，目爲異端，或託春秋以前人，或雖在孔後，别成一派，如墨是也。至聖兼包諸家，故《論語》謂之無名，今之報章或以爲宗教家、教育家、哲學家、政治家、理想家，以後來之科目，强以名如天之至聖，與以專屬傳經之儒家，皆爲謬妄。《史記・世家》贊曰：「言六藝者，皆折中孔子。」墨子主乎《詩》、《書》、《春秋》立説，其稱引經傳與孟、荀同，固不問而可知爲孔子之徒。《淮南子》明言墨子學於儒者，憤世勢之濁亂，乃專言夏禮。考博士傳經，有文、質二派，文家尊尊，爲東方儒者之説；質家親親，爲西方剛毅之説。《論語》「禹吾無間然」章、「林放問禮」章、「禮云禮云」章，《公羊》所謂改文從質者，全爲墨家所主；由質近於野，先進野人，後進君子。博士雖有殷質周文之説，夏在殷前，猶專屬於質。《禮緯》言夏爲三月之喪，至周乃有期年以至於三年。儒家主文，爲從周之說；墨子專傳孔子尚質一派，爲夏禮。江都汪氏考證墨子用夏禮，説詳明。是孔與墨指子思爲孔子，非真孔也。《非十二子》有子思，以孔子爲至聖可見。同爲孔子之學，一質一文，儒固不能規步孔子，墨亦不能自外生成。今之報界諸公，不知儒墨之孔爲子思，遂謂墨爲孔子之敵，於六藝外别樹一幟；因誦《墨經》一語與墨子所引經，或爲異文，或爲師説，《國粹報》遂謂墨别有六經。不知墨子所引全屬孔經，儒、墨可以相攻，而孔、墨不容並議。蓋就教化言，中國占文明之先，儒家爲主，墨家爲客。《莊子》云，墨子之徒述《墨經》，與儒者不同。《墨子》有《經上》、《經下》篇，《莊子》本據墨子之經而言，故稱曰「墨經」，並非謂孔子有六經，墨子亦有六經，墨遂超子思而敵孔子。蓋孔子萬世師表，經傳所言，原始要終，非數千萬年不能見諸實行。儒者子思以下，欲於戰國之世將聖經全見施行，非實行則不能存，故秦皇、漢武皆行皇帝之事，《史記》所謂無其德而用其事者。墨子循序漸進，戰國只能用夏禮三月，待千萬年後，文明程度進化，乃用九月、期年、三年。若如孟、荀之説，六經之説皆可於戰國實行，是六藝爲戰國一時而言，無以爲萬世師表地步。墨子則爲循序漸進，小行之於戰國中國，用夏禮三月之喪，大行之全球，引導西人先爲三月之喪。儒者爲兼營並進以存經，非儒者，則經傳之全體不能存。墨子如《公羊》「許夷狄者不一而足」。待人後行，乃足下俟萬世。一爲存經而言，一爲行經而設。墨家創其始，儒家要其終。墨爲西方之質，儒爲東方文，二者皆爲孔子功臣，原始要終，缺一不可。故在當日則爲冰炭水火，勢不兩立，自今日觀之，則水乳交融，非儒不足以存經，非墨不足以俟後。先進後進，儒墨之所以分。子思、墨翟可並言，而孔子與儒墨萬不可並列。考東方木德，其行仁；西方剛毅，所謂金主義；東方柔德，故儒教迂緩；墨家則爲天水訟。訟字從公，故墨家尚①同。《詩》云：「雨我公田，遂及我私。」天雨，無不被其澤，所以爲公。考世界之進化，皆先野後文，《論語》所謂先進野人，後進君子，故質家宜在文家之先。孔子作經正當戰國，必先質後文，先行三月之喪，而後可以徐推至於三年。儒家之說，所以存經，如當時專用墨子派，則經説無以自存於天地之間。二家於時互有長短，交相爲用，不可偏廢。西人爲墨家，中國爲儒家。以俟後言之，中國所謂無其德而用其事，爲大過，西人專用墨派，未免不及。中外交通，爲古今一大變局，墨家居簡行簡，質勝文則野，儒家一於主文，未免文勝之弊。《説苑》引孔子見子桑伯子，謂子桑伯子質有餘而文不足，欲以我之文化其野；子伯子亦專就儒家言孔子，謂儒家文有餘而質不足，欲以我之質化其文。蓋以分方言，則東木西金，一柔一剛，一文一質，各不相同；大同之説則相反相成，柔必取剛，剛必取柔，二者混化

① 尚：原作「向」，以形近而誤，今改。

爲一。在《尚書》曰「柔而栗①」、「剛而②無虐」，在《論語》曰「溫而厲」、「威而不猛」，又曰「文質彬彬，然後君子」，此儒墨二家一柔一剛，一進一退，一文一質，一後一先。自其分而言之，至如冰炭水火之不能相容；自其合言之，則如水乳膠漆。此至聖六經爲其大成，而儒、墨特其中之一小部分。古書多以孔墨、儒墨並稱；子思爲儒，孔子固非儒，孔墨並稱之「孔」則必以爲子思。蓋子思爲大宗，九流皆係支派，萬不可以諸家相提並論矣。右論墨家。

《六家旨要》言道家順陰陽，統儒墨，綜名法，集其大成。見在說者卑則以孔爲儒，高則以孔爲道。夫以孔爲道，似也；而孔子不可爲道，則更有說。《論語》「言志」章之曾皙與農山言志之顏子，兼容並包，所謂道家也；老子之外，列子、莊子、尹文皆所謂道家也；若孔子，則爲至聖，爲六經，不惟儒非孔，即道亦非孔。《莊子·天下》篇所言十子大抵皆道家者流，以老子及已之自命，皆自託於方術，以爲耳目口鼻，以六藝爲心，爲至神天化；是莊子雖祖述老子，而不敢以老與孔比。蓋道家雖較勝各家，然既有以道自名，則已落邊際言詮，囿於一偏，爲諸子之一，而不敢與至聖比。舊說顏子爲道家，孔子自謂其偏長不及四子，四子「所以事我」者

① 柔而栗：《尚書·舜典》：「寬而栗。」當據改。
② 「而」字原脱，據《尚書·舜典》及文例補。

如回「能仁而不能反①」。顔子本爲道家，而所以師事孔子而一間未達者，則以其能大不能小，偏於一端。蓋至誠如天，《論語》：「賢者識大，不賢者識小」，「夫子焉不學，而亦何常師之有？」《中庸》曰：「大德川流，小德敦化。」此天地之所以爲大而無所成名。如孟、荀講王學則非毁桓、文，列、莊言道德則非毁仁義；以大小言之，道德固可以包王，王固可以包伯，言皇帝則專主道德，言王伯者則專主仁義，自立限畫，專門名家，不能相通。不惟儒家不敢自謂入聖人之域，即道家亦道其所道，能大而不能小，所以爲子學。亦如器皿雖有大小之别，然終囿於器。六藝高遠，即《論語》「北辰」章，及無爲無名無我爲道家所主者不下數十章，爲列、莊所主；王者制法，爲儒者所主固多，下至齊桓、晉文、管仲、晏子，亦皆推崇，辭無軒輊。不惟儒家，下至農家、縱横家、小雜家②，亦皆祖述《論語》，《中庸》所謂「萬物並育而不相害，道並行而不相悖」。故云「道不同不相爲謀」，「攻乎異端，斯害也已」，兼容並包，不事攻擊，有始有卒，所以爲聖人。夫子之門何其雜！此《論語》所以兼包皇帝王霸、六藝九流、天人之學，無所攻擊於其際。至於諸子，有所從則有所違，有所守則有所攻，雖道家之莊、列亦然。蓋就諸子言，皆各有水火冰炭、順逆違反之事，至聖則先後本末，無所不具。道家所以亦如雜家，爲孔

---

① 反：原誤作「小」，據楊伯峻《列子集釋·仲尼》改。又，據《集釋》引俞樾，「反」疑「刃」字之誤。

② 小雜家：「小」下疑脱「説」字，謂小説家與雜家。

子之具體，而不能至聖域也。自來説莊、列者皆於孔子之外自成一家，或者並以爲異端，而無固無我宗旨全見《論語》，道與墨同出於六藝。蓋道之深者爲《詩》、《易》之天學，其淺者爲《尚書》之人學。舊説以莊子爲子夏之門人，列子、莊子所言孔子較老尤詳，凡所稱述，皆爲《詩》、《易》師説，與《楚辭》相脗合，故道家雖與小人儒者有異同，實則君子儒。六藝之師説不囿於儒，則道何以能出六藝範圍？今所傳《道德經》，世或以老聃所言，道德本爲《尚書》所包。古無立言之事，凡諸子而皆出六藝後，今所傳《鬻熊》、《伊尹》各書，自來皆以爲依託，惟《道德經》與孔子時别爲一派。考道德爲三皇五帝之學，必出在孔子後，列子引其文曰黄帝①之書，其所以引老聃説道德皆無之，是《道德經》爲七十子所傳，絶非老子自作。《楚辭》爲皇帝學，不主老子，惟韓非有《解老》、《喻老》二篇，《史記》遂以與韓非同傳，謂刑名出於道德。子書每多附益，不必皆出其人。《管子》、《荀子》、《春秋繁露》是其明證；文帝尚黄老，以《道德經》爲老子，皆出漢人之手。今《解老》、《喻老》皆出於蓋公等之物，其書藏在内府，與《韓非》合，校書時並以爲一書，不必出自韓非。亦如《管子》《解》、《問》凡十餘篇，俱是原書之後，大抵爲漢儒言管學者所附益，與原書有早遲之别。考《孟子》爲子書之正體，無一章不有「孟子」。以此

① 黄帝：原作「皇帝」，據《列子集釋·天瑞》改。

推之，則凡有姓名者爲本書，無姓名者爲古書，或爲其人所傳授，如《董子·爵國》篇、《荀子》之《樂記》、《禮論》、《三年問》諸篇。《吕氏春秋》之目，今或爲後人附益；如《管子》之周禮師説各篇，與其《問》、《解》各篇。《韓非子·解老》、《喻老》亦如《公羊》、《穀梁》、《喪服傳》，大抵皆出於漢師。當時子書自名一家，亦如《孟子》，不能以古書參雜其中，又不能爲別書所解脱。此《老子》亦如《周禮》、《王制》，爲聖門七十弟子之所傳，後人以爲老子所作，亦如後人以《周禮》爲周公所作，《王制》爲博士所作，《月令》爲吕不韋所作，其實不如此也。右論道家。

改文從質説 戊戌年作，曾刊《蜀報》。

《論語》言文質而指其弊，曰史曰野，《公羊》於是有改文從質之例。學者疑之，以爲《春秋》乃不易之法，非一時救弊之書，如改文從質，久成仍弊，則數千年後抑將再生孔子，更作改質從文之《春秋》耶？且《春秋》尊君卑臣，扶陽抑陰，純言大綱，無文質史野之可言，更無質家親親之明據，不得以爵號三等冒之也。又，中國由秦漢以至今日仍一尊尊之治法，二千餘年，積重弊生，别求一質家救其弊者而不可得，然則所謂改文從質亦經空説，在今日固無自救之術，中國將無以自立，且使尼山之席終爲耶氏奪耶？夫《春秋》固百世不易之經制也。所謂文弊者不主當時之周，而二千餘年後用文以治之中國也；所謂質家，亦非郯、莒、滕、杞禮失而後求之野者也。質家者何？今之泰西諸國是也。考其政治法令，其得者頗有合於《王制》、《周禮》，至其禮教風俗，多與中國如水火黑白之相反。中國尊君，以上治下，西人多主民政，貴賤平等；中國妻爲夫義不二斬，西人男婦平等、彼此自由；中國天子郊天，統於所尊，西人上下同祭，人各父天；中國坐次以遠於主人爲尊，西國尚親，則以近者爲貴；中國内外有别，女絶交遊，西人則主婦陪賓，攜手入坐；中國冠履之分别最嚴，西人則首足視同一律；中國以青爲吉、白爲凶，西人則以白爲吉、青爲凶。如此之類，難以枚舉。於中國制度之外别立一教，行之數千年，牽連數十國，上下服習，深信不疑，方且譏中國君父之權太重，婦女不能自主，以祭祖爲罪於上帝，以妾媵爲失之公平；真《莊子》所謂「此一是非，彼一是非」者也。孔子論質之弊曰野，野者鄙陋，與都士相反。泰西不重倫常，絶於名教，極古今中外之變，而求一與文相對相反之質，非泰西而何？文弊不指東周，則質之不主春秋明矣。或曰：野人之質，直夷狄之别名耳，三統循環，安用是以亂聖人之天下哉？曰：經傳文質蓋有二説：一則中國與中國分，從聖人不易之中别分爲三等，以待後王之取用；如改正朔、易服色、明堂之三式、社樹之三種，事可循環，理無二致。此經中之三統變易，以新耳目，亦所以救弊。《董子》所云法夏、法商、法周是也。中國與外國分，如西人之無父無君，所謂野人之質，固不得與明堂、社樹一例視之也。或曰：以孔子之論文質爲今日之切證，揆以百世可知與？莫不尊親之義固無不可，然中國雖曰近史，安用是野人之質而救之耶？兩害相形則取其輕，吾寧終守文史之弊，窮困以終而不辭，終不願用夷變夏，自居於野人也。曰：是又有説。今之守舊者，於維新政事已深惡而痛絶之，如謂西教而又將舍我以相師，是直非聖無法，狂悖之談也。請歷證之：《周禮》土圭一尺五寸以求地中，非即地球三萬里乎？《大行人》九州之外爲藩國，非海外大九州以九畿八十一方千里爲一州乎？《大司徒》五土土會①五種民與動物植物，非即五

① 土會：原作「王會」，據《周禮・大司徒》「以土會之法辨五地之物生」改。

大州之説乎？外史掌三皇五帝之書，皇、帝平分地球，中國爲黄帝所司之中央之極，方萬二千里，則四帝四極之地不皆在海外乎？《左傳》「禮失求野」①，非即取法外國乎？浮海居夷，不嫌鄙陋，是轂輻版圖並包海外，五會之民固未嘗在屏絶之列，且夷夏之防嚴於宋人，六藝惡小求大，正與相反。即以《春秋傳》所謂荆、徐、揚、梁，傳者亦稱夷狄，無論滇、黔、閩、粤也；聖人化去畛域，引而進之，教澤所及，乃得成全《禹貢》九州之制。今遽以華夏自居，屏西人於門牆之外，是猶方一登岸，遂絶後來之問津；我既果腹，遂禦外人之學稼，可乎？天心仁愛，五行缺一不可，黄種先生元子，聖教徧中國，而忍使泰西數千萬之生靈不入聖國②，長爲不教之民乎？其來也，天啓之；天又不使其輕易得聞聖教也，使之講格致，謀資生，課農工，治戰守，合海外諸國男女老幼竭精殫思，前後相繼考求，始得一定之法，以投贄於中國，束脩之儀不可謂不厚。中國文弊已深，不能不改，又不能自創，而仰給於外人；亦如西人災患已平，飽煖已極，自新無術，而内向中國。中取其形下之器，西取我形上之道。日中爲市，交易得所而退，文質彬彬，合乎君子。此文質合通，百世損益之大綱也。中外各自有長短，棄取是爲交易，如曰「我之師法專在質」，野人雖至愚，亦不至是。且吾嘗就中西得失求之《周禮》，所謂冢宰、司

① 按，「禮失而求諸野」，語見《漢書·藝文志》，非出《左傳》。
② 聖國：疑「國」爲「域」之誤字。

馬、司寇、司空、司徒①四官者，彼皆得其精華，惟司徒、宗伯二職，半爲西人所略；是彼以四長易二短也。又以《曲禮》考之，三公職掌彼已精其二，惟司徒人倫之教，闕焉弗講，是以二易一也。舟車無數，憑險而求，又不敢空言挹取，竭力以求相易之術。彼處其難，我處其易；彼得者少，我得者多；彼得者虛，我得者實。彼之所得，我應之也裕如；我之所得，皆其歷困苦焦勞而始獲者也。則天之愛中國，不可謂不厚；乃欲違天，閉關自守，而不生矜惻乎？以通商論，固利少害多；即以傳教論，我能修明，彼將自悟。即使如仙宮禪院，鐘鼓相聞，又何足按劍乎？《論語》仲弓問子桑事，《説苑》詳其説，以爲子桑質學，不衣冠而處，孔子往見之，子桑弟子以見之爲非，子桑曰：「孔子文有餘而質不足，吾欲以吾之質化彼之文。」孔子弟子亦以往見爲非，孔子曰：「其人質有餘而文不足，我欲以吾之文化彼之質。」此中國互相師法之舊例。孔子不忍於子桑，而謂能忍數千萬之西人乎？此乃爲中國通商之第一大宗旨，於中國利益甚鉅，特稅則未行列入耳。或曰：西人之強如此，不勝左袒之懼。自尊其教，欲以化天下，譏貶名教爲失中，何能師我？曰：通商以後，西人漸染華風，夫人而知之矣。彼見我之名教若熟視無覩，固無如彼何，乃從而加譏貶焉，則入其心者深矣，而自化固非旦暮之功也。天非假西人自強，不能自通；不授中國以弱，勢將絶外。即此文質交易，而後我日臻於實用，彼

---

① 「司徒」二字似衍，當删。

日肆於虚文；我既日以強，彼必日以弱。外強内弱之天下，變而用強幹弱枝之天下，轉移之機，要在彼此相師耳。天以文質分屬中外，用夏變夷之中國，即寓以内制外之法；冒頓因難久横吐蕃，今成餓隸，是在謀國者轉移之。今之講時務者，上下通行，無慮數千百門，然皆師於人，無所謂師人者。以文質而論，彼此當互師，奈何去我所短，並不張所長，舉四兆人同聽外人之指揮，不思擁臯比而提命之也？天以中國爲長嫡，震旦文教，久經昌明；泰西雖遠，要不失爲庶孽，天既命其開通，以求教中國，若深閉固拒而不與之言，得勿傷厥考心乎？竊以時務之學當分二途：學人之事，官吏主之；教人之事，師儒主之。古法以《孝經》治内，《春秋》治外，今當反用其道，以《春秋》政治治内，《孝經》名理馭外。百僚當北面，師考其養育富強文明之治功；師儒一如該國，立校講學。蓋天下學問與政治同，困小則劣，通博則廓。中國自號文明，閉關自守，未見不足，一自通商，神州遂觸其短，相形見絀，所宜修改者甚多。第彼此顛倒，互有長短，非觀博通，難達經旨。

大學平天下章說

今夫治國之事則主三王，而五伯爲之佐，至平天下則主三皇，而五帝爲之輔。《書》頌皇帝之功德以爲「光被四表，格於上下」，六矩正而天下平，其斯爲《大學》之成功矣。皇帝御宇，居中建極，首在辨方正位，以設官分職。方位者何？上天，下地，東左，西右，背陰，向陽，上下四旁是也。天不言，陰陽交、四時行，而歲功成。皇者法天，羲和四子各奉其職，庶績咸熙而宇内定。蓋天下者，國之所積也，六宗合矩，以爲民極，囊括無遺矣。《詩·頌》法三皇。《魯》天統，主質；《商》地統，主文；《周》監二代，人①以法三垣。古有天皇、地皇，而泰皇獨尊，三分天下，乘時而王，循環無端，周而復始，是三才之教也。《大學》三引《詩》以法三皇，人居地中，爲天祖，《詩》曰「先祖是皇」。文家尊尊，以法君臣；質家親親，是爲父子；君子者，文質彬彬，作民父母，以爲天下王。元首有壹，《周頌》有之。南山爲土圭之地中，是爲皇極。東皇太乙，緇衣羔裘，以龍名官，天公法日，即上帝也。次引節《魯頌》，天統也。殷居下方，與東皇作邦作對。以鳥名官，少昊在御，有白狼之瑞。《詩》曰「克配上帝」，地統《商頌》也。《尚書》

① 「人」下似奪「統」字。

以五誥法五帝,《康誥》居中國之中,黄帝法之,司中央之極萬二千里,后土佐之;南方之極萬二千里,炎帝司之,其神祝融。惟汝荆楚,居國南鄉,世建大號,今之王,古之帝也。故以楚書居前,占南方七宿。昔晉與楚夾輔周室,屈完所謂「君處北海,寡人處南海」是也。北方之極,顓頊司之。《春秋》之所謂帝丘。表裏山河,形勢處中國之北,冬官司空,陰常處於虚空。虚,不用也。舅犯者,世居坎位,重冰苦寒,故有陶唐之遺風。考《尚書》王統五篇,《顧命》居中。四嶽:南《甫刑》,北《文侯之命》,東爲《費誓》,秦楚西嶽。《大學》之《秦誓》主西極,少昊之墟,方位同而大小異焉。《書》之《費誓》曰:「魯人三郊三遂。」孟獻子,魯臣也,居中國之左,以代太昊,爲《春官》之司徒。五引《書》以配五帝,與《詩》合爲三五,所謂「三五在東」者,三皇五帝皆在神州,驗小推大,故以配皇帝也。聞之,王爲古皇,於文以一貫三;絜矩之道,上與下合,左與右合,前與後合,而貫以居中之皇極。所謂「一以貫之」,「從心所欲,不踰矩」者也。惟二詩配上下,四書配四配①,《有臺》與《康誥》不免有二心之嫌,然借三五以起皇帝,義別有取。且周東西通畿,有兩京焉,《有臺》及《康誥》以爲居行二京,亦無不可也。

① 「四配」之「配」,疑爲「方」字之誤。

哲學思想論

至誠生知前知，泰西困知勉行，一定科級也。近來研究空理，有思想家，哲學家，催眠家術亦發達焉。學者或頗訝爲神奇，不知此固吾國老生常談，特少專門研究耳。《論語》以學、思分爲二派，天道遠，人道邇，人事爲學，天道爲思。思與志同，即古詩字也；《緯》云「在心爲志，發言爲詩」，是志、詩本爲一字，乃全《詩》中無一「志」字。思與志音義皆同，字形則志爲從心、㞢聲，思從心、從囟，囟爲腦，即西人腦气筋之説，於思想尤爲切合。是思爲志本字，志則續增之形聲字。詩爲思想，故「思」字甚多，每言「思」即詩，如「無思不服」、「思無邪」，讀作涯。猶云「無詩不服」、「詩無涯」。《周禮》掌夢立爲專官，與卜筮同爲知來，且有獻吉夢於王之説。占夢立官，《始皇本紀》已有卜夢博士。「獻吉夢於王」，特爲怪誕；考其六夢，統於第三之思夢。舊以《列子》爲神仙之説，與典制宜乎不合，乃掌夢、六夢詳於《黃帝》篇中。《楚辭·招魂》言上帝召巫陽，告以有人在下，魂魄離散，今欲招之，巫陽辭，以爲掌夢之職。《楚辭》乃道家之書，《始皇本紀》言「始皇不樂，使博士爲《仙真人詩》及行所游天下，傳令樂人弦歌之」，即《楚辭》之類。是《詩》全爲思想學，全爲夢境、思夢，全爲靈魂學，故《斯干》、《無羊》同云大人卜夢，所云「吉夢維何」，即掌夢獻王之吉夢。他如「甘與子同夢」、「視天夢夢」，皆言夢；《韓詩》讀「雲」爲「魂」，《卷耳》「僕病馬痡，魂何吁矣」，即《離騷》之「僕夫悲予馬懷兮，蜷局顧而不行」。《遠游》云「神雖去而形留」，是《楚辭》之周游六虚，即爲《詩》神游夢想之師說。本爲《詩》、《易》之師說，故博士傳有此派。《始皇本紀》云「招文學方術士甚衆，欲以興太平」，考盧生、侯生、徐市皆博士。《中庸》「鳶飛戾天，魚躍古逃字。於淵，言其上下察也」，人事專在本世界；神游六合以外，乃如《離騷》之上征下浮，《列》、《莊》所謂「塵垢之外」、「無何有之鄉」。離去塵垢指地球耳。而升降，故取法魚、鳥。《莊子》云「夢爲鳥而戾天，夢爲魚而潛淵」，夢鳥夢魚即所謂「匪鶉匪鳶，翰飛戾天」，「匪鱣匪鮪，潛逃於淵」，又即所謂「牧人乃夢，衆爲①魚矣，旐爲旟矣」。旐當爲兆，與衆對文。兆民同化鳥而上征，衆生同夢魚而下浮，即所謂衆生皆佛。《莊子》所云夢鳥夢魚乃變化神奇之事，若爲旐，則與盧抱經改「衆」爲「螰」同爲實物，非夢境變化之事矣。以此推之，則全經皆同《離騷》、《遠游》，凡與「爲熊爲羆」、「爲虺爲蛇」、「兆爲旟矣」、「衆維魚矣」託物起興者同爲思想，即同爲夢境，讀《詩》如《楚詞》與《列》、《莊》之華胥、化人之宮、蕉鹿、蝴蝶同屬神游。佛書亦屢以寤夢立說。蓋世界進步，魂學愈精，碧落黄泉，上下自在；鬼神之事，未至其時，難取徵信，惟夢者雖屬寤寐之近事，而神通肉體之分別，可藉是以考鑒焉。此千萬年娑婆世界飛相往來之事迹，預早載述，使人信而不疑，樂而忘倦，則惟恃此夢境，以道之寓玄遠於平庸，託神奇於淺近。《詩》爲靈魂學之大成，固可由《楚詞》、《列》、《莊》而通其理想，若修養家之出神與催眠術之移志，則事實之萌芽

① 爲：《詩·無羊》作「維」，當據改。下句之「爲」同。

矣。又，經傳五帝言五極，三皇則言上下，所謂游於方之外，經傳之天神、地示、人鬼推之，自今日言，則曰神示鬼，以別於人；自其時論之，則天地相通，人神往來，彼此同類，亦如今之中外交通，互爲賓主，並無人鬼之別。故以人學言，則如《列子》之説，以覺爲真，以夢爲妄；至於天學，則衆生皆佛，反以夢爲真、以覺爲妄，故有獻吉夢於王之典。所謂夢非夢、覺夢顛倒，固是平等，則掌夢一職非後來靈魂學之起點、催眠術之大成乎？《中庸》曰「道不可須臾離」，《老子》曰「大道不止」，（道，今本作盜，盜亦有道，字可通用。）《易》曰「在天成象，在地成形」，後來事實，曇花幻泡，偶爾一見，以爲將來之印證。後來乘雲御風，人人可以飛身，而神仙之佚事時有見聞；亦如麟鳳龜龍，皆非世界所有，乃星辰之精。本世界以人爲靈，四宫則以四蟲爲靈；自我言之謂之四蟲，自彼言之則同爲人。必上下交通，而後四靈至，乃《春秋》已書獲麟、獲長狄。《山經》爲將來，祖宗神靈學，諸天星辰各世界爲五山、四荒、四柱；故《楚辭》以神魂立説，游於六合以外，凡有所聞見，則必非本世界，明矣，乃全見於《山經》。是不惟神靈物産奇形怪狀非本世界所有，即堯舜文王、鯀與社稷亦非指古人，特藉本世界之古帝王人物，以譒諸天之星辰。《左傳》使知鬼神之氏族者爲之宗，故天神、地示亦如人鬼之詳氏族矣，然則《春秋》書獲長狄弟兄三人，不傳國土，不詳種族女口，豈非諸方氏族偶爾降落人間？又，形天、貳負本爲神示，古有載記，不皆虚誣，蓋即上征下浮之理。周游六漠，偶見人間，如電光泡影；又如仙佛，乘風御雲，偶爾一見，以爲先覺。後來人人具此知能，則爲平常。因其少見，詫爲異聞，指爲妖妄；同車同行，有同天國，則又何足駭異？此麟鳳、長狄，即參天地育萬物之起例也。每怪秦漢之間，神怪游仙，實多異聞，方士神山，司馬大人，何以有此奇聞？後世漸少，蓋亦如諸子爲六經支流，孔子後忽然擁出，紛至沓來，積如山嶽，前無所承，後不能續。故仙釋同爲經説，否則何以興也勃焉，亡也忽焉？孔子所謂知天知人、觀志觀行，又何以分別之也？

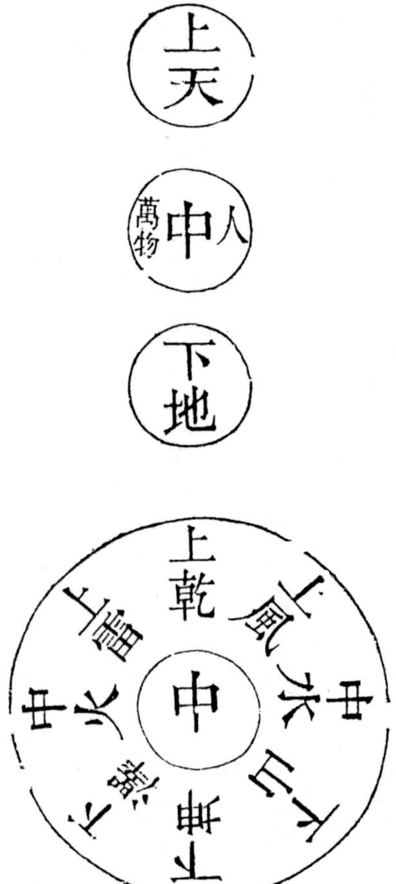

世界進化退化總表

按，世界開闢至孔子獲麟，其歲舊説有八九十萬年，遞減以二三十萬年，共有數十家，地球由塵埃增長以至於三萬里，其年歲舊説差異，其盛衰參差不一，無所取信。今仿《太玄》元統例，定爲八十一運，但以運次第，至年歲，則姑以萬年爲一運，始終不過八十一萬。舊説年代雖久，特其初彈丸黑子，不足比數；至於其終始，亦不過八十一萬年前後。縱年歲過多，或未能成體，未有生物，皆可以從畧，取以入表者，不過八十一萬年而已。西人精進改良，爲進化時代之説；六藝世運遞降，與中人貴古賤今，皆爲退化時代之説。二説各主一偏，必合觀，乃得其全體。《易》曰考三世之後「元始要終」；《公羊》曰亂世、昇平、太平；《周禮》曰亂國、平國、新國；釋典曰成、住、毀；佛説於大地形體消長爲切合。今三統以成、住、毀爲標目，九會以下，則以《公羊》三世爲標目；進則由亂而昇、而太，退則由太而昇、而亂。以三而易，終而復始。

一元

八十一萬年，分爲三統、九會、二十七蔀①、八十一章。

三統

一統三會、九蔀、二十七章，合二十七萬年。

九會

一會三蔀、九章，合九萬年。

二十七蔀

一蔀三章，合，三萬年。

八十一章

每章一萬年，爲一運。

成劫者，大

一

先亂世

小人，善人。

一 先亂之亂

一 二 三

二 先亂之昇

四 五 六

三 先亂之太

七 八 九

① 蔀：原誤作「節」，今改。

地由沙塵積，增至三萬里，爲懷胎時代。

一　先成劫。

西人言精進改良，一治不復亂，是專就幼稚成劫而言。

二　先昇平世　賢人。

四　先昇之亂

五　先昇之昇

六　先昇之太　禮

十　十一　十二

十三　十四　十五

十六　十七　十八

三

先太平世

聖人，君子。

七

《春秋》伯世，由隱至宣

先太之亂

義二伯

禮

縱横家，名家、法家、農家、小說家。

十九　二十　廿一

八

《春秋》王世，由宣至哀

先太之昇

仁三王

禮

儒，墨。

廿二　廿三　廿四

九

《尚書》帝世，前九篇

靈素德五帝

先太之太

陰陽，五行家，醫家。

禮

廿五　廿六　廿七

以上如木星，土星，尚爲幼稚。

四

中昇平世

五天帝。

神人，至人。

十

道　樂楚辭

先中昇之亂

《尚書》皇世，後十九篇。

釋家，道家。

十一

先中昇之昇

《詩經》世，正《小雅》卅篇，自《鹿鳴》至《無羊》。

樂

十二

先中昇之太

《詩經》世，《大雅》十八篇，白文王，至卷阿。

樂經

廿八　廿九　三十　卅一　卅二　卅三　卅四　卅五　卅六

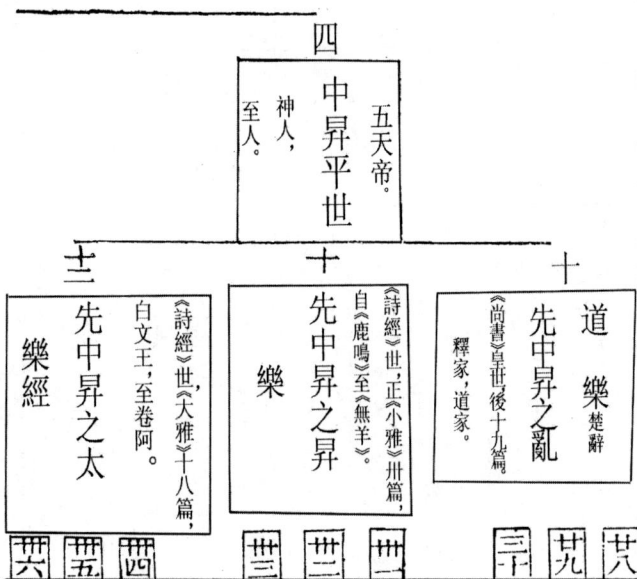

世界進化退化總表

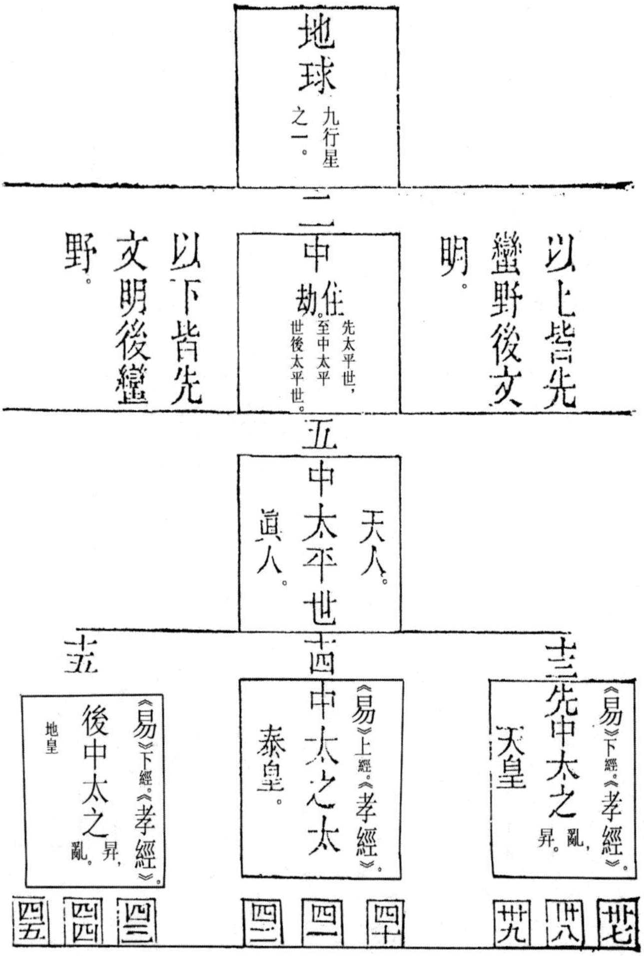
地球九行星之一。
二
中劫住先太平世，至中太平世後太平世。
以上皆先蠻野後文明。
以下皆先文明後蠻野。
五
中太平世
天人。眞人。
十三
先中太之亂，昇。
《易》下經。《孝經》。
天皇
十四
中太之太
《易》上經。《孝經》。
泰皇。
十五
後中太之昇，亂。
《易》下經。《孝經》。
地皇
卅七
卅八
卅九
四十
四一
四二
四三
四四
四五

六　中昇平世
五天帝。神人，至人。

十六　後中昇之太
《詩經》世，《大雅》十八篇，《民勞》至末。
樂經

十七　後中昇之昇
《詩經》世，變《小雅》卅篇，《節南山》至《何草》。
樂

十八　後中昇之亂
《尚書》皇世，後十九篇。
釋家，道家。
道
樂《楚辭》。

四六　四七　四八　四九　五十　五一　五二　五三　五四

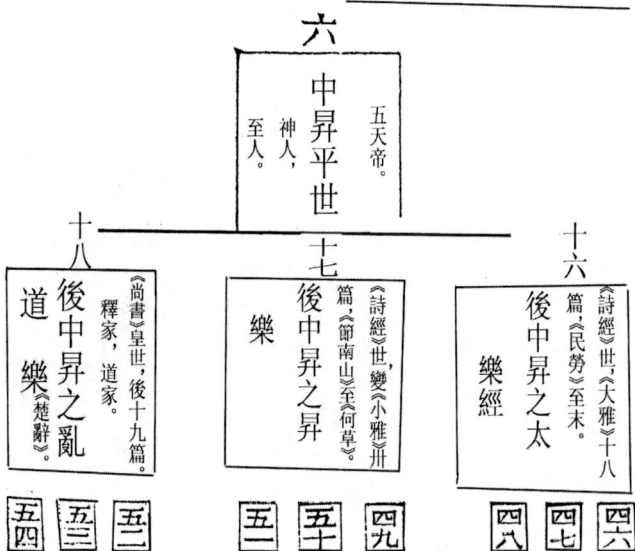

七

後太平世

聖人，君子。

十九

後太之太

《尚書》帝世，前九篇。

靈素德　五帝。

禮　陰陽、五行家，醫家。

廿

後太之昇

《春秋》王世，由哀至宣。

仁　二王。

禮　儒，墨。

廿一

後太之亂

《春秋》伯世，由宣至隱。

義　二伯。

禮　縱橫家，名家，法家，小說家。

五五　五六　五七　五八　五九　六十　六一　六二　六三

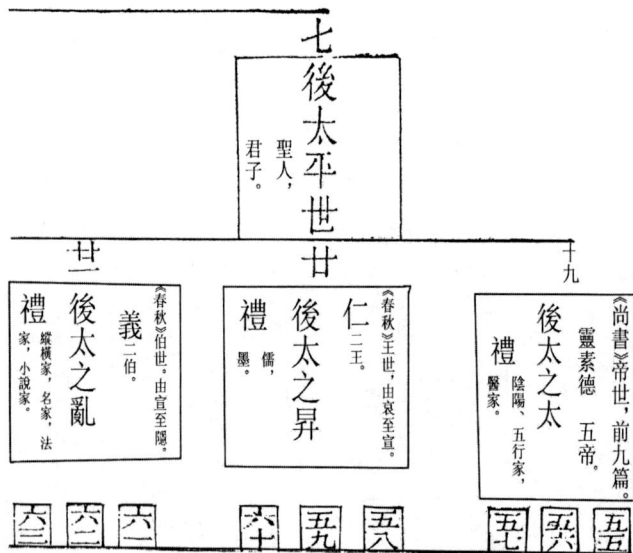

中儒言世運遞降，皇降而帝，帝降而王，王降而伯，專據毁劫衰老時代而言。

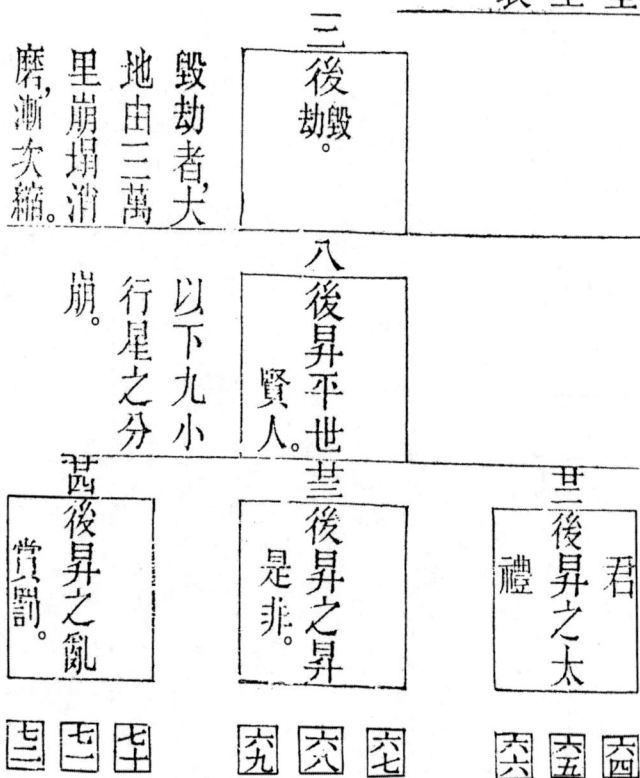

三後毁劫。

毁劫者，大地由三萬里崩塌消磨，漸次縮崩。

八後昇平世 賢人。

以下九小行星之分

廿三後昇之太 君 禮

廿三後昇之昇 是非。

廿四後昇之亂 賞罰。

六四 六五 六六 六七 六八 六九 七十 七一 七二

小，復歸鳥有，爲衰老時代。

九　後亂世

小人，善人。

七五　後亂之太

七六　後亂之昇

七七　後亂之亂

七三　七四　七五

七六　七七　七八

七九　八〇　八一

災異論

《春秋》三傳之言災，雖雜見於各書，大抵尤滙萃於班書《五行志》。陰陽五行家爲皇帝學説，秦漢之學者以附會於中國，遂流爲災異，以致中儒多所齟齬，西士尤倡言攻譏。《古教彙參》、《經學不厭精》等書攻此條尤烈。不知所謂天變者，即《月令》之春行夏政、行秋政、行冬政，説者不以爲人謀不臧，而以爲昊天不弔，以人當法天不能，謂人敢於違天而行，必天變於上，而後有此非時之政事。此記異之本例也。詳《井研藝文志·春秋災異説》。記災爲民事，譏國政不修，政成偏災，所以備災之道不具，不必言占驗亦可也。《春秋》記三十六日食，大抵爲曆法設，環世界同時頒二十曆法，内八宫八政，外十二州十二月，旋相爲本，因同在地球，則朔望當全同。《左傳》所以言日官日御，二《傳》云「或失之前，或失之後」；蓋曆法立朔當以交會爲定，食在前則朔遲一日，失之後則食二日朔早一日。記日食交會以定朔法，不使失之先後。既録其常以示法，又録其變以明誤，所以詳之，至於三十六。襄之二十一年則九、十比月日食，二十四年則七、八比月日食；自明於天算者推考日限，無比月日食之理，説者遂以《春秋》爲不知曆算。其本義甚深，非立談可了，無已，姑就《左氏》言《左氏》可乎？今傳以魯爲再失閏，前之九月日食，苟置閏，則當爲十月矣；後之七月日食，苟置閏，則當爲八月矣。人曆可誤失閏，天道不改其常，後之兩書日食，即所以正兩失閏之弊。此就《左》言《左》之説也。經本以敬天爲主，天變於上，不能不紀。經無占驗之文，即用西人之説以解經，亦不至生疑阻。又，記地震五。二百四十年中，地震不知凡幾，特書五事，而日則在子、午、卯、酉、未，與「隕石於宋五」之五相比，又六鷁退飛，六六三十六，合日食數。一上一下，一五一六。不得謂經爲據事直書，別無取義。此等所在，聽人自求。今之學堂講科學，即以災異爲科學考驗亦可：長狄，人種科；多麋、有蜮、有蜚、鸜鵒來巢，動物科；雨木冰、梅冬實、七月霜①降、草木不死、八月殺菽，爲植物科。地文寒暖，皆爲實用之學。學者每以西人之所長傲經傳，以不知無論曆數天文，即西人所得最新最確之地員、地動、地橢，考明不過百年，中書則於二千年前早已愷切言之。即如曆法，《堯典》人以爲四千餘年之書，至今西人無以易之，惟用節氣法，閏日不閏月，以致月法與月盈虛不合，違天而行，説者猶推之而自貶抑，過矣！何況日月星辰曆象，動疑經傳不及西人之精，亦疏於考古之過矣。

①　霜：原作「雙」，據文意改。

天人論

未知生而思知死，未知人而思知鬼，亦如《中庸》「洋溢乎中國，施及蠻貊」，未及其時，不可躐等，既至其時，則又不可自畫①。蓋皇學帝學②之交，即天學人學之界也。《論語》曰：「不怨天，不尤人。」又曰：「不知命，無以爲君子；不知言，無以知人。」《中庸》曰：「質諸鬼神而無疑，知天也；百世以俟聖人而不惑，知人也。」自是以降，於士之稍具學術者仍曰「學貫天人」。夫由帝推皇，由《尚書》、《春秋》推《詩》、《易》，由人學推天學，其程度次第即《大學》先後終始本末之説，故昭昭在人耳目。使孔子言人不言天，則王霸之制既已詳於《春秋》，皇帝之制既已詳於《尚書》，六合以内，包括無遺，僅作《尚書》、《春秋》，已無餘事，《詩》、《樂》及《易》，雖不作可也。考六藝以天人分，各占其半，人學之中既分皇、帝、王、霸四等，則天學亦必相同。按西人説日會世界者，以爲八行星與小星共爲九軌，軌各繞日，則日當爲一恒星。雖他恒星所統行星與月，皆違不可見。然行星既繞日，日又不能無所繞，西人有日繞昴星之説，雖

---

① 畫：原誤作「晝」，據文意改。
② 「帝學」下原衍一「學」字，今删。

未能大定，然日之率行星以繞大恒星，則固衆人所公認無異辭者。劉歆以爲西宫之一宿。西宫以七宿合爲一宫，合數星爲一宿①，合數十星爲一宿。西宫以星體計，共爲一百幾十國，四方四宫，以繞三垣，三垣各星又繞北極之帝星。若以人學之皇帝王霸言之，北極爲皇，四宫分居四方，爲四帝，四宿昴星之一爲王，日會所統爲霸，故佛説大千三千世界，自比恒河沙數，《山經》由五山以推十二篇，共爲一十七篇，《天文訓》九天九野，以二十八宿分配地九州，《論語》言「爲政以德，譬如北辰，居其所而衆星拱之」，所區大學統系，亦如人學之以皇統帝、以帝統王、以王統霸也。就北辰四宫而言，無極無盡，不可思議，人學王、霸，不過就一帝所統之一王分言其制，以爲舉一反三之例。以地球論，如《春秋》之王者有百，齊、晉之二霸者有二百，魯、衛之八伯者有八百。以地制合天象，天球星宿或且千百倍於地球。惟是世界雖多，五宫九野之大綱則天人合一，故《春秋》之王如昴星，霸如日會，人學既有皇、帝、王、霸爲三經之主宰，推之天學，無不相同，《易》爲皇、帝，《詩》爲王、霸。善言天者必驗於人，善言人者亦必驗於天。在天成象，在地成形，亦如《淮南子·天文訓》據地之辨方正位以言天，《地形訓》則據天之五宫九野以畫地也。故天、人之學重規疊矩，如表之有影，聲之有響，一而二，二而一。天道遠，人道邇，知人即所以知天。

① 此句似衍。

或曰：天道遠，人道邇。學以通經致用爲歸，方今國事日亟，急求人材。所謂天學遠在數千萬年，當其時天人感應，篤生聖神，不慮而知，不學而能，所謂天學者，固無事於表章。曰：經學有三派焉，學者所當因時因地自審所處而爲之者也：一曰實行派，一曰哲理派，一曰天人合派。考孔子立教，以思學、志行分爲兩大宗，《論語》所謂觀志觀行，學罔思殆，即今外國之所謂哲學家、實行家。哲學爲思想派，凡遇實行，皆先假哲理爲耳目，思想家發明其理，實行家實行其事，舊學之所謂知行合一也。至聖六藝之學，原始要終，六藝平分天人，故以天學爲知，人學爲行；即《春秋》説，所謂「與其託之空言，不如見諸行事之深切著明也」。言爲詩，詩爲志，志字經文或作思，所謂「思無邪」、「無思不服」也。《易》曰「思之思之，鬼神通之」。大抵西人所謂哲學思想家，其本源即爲天學之《詩》教。書者，如也；詩者，志也。太史公説《易》與《春秋》，《易》由隱以之顯，《春秋》推見至隱，大抵皆以天人分知行；《書》與《春秋》爲著明之行事，《詩》、《易》二經爲隱微之思想。方今去至聖時代尚在萬年之後，學者如欲實行，則專言人學，不言《詩》、《易》可也。惟就人學之皇、帝、王、霸言，《尚書》爲地球一統之制度，先就《春秋》之用夏變夷，開化南方四州，俾與赤道以北相頡頏，合地球有二十曆法，而後人帝之業成。方今諸國林立，與《春秋》時局相同，或者以爲「大春秋」。考孔子作《春秋》以後，所有糾合諸侯、會盟征伐，中國實無其事；又考所言九州，不及要、荒，惟九分九州，南方皆以州舉，豫州諸侯又移封於他州，以爲方伯。所有綱領條例，無不與今世界形勢相合。然則《春秋》者，小爲中國之三千里，大爲全球之三萬里。進退諸侯，就中國言，尚爲述古，撥亂世反之正；就海外言，乃爲俟後。至聖生於春秋，中國之文教政治都由春秋起點，中外今日始通，海外之文教政治亦當由今日起點。是孔子之作《春秋》，小行之於中國，至今日乃大行於天下。就現在時勢而論，實行家又當分爲二派，以《尚書》爲知，《春秋》爲行，據《尚書》之版圖，實行《春秋》之政畧。蓋就疆域言，固已合四表之制，惟政治有三世之等差。《尚書》所言皇帝，多就太平一統立説，其程度尚難驟企。現在諸國紛争，南服各州猶在州舉之例，太平之美備，若從亂世躐等求之，必至無所依據。故疆域雖同，於太平程度尚未離乎亂世。通經致用，必先合乎時宜，學者不求致用則已，苟欲速成以挽救時局，則當專就《春秋》講求作用。蓋皇、王雖有優劣，夾輔用倚二公。桓、文三千里，爲《尚書》之堯、舜；堯、舜三萬里，爲《春秋》之桓、文。故二經有大小先後。當今學人欲求實效，則天學之專經固在所緩，即人學之《尚書》亦始萌芽，惟專治《春秋》，以爲撥亂反正。此六經大小先後一定之次序也。然欲求《春秋》中記事之學，以《左》、《國》爲先務。蓋《公》、《穀》之經義寓褒寓貶，《左》、《國》所有自治、外交、公法、兵戰、盟會條約，四者二《傳》所未詳。又，《左》、《國》兼説六經，天人羼雜，篇册繁重，未易貫通，當先舉其切於時務者分門纂録，別本單行。如坊間所刻《左氏兵畧》之類。考前人未嘗不於《左氏》中求致用，而卒無成效者，則以未去中外古今之畛域，刻舟求劍，守株待兔，其結果亦終同於八股之空言。故當化去陳見，以爲孔子之作經、賢者之作傳，本非述往之成事，特留此篇，引進中外和平進化，以臻於美善。即如外交一門，當就外史考其數百年之程度與當今之時事，遺貌取神，輾轉互證。西土所有傳無明文者，當推類以求之，或輯外事，以補傳之所不足；傳之所有而爲時事所無，亦有其事而公私文野不同者，又當據傳引進之。如桓公葵丘之盟辭，即爲現在干涉之政策。現今各國主義多圖自利，假公以濟私；又，所有條約每近於戰國，求如《左傳》所謂文、襄之治者鮮，而謂先王之制者，更屬少見。此當據現在形勢，徐徐補入，引之進道。當日虎歌所作公法不備不全，私而少公，諸國猶且奉行，遵爲成憲；果能專心致志，表揚中國先聖之古時公法，各國改良精進，皆有求治之精神，以此引而進之，推孔學於全球，未嘗不可籍此一端，以爲先導。惟欲詳傳義，必先考求各國之史事成案，論卑而易行，欲裁成於不覺，不可高自位置，是己非人。畧言一端，餘可類推。所有當今經學致用之先務，不可不專心致志，早著成書，以爲晚近之一助也。

則試先言天人合一之學。使天、人不相關，則六經但立人學，而不言天學可也。方今學人，見歐美非澳開化之初皆有拜物教，又因耶教專奉一天，於各種祭祀皆斥爲神權蠻野之制，故雖中國通人，亦疑《周禮》祀神之官太多，非遠鬼神務民義之宗旨。考地球惟中國有天壇、宗廟、社稷、山川諸祀典，此中國所以爲文教開化最早，而又得至聖之經説以爲之引導，乃能獨占風氣之先。或乃混同一視，比於蠻野之神權，真所謂一齊衆楚，不辨美惡矣。考大地洪荒開闢之初，莫不有奉物教，不惟海外各國有之，即中國當堯舜以前實亦如此；民智進化，則必舉至尊無上之一神，專心崇奉，以掃除各等奉物教。西人推尊一天，專祀上帝，不祀諸神，爲進化自然之階級，非獨泰西諸國爲然。我中國當孔子以前實已先奉天主教，以掃除各種奉物教，如《穀梁》、《董子》皆有以天爲主之説；《論語》王孫賈問媚奥媚竈，孔子答之，曰「獲罪於天無所禱」；《春秋》譏「不郊猶三望」；《禮》在喪不祭，惟祭天「越紼而行事」；此中國以天爲至尊，不敢以諸神與天相比之古義也。是西人專奉一天之教，我中國春秋以前行之數千百年，西人不能獨恃其强以傲我未能知、未能行。明文具在，可考而知。蓋中國開闢，自占諸國之先，海外所推至精至美，傲我以不能知、不能行之宗教，而我於二千年前實已實力奉行。《易》曰「帝出於震」，教化在歐洲一二千年以前。歐之於亞，亦如美之於歐、非澳之於美，雖同曰五大洲，而出海有早遲，文教有先後；亦如兄弟有五人，雖同父母所生，而年歲有先後，知識有壯穉，此固一定之勢也。中國雖無孔子，文明已占各國之先，且天獨生至聖於我震旦，改舊教，立新教，精益求精，有不得與列國相提並論者。蓋中國初爲神權，既主一天，行之數千百年而後孔子生，當時人民亦如今泰西，人人各自以爲天子，《論語》「天子穆穆」，奚取於三家之堂」。蓋當時人人自稱天子，季氏故肯歌此詩。孔子制禮，乃以天子爲王者之稱，即如朕字，古爲上下之通稱，自始皇定爲尊號，後世遂無敢僭用之者。使孔子以前天子亦如朕字爲尊號，季氏雖驕蹇，亦何取乎此？《穀梁》曰：「孤陰不生，獨陽不生，獨天不生，三合焉然後生。故曰母之子可，天之子可，尊者取尊稱焉，卑者取卑稱焉。」此孔子經義以天子屬之至尊，群下則引爲姓氏譜。孔子以前人皆主天，一如西人，祖宗姓氏之學在其所畧。又，耶教主天，不能不拜耶蘇，教皇以下，司鐸、神父，奉教者亦不能躐等。即以泰西各國君王與總統而論，無不立官以奉職事，而謂上帝獨立於上，遂無僚佐，亦與其教會官制不合。故孔子作經，以天爲至尊，即用西人祭天之説；天之下尚有百神，尊百神，即所以尊上帝。耶教專奉上帝，輒與奉物教爲難，而與義實不相通。諸經祭祀，除天以外，凡有功德勳勞及死事，亦如教皇之下必有司鐸神甫、君主及大總統之下必有百官。經義郊天以外，祀典甚嚴，惟中國獨有良法美意。説者不察，乃因奉物教，遂以經傳之祭祀爲蠻野之神權，真所謂不辨黑白也。官事各有專司，神示五祀，風雨日月寒暑，不能不有神，此可因人事而定之者也。初則多神教，繼乃爲一天教，經義改爲至尊一天而庶祀百神，仁至義盡，法良意美。西人奉物教衰息之後，或且改從中國，此又一定之勢也。使鬼神與人無交涉，則孔子亦不必重言祭祀；凡風雨寒暑之得宜，農田豐穰，皆賴神力。惟祭祀之本意，則須人民進化，其精爽不貳，足與鬼神相感格，乃能有效。大約祭祀本旨皆在靈魂學已精之後，孔子曰：「我戰則克，祭則受福。」經書所言天命鬼神受享錫福之説，至爲詳備，其説豈能盡誣？即如地球，赤道熱，黑道寒，欲天下均平，必須鬼神相助，非盡人力所能。又如大禹之開山導水，黄帝之百靈受享，鳥獸草木，咸皆必籍鬼神之力。方今人民程度尚未進化，祭祀之事亦援例以行之，而鬼神之受享與否，則付之冥漠不可知之數。《國語》曰祭窮於財而福不可知，又如《春秋》之救日蝕、大旱之雩祭，其中别有精意。荀子因人之精爽未能與鬼神相通，於是遂爲説曰：雩而得雨，與雩而不得雨同也。蓋謂人君大旱不得不雩，亦如現在州縣以一紙文書虚應故事。不得經義，妄自立説，以致後人疑《春秋》爲虚僞矯誣。蓋鬼神靈感相假，亦如人之往來，有求斯報，所以經特重祭祀，而《春秋》於郊天之牛牲食角傷口亦大書特書，至於四五見，蓋以明天意之受享不受享。《公羊傳》曰《春秋》天道備、人事洽，凡書鬼神時令，皆爲天道。王霸爲人學之初基，因其與天學懸絶，故必記時令祭事災異，以存天學之宗旨，故曰：人事洽於下，而天道備於上。蓋皇、帝平治天下亦如今日之中國，必與外國交涉，外交得宜，而後中國安；鬼神受享，而後天下治。天學即所以助人事，使上天下地可以扞格①而可致太平，聖人亦必遠鬼神而專務民義。此天人合一之説也，其理至爲精微，不過就最粗淺者言之，以見人學必有藉於天，初不敢以爲聖人之天人學義盡乎此矣。

① 扞格：原誤作「杆格」，今改。

忠敬文三代循環爲三等政體論

《禮》説：夏尚忠，其弊也野，則救之以敬；殷尚敬，其弊也鬼，則救之以文；周尚文，其弊也史，則更循環用忠。古有是説，三「尚」殊難實指，竊以世界時局攷之，則所謂忠、敬、文者，即西人所謂專制、民權、共和也。《易》曰「湯武革命」，以臣伐君，爲誅一夫；正如法之大革命，美之獨立。湯武世局，正與今西事相同。則古之湯、武，即今之法、美。今之報局每以吾國爲專制，以求在下之反動力。及考西史，見革命國之專制，每云別無法律，君命即爲法律，較土司酋長而有加，人民苦無以聊生，與吾國不免有霄壤之別。因以見古之湯、武，其革命者大約與今海外同，所謂蠻野之君權。尊君，故謂之忠。凡人當合群之初，以與禽獸争，必立君。君者，群也。初藉君以合群，戰勝禽獸，非君不能存立，故奉君以爲聖神不可犯。積久弊生，君暴厲於上，苛政至猛於虎，民不堪命，乃轟炸以復其仇。夫欲定精進之法度，必上下皆無所偏，乃得持久。民之隱衷，必盡情發洩，使無餘藴，而後有公理。當此世界，所謂民權、平等、自由，如虛無黨之必欲盡去政府而後快。今之西人正如古之湯、武，孟子所有貴民輕君之説，爲此時代而言，論公理不分貴賤，君民交戰，正如水火陰陽，物極而反，變本加厲。如今海外之路索、孟德斯鳩等，民爲主人、君爲奴隸各學説，爲時勢所造，彼此是非，不能謂其偏僻。平權以爲殷之立敬，又爲質家，與夏文相反，與忠反之民權也。吾國湯、武以後，降爲二伯之共和，則以民權積久弊生，弑君殺相，國無寧歲，人心厭亂，天意隨之視聽，雖取民權，不得不參用君權，合夏、商、周爲一治，故謂之文。物相參雜謂之文，《論語》「周監於二代，郁郁乎文哉」，此又蠻野之共和。從始至終，自孔子後則周而更始，再用夏忠。故《春秋》尊君，專明王法。然此爲二次之三統，原因複雜，體質不一，與前之三統標幟新異，招人指摘者不同。蓋蠻野之三統爲三者特異之原質，二次之君統早已合三質而混化之。自其外貌觀，君不似君，民不似民。由春秋至今，細爲分劃，以千年爲一周，吾國正當二次共和之時代，故不能謂之爲民權，亦不能謂之爲君權，蓋已變野而文明。歐美見當初次民權時代，或乃自以爲新理，自以爲曝獻，不知吾國革命民權早在三千年前已據全球上游之勢。此吾國所以占文明之先步，爲五洲之伯兄，仲、叔隨行，季則更爲幼穉。自後數百年，共和之局又終，則當與全球合並而爲大一統。從周而大夏，從大夏而大殷，從大殷而大周，三次之三統當更文明，則固非吾輩所及見矣。大抵除初次三統後，其形迹皆隱晦，其原質皆糅雜，亦如《春秋》之三世例，事文隱微，及久乃覺其變象，不能沾沾以文辭求之也。西人樂利，實由革命而出，其推獎實出誠心。食芹而甘，欲推之世界。或乃倡言攻之，以爲邪説惑世誣民；或又以孟子之説爲大同之極點；崇拜者固失其原理，摧抑者又違其本義，左右佩劍，有如罪人。故推闡三統之宗旨，以時進化之步驟，中外各得其主義，庶無隨人俯仰之弊焉。

高唐賦新釋

「高唐」即下「高廣」，指天地言。《中庸》「高明配天，博厚配地」，博與廣義同，指上征下浮，即鳶飛魚逃之旨。又，高唐，《詩》作「高岡」，《易》作「高尚」，《蠱・上九》曰：「不事王侯，高尚其事①。」上天玄，下地黄，《詩》曰「陟彼高岡，我馬玄黄」，《易》曰「其血玄黄」。

此賦當分爲二篇，王所敘爲一賦，玉所作又爲一賦，彼此詳略互見。王所敘實即一賦體也。

昔者博士所擬，故曰「昔昔」。楚襄王與宋玉凡古賦中所有人名皆屬依託，如子虛、烏有。游如穆王與化人游。於雲《列子》「乘風御雲」。夢《招魂》「掌夢」。之臺，神游爲夢，《秦本紀》有「雲夢」。望海外三神山，可望而不可即。高太乙。唐即高岡，后土，不可作地名解，尤非齊之高唐。之觀，下云「上至觀側」，即此觀，神游乃能至。其上天。《詩》、《易》之説，上下無常，就一隅分上下爲天地，互言之，則頂上皆爲天。獨有雲氣，雲從龍。崪兮直上，飛龍在天。此爲雲賦，同風賦，雲龍風虎。忽兮改容，十二月旋相爲本。須臾之間，變化龍德變化。無窮。一日之中，四時之氣俱備，即下「始」、「少進」四段。王玉。問玉王。曰：舊本作「玉問王曰」，後人乃改爲「王問玉」。原本如是，後人不知其義，乃改之。「此何氣也？」宋玉不知而問。玉王。對衍。曰：先王之事。王守文，數典自當研悉，非玉外人所知。「所謂朝雲者也。」東龍，朝雲。王玉。曰：「何謂朝雲？」朝雲即所謂寅、正月。十二月旋相爲本，月月有寅。《素問》所謂「命其位而方、月可知」，故只見一方。玉王。曰：「昔者昔而又昔。先王周穆王也。按，下

---

① 事：原作「志」，據《易・蠱》改。

「試爲寡人賦之」，言其故實者王，作爲詞賦者玉；非玉既言之又作賦，王如癡人也。嘗遊高唐，穆王神游見《列子》、《穆天子傳》，即神游事，如《楚辭》，當作雲夢，神游六虚。怠字出《列子》。而晝寢，即神游，非真夢。宰予晝寢同。夢雲夢，即夢朝雲。見以夢之所見爲真。一十巫之中，一巫爲己，如和公也。婦人①曰：『妾巫山巫、靈古字通，巫山即靈山。靈氛與巫咸同爲巫字，《山海經·大荒西經》有靈山十巫，巫咸等所從上下。之女也，十巫之一，當爲巫咸。射姑山神如處子，至觀側即見西皇，巫女即掌夢之事，來招王魂往游。爲高唐《素問》：「上下者，陰陽之道路。」之客。上下相通，飛相往來，以天地爲傳舍。聞君游高唐，如封禪。經：「十三載大會同。」託之夢，所以爲雲夢。願薦枕席。』《封禪書》：上泰山之車以蒲薦，懼傷草木也。王因幸臨幸。之。之，指高唐觀側。巡守封禪，即下「當年遨游」之説，舊以狎邪解之，大誤，始於《神女賦》、《襄陽耆舊傳》。去歸寧。而辭曰：此在封禪以後，如《覲禮》之「歸寧乃邦」。『妾朝雲爲十二牧之一，東七宿青龍北爲雨，在寅，故爲朝。在巫山之陽，寅宫。《山經》：「大荒之中有山，名曰豐沮玉門，日月所入。有靈山十巫於此升降，百藥爰在。」○《楚辭》天學，全用《山經》典故，不應下至南夷僻遠之一小山，知當作靈山。高丘即高唐。南曰丘陵。《孟子》：「爲高必因丘陵。」之岨，爲之外牧。旦朝寅。爲朝雲，隨時變化，爲十二舍。暮暮指夜半子、丑二宫。爲行雨，北方坎水爲雨。朝朝始於寅，終於丑。暮暮，己土寄王於四時。十二舍分十二時，各有朝暮不同。陽臺高，明。之下。』「殷其雷，在南山之下」，與此同。周維六合十二宫。旦朝視之，反，神既覺之後。如言，即下王所説之四節。故爲立廟，立明堂泰乙祠，並爲朝雲立十二户，以象十二次。號曰朝雲。」如青陽總章，

①《論語》「有婦人焉，九人而已」，十巫之中，己爲婦人。

此乃立神號，非廟名。　王玉。　曰：「朝雲始出①，狀若何也？」内服，始出。　玉王。　曰：「其始出也，直正從寅出。　㬳兮若松榯；即「崪兮直上」四字，升於天。　其少進也，卯、辰二時，皆屬東方雲龍。○外服，少進。　晣兮若姣姬。八千爲八才子，十二牧爲十二女。　土寄於四時，皆得司之。　揚袂鄣日，而望所思。　十二月旋相爲宫之初，斗柄所指者，當爲朝雲。　忽兮改容，偈兮由東龍至朱雀，南方七宿。　若駕駟馬，午馬。　建羽旗，朱雀。　湫兮西方七宿屬。　如風，風從虎。　淒兮如雨；北方。○箕好風，畢好雨。　好謂對沖，邊鄙之方六情，北方之情好，是也。風止雨霽，秋，冬。　雲雨風雷露，合爲四時。○南方。　雲無處所。」謂無定處定所也。○十二月一周，所謂朝朝暮暮。王玉。　曰：「寡人二字衍。　方今今爲見在。　可以遊乎？」法古俟後，經説之「古昔」爲後聖立法。　玉王。　曰：「可。」王玉。　曰：「其何如矣？」如《天問》。　玉王。　曰：「高矣，即高尚之高。　顯矣，《中庸》「高明」，與「顯」同。　臨望途望高唐。　遠矣，上登天，《易》之乾。　廣矣，唐、尚、岡皆同音字。《中庸》「博」與「廣」同義。　普矣，《中庸》作「厚」。　萬物地。　祖矣。《易》之坤。　此乃大地之稱，一山何足當之。　上九天上。　屬於天，所謂高、顯。　下九淵下。見於淵，所謂廣、普。　珍怪奇偉，不可稱論。」《山海經》所語神靈所生，非世界所有。　王曰：二字衍。「試爲寡人賦之。」王言其故實，玉著文辭，合成此篇。　玉曰：「唯唯。」序爲王言，以下乃玉賦。

惟高唐《詩》高岡，《易》高尚，即序高、顯、廣、普。　之大體兮，天大地大，爲兩大。　殊無物類山不過比于拳石，水不過比于一勺。　之可儀比。　巫山豐珇玉門，爲靈山。　赫其無疇兮，如《大言賦》，非賦一山。○以二十八宿分配

① 「始出」上原衍「其」字，據《文選》卷一九《高唐賦》删。

十二次。道互折而層累。《天問》「九重」，《地形訓》其中五爲上帝，天不一天，故九折周遊而上，十巫從之升降。登上涉爲登高，夢鳥。巉巖而下下望爲臨淵，所謂唐。望兮，下浮無地。此段爲賦地之九淵，即《楚辭》下浮、《招魂》下遊之事。臨大坻之稸水。即下見於淵。遇天雨北方玄武爲雨。之新霽兮，新霽，又一朝雲。觀百谷百川。之俱集。《莊子·秋水》篇，海若自謂九牛一毛，太倉一粟。濞洶洶其無聲兮，海不揚波，有聖人。潰淡淡而並入。此無風之時。滂洋洋凡洋洋，皆天學名辭，《中庸》屢言之。而四施兮，四海九淵。蓊湛湛而弗止。寒、熱二流互相灌注。○以下爲風景。長風萬里長風。至而波起兮，雲從龍，風從虎，寅與申對衝。《孟子》：觀海者觀於瀾。有風則爲東西交并。若麗山之孤畝。《中庸》：「今夫山，一拳石之多。」勢薄岸而相擊兮，東西衝。隘交引而卻會。交會即合和。崒中怒而特高兮，九淵之中，有高在其中，如陸之以高爲京師。若浮海而望碣石。以世界比神游。礫磥磥沙礫比於世界。而相摩兮，《易》「往來井井」，又「陰陽相摩」。巆震天上下無常，下亦有天。之磕磕。高在天中。巨石水中之山，亦如四嶽。溺溺之瀺灂兮，沫《詩》沫爲地中。潼潼而高厲①。所謂九洛。水澹澹而盤紆兮，八千十二支羅旋。洪波淫淫之溶潏。奔揚踊而相擊兮，六合即六衝，以衝爲合。雲當作「雷」。興聲之霈霈。雲無聲。風雲雷雨，以配四時。猛獸驚而跳駭兮，水中之獸。妄奔走而馳邁。風雷之變。虎豹豺兕，失氣地獄亦如天堂，各有五蟲。恐喙；雕鶚鷹鷂，飛揚伏竄。人間所有，上下與同。就世間以譒譯之。股戰脅息，安敢妄摯？以上皆摯鳥摯獸。於是水蟲盡暴，譯書所謂風劫，海枯石爛。乘渚之

① 厲：原作「屬」，據《文選》卷一九《高唐賦》改。

陽，水中可居曰渚。黿鼉鱣鮪，交積縱横，以水言之。如世界之倮蟲爲靈物。振鱗奮翼，蜲蜲蜿蜿。以上皆風劫，爲唐賦。

中阪此以四時言。遥望，中望。平視分三望，此在中閒，先下而後上。玄木冬榮。四時不同。煌煌熒熒，上爲天，下爲地，中則四荒四極，皆在六合外。《爾雅》言四海四荒四極四海爲本世界。荒、極皆在恒星天。奪人目精。此賦植物。爛兮若列星，《山經》亦詳草木，爲天上所有。曾不可殫形。以上總，以下分。榛林鬱盛①，葩葉覆蓋。雙椅垂房，糾枝還會。徙靡澹淡，隨波闇藹。東西施翼，四旁之星辰。猗狔豐沛。緑葉紫裹，丹莖白帶。以五色分五方。纖條悲鳴，聲似竽籟。《莊子》所謂天籟，亦賦風也。清濁相和，此爲樂説。五變四會。四旁。感心動耳，説詳《樂記》。迴腸傷氣。六情説下方哀。此寫哀字。孤子寡婦，寒心酸鼻。長吏隳官，賢士失志。愁思無已，歎息垂淚。登高望遠，下視。使人心瘁。此言聲樂之感人，即人樂也。盤岸巑岏，以下賦四荒方域。裖陳磑磑。磐石險峻，四嶽九山。傾崎崖隤。流於四表。巖岠②參差，《詩》「參差荇菜」。從横相追。《詩》：「藝麻如之何？横從其畝。」陬互横啎，即犬牙相錯之義。背穴偃蹠。向背互異。交加絫積，如《禹貢》導山導水之交互。重疊增益。狀若砥柱，凡言「若」者，以地譜天例。在巫巫皆讀作「靈」。山下。凡三才説以本世界爲中爲人，此爲賦四荒四極事。仰視由中望上，《易》「仰以觀乎天文」。

---

① 此句原脱，據《文選》卷一九《高唐賦》補。

② 岠：《文選》卷一九《高唐賦》作「嶇」。

山顛，天，顛也。凡人頂上皆天，北與南並同。肅①何芊芊，炫耀虹蜺。讀「蝃蝀」。此略下詳。俯視由中俯視。《易》所謂「俯以察夫地理」。崝嶸，窐寥窈冥。下臨無地。不見其底，冥冥在下。虛聞松聲。無聲無臭。虛聞，亦不聞也。傾岸洋洋，謂洋洋盈耳。立而熊經。《詩》之「如臨深淵」。危崖不能立足，學熊經乃能立。久而不去，形可暫，不可久。足盡憊急。汗出。人怯則汗出。悠悠忽忽，無所聞見。怊悵自失。《列》、《莊》黃帝炫惑亦同此。使人心動，無故自恐。心如懸旌，自生顛倒。賁、育之斷，不能爲勇。《列子》學射事，所謂非射之射。卒愕異物，忽有所見，此法眼，非肉眼。《山經》所見。不知所出。來去無蹤。縰縰莘莘，若生於鬼，《中庸》：「鬼神之爲德，其至矣乎！」若出於神。上下無常。狀似走獸，或象飛禽。如《招魂》，如《天問》。譎詭奇偉，地獄變相。不可究陳。上段已賦唐，爲實賦；此則從人閒世視，爲虛寫望景。

上高也，高唐之觀。至觀側，即序所謂「王因幸之」。如穆王神游化人之宮，如封禪之登泰山頂，非幸御婦人之「幸」也。○以下爲高唐賦，由下而中，由中而上，由遠自邇，升高自卑之義也。地天之上仍有地。蓋底平②。如昆侖之上平，萬五千里。箕踵漫衍，芳草羅生。以下植物。秋蘭茝蕙，江蘺載菁。青荃射干，揭車苞并③。薄草靡靡，聯延夭夭。越香掩掩，衆雀嗷嗷。以下動物。雌雄相失，西皇，以鳥名官。哀鳴相號。王

---

① 肅：原脱，據《文選》卷一九《高唐賦》補。

② 底平：原作「厎平」，據《文選》卷一九《高唐賦》改。

③ 苞并：原作「包并」，據《文選》卷一九《高唐賦》改。

雎雎鳩。鸝黄，黄鳥。《爾雅》皇，即皇祖、鳳皇。正冥楚鳩。鳲鳩。姊歸思婦，垂鷄高巢。《詩・鵲巢》以比七十二侯。其鳴喈喈，《詩・葛覃》「其鳴喈喈」，即《大雅・卷阿》二之「鳳皇」章。○以上爲高賦。當年遨遊。即序之「王因幸之」。當年即「昔者」之變文。更唱迭和，赴曲隨流。如《帝謨》賡歌，又如《九歌・天皇太乙》。有方之士，封禪，方士所條陳。羨門高谿。王注：《史記》始皇使羨門高誓，谿疑是「誓」。○《漢書・郊祀志》曰：「元尚、羨門高最後，皆燕人，爲方仙道形解銷化也。」上成鬱林，公樂聚穀。進純犧，禱璇室，如《洛誥》「王入太室」。醮諸神，禮太一。封禪儀。《史記》曰：宜立太一，而上親郊之。傳祝已具，太祝，爲天官。言辭天辭，如梵咒，人不能解。已畢。太史、太祝，事神之官，與鬼神言語相通。

王先王。乃乘玉輿，駟蒼螭，《詩》之四牡。垂旒旌，旆合諧。紬大弦而雅聲流，雅樂。冽風過而增悲哀。《詩》。上方樂，下方哀。於是調謳，令人惏悷憯悽，脅息增欷。於是乃縱獵者，基趾如星①。傳言羽獵，終以射獵爲喻。詞如《釣賦》與《戰國策》「弋説」。銜枚無聲。不言。弓弩不發，無爲。罘罕不傾。涉漭漭，馳苹苹，飛鳥未及起，走獸未及發。「一發五豝」之「發」。何節奄忽，蹏足灑血，舉功先得，獲車已實。萬國來朝。以上所序皆夢中先王之事。

王今王。將欲往見之，所謂封禪也。必先齋戒，差時擇日，如封禪大典，無神女邪侈事可知。簡與玄服，建雲旆，蜺爲旌，翠爲蓋。儀仗與先王同。風起雨止，十二月由寅起，由丑止，如歲星一周。千里而逝。

① 星：原誤作「皇」，據《文選》卷一九《高唐賦》改。

一日千里。蓋發蒙，王注引《素問》「發蒙解惑」。往自會。十三年大會同，又如穆王神游。思萬方，以下如《大招》末段。憂國害。《大招》，賞罰當先威後文。開賢聖，舉賢才，如十六族。輔不逮。《大招》尚賢士。九竅通鬱，《素問》「四氣調神」。精神察滯，《素問》「上古」。延年益壽千萬歲。真人神化，與《大招》結同。

王賦中詳朝雲，玉賦中遂不一及神女，神女如掌夢，一招以往，其事即畢。下、中、上三望，皆神游三界、上征下浮之事也。中，所謂四旁，亦不在本世界中。

《古文苑》與嚴選《上古文》皆引《襄陽耆舊記》，《記》即鈔撮此賦敘，而附會以帝之季女瑤姬等語，遂以薦幸爲狎邪實事，不知託興本旨。《耆舊》晚出，不足據。

《文選·神女賦》亦後人擬《高唐》而作，其附會與《耆舊》同。《高唐》爲神遊，道家專門學説；「醮百神，禮太乙」，典禮何等隆重嚴肅！初何嘗涉及男女幽會。後人誤解，乃至於此！

《神女賦》序全摹此賦序，竟以稱天説地之語全歸之一婦人之身，此後世《幽會記》、《雜事秘辛》之所祖。妄相模儗，真屬唐突。

《神女賦》五百字並無寄託，專賦一婦人邪狎之事，汙人齒頰。《高唐》本出於《詩》，擬賦至於如此鄙陋，無怪朱子《集傳》直以《詩》多淫辭、孔子之作《詩》，不過如時俗之戒淫文。吾則謂《詩》中絕無一真男女，或以華夷分，或以卑賤分。神游之文，已超出色界之外，猶以畜生魔道説之，可不謂汙滓太清乎！畫眉深淺，洗手羹湯，言在此，意在彼。

不以文害辭，乃足以言《詩》。

《詩》爲辭章之祖，因有此誤解，稍事風雅，便染輕薄，且謂古人已然，詞章之士遂與德行相叛。因以是救其敝。知我有人，定助張臂也。

舊賦説解：一神女也，楚襄幸之，楚懷幸之，宋玉又夢之，不啻狐鬼傳，專以惑人爲事；乃轉相祖述，真可謂不知人間羞恥事。不知此道家神化之説，可一不可再。後來《離魂》、《幽會》等小説皆誤相祖襲。季平自識。

佛學考原《子史精華·釋部》

昔年立經統老釋之説，曾抄《子史精華》「釋道」一卷以明釋、老相同之證。去年申叔自京來函，頗疑釋非經所能統；因抄此册遺之，不知其同異何如也。乙卯二月，四譯記。

原序：按，周、秦、西漢以上，無言佛者，《魏書·釋老志》云：「劉歆著①《七畧》，班固志《藝文》，釋氏之學所未曾紀。」《隋書·經籍志》云：「推尋典籍，自漢以上，中國未傳；或云久已流布，遭秦湮没。」而辭而闢之者，則如北魏世祖詔云：「漢人劉元真、吕伯彊②之徒，乞胡之誕言，用老、莊之虚假，附而益之。」唐傅奕云：「孅兒幼夫，摹擬莊、老。」宋宋祁作《唐書·李蔚傳贊》云：「華人之譎誕者又攘莊周、列禦寇之説佐其高。」皆以爲釋氏本於莊、老。然自白馬馱經以來，貝葉流傳，於今具在，皆本横行梵字譯爲震旦之文，非剽竊老、莊以成篇句也。顧嘗詳讀内典，參求宗旨，與老氏則秦越，與列、莊實伯仲，豈所爲三代之時「久已流布，遭秦湮没」之説信歟？抑是法不二不隔，華戎有自然而合者歟？今周、秦、西漢既無言佛之書可編

---

① 著：原作「志」，據《魏書·釋老志》改。

② 彊：原誤作「疆」，據《魏書·釋老志》改。《子史精華》亦誤。

録，輒擇列、莊之語同於宗門者著於篇，而每語各著其所以同者焉。

《列子》：「粥熊曰：『運轉亡已，天地密移，疇覺之哉？故物損於彼者盈於此，成於此者虧於彼。損盈成虧，隨世隨死。往來相接，間不可省，疇覺之哉？凡一氣不頓進，一形不頓虧；亦不覺其成，不覺其虧①。亦如人自世至老，貌色智態，亡日不異；皮膚爪髮，隨世隨落，非嬰孩時有停而不易也。間不可覺，俟至後知。』」注：世，皆當作生。

按，通此，即《楞嚴》「觀河」之謂。

《列子》：「有神巫自齊來處於鄭，命曰季咸，知人死生存亡禍福壽夭，期以歲月旬日，如神。鄭人見之，皆避而走。列子見之而心醉，而歸以告壺丘子，曰：『始吾以夫子之道爲至矣，則又有至焉者矣。』壺子曰：『吾與汝無其文，未既其實，而固得道與？衆雌而無雄，而又奚卵焉？而以道與世抗，必信②。夫故使人得而相汝。嘗試與來，以予③示之。』明日，列子與之見壺子。出而謂列子曰：『譆！子之先生死矣，弗活矣，不可以旬數矣！吾見怪焉，見濕灰

① 此句據楊伯峻《列子集釋·天瑞篇》作「亦不覺其虧」。
② 必信：《列子·黄帝篇》作「必信矣」。
③ 予：原作「子」，據楊伯峻《列子集釋·黄帝篇》改。

焉。』列子入，涕泣沾衾，以告壺子。壺子曰：『向①吾示之以地文，罪乎不誫不止，是殆見吾杜德幾也。嘗又與來！』明日，又與之見壺子。出而謂列子曰：『幸矣，子之先生遇我也，有瘳矣。灰然有生矣，吾見杜權矣。』列子入告壺子，壺子曰：『向吾示之以天壤，名實不入，而幾發於踵，此爲杜權，是殆見我善者幾也。嘗又與來！』明日，又與之見壺子。出而謂列子曰：『子之先生坐不齋，吾無得而相焉。試齋，將且復相之。』列子入告壺子，壺子曰：『向吾示之以太沖莫眹，是殆見吾衡氣幾也。鯢旋之潘爲淵，止水之潘爲淵，流水之潘爲淵，濫水之潘爲淵，沃水之潘爲淵，氿水之潘爲淵，雍水之潘爲淵，汧水之潘爲淵，肥水之潘爲淵，是爲九淵焉。嘗又與來！』明日，又與之見壺子。立未定，自失而走。壺子曰：『追之！』列子追之而不及，反以報壺子，曰：『已滅矣，已失矣，吾不及矣！』壺子曰：『向吾示之以未始出吾宗。吾與之虛而猗移，不知其誰何，因以爲茅靡，因以爲波流，故逃也。』然後列子自以爲未始學而歸，三年不出，爲其妻爨，食豨如食人，於事無親，雕琢復朴，塊然獨以其形立；紛然而封戎，壹以是終。」

按，《酉陽雜俎》曰：相傳云：一公初謁華嚴，嚴命坐，頃曰：「爾看吾心在何所？」一公曰：「師馳白馬過寺門矣。」又問之，一公曰：「危乎，師何爲處乎刹末也？」華嚴曰：「聰

---

① 向：原誤作「自」，據四庫本《子史精華》卷一〇七改。

明果不虛，試復觀我。」一公良久，泚顙，面赤①，作禮曰：「師得無入普賢地乎？」集賢校理鄭符云：「柳中庸善《易》，嘗詣普寂公，公曰：『筮吾心所在也。』柳曰：『和尚心在前簷第七題。』復問之，在某處。寂曰：『萬物無逃於數矣，吾將逃矣！嘗試測之。』柳久之，瞿然曰：『至矣！寂然不動，吾無得而知矣。』」又，詵禪師本傳云：日照三藏詣詵，詵不迎接，直責之曰：「僧何爲俗入囂湫處？」詵微瞚，亦不答。又云：「夫立不可過人頭，豈容摽身鳥外？」詵曰：「吾前心於市，後心刹末。三藏果聰明者，且復我。」日照乃彈指數十，曰：「是境空寂，諸佛從是出也。」又按《大藏》振字函第四卷云：西京光宅寺慧忠國師，肅宗待以師禮。有西天大耳三藏到京，云得他心、慧眼，勑令與師試驗。師問曰：「汝得他心通耶？」對曰：「不敢。」師曰：「汝道老僧即今在什麽處？」曰：「和尚是一國之師，何得卻去西川看競渡？」師再問：「汝道老僧即今在什麽處？」曰：「和尚是一國之師，何得卻在天津橋看弄猢猻？」師第三問，語亦同前，三藏良久罔知去處。師叱曰：「這野狐精！他心通在什麽處？」此數公案皆與季咸相壺子一例，段成式亦云：「恐諸書皆點竄《列子》事也。」《列子》：「陳大夫聘魯，私見叔孫氏。叔孫曰：『吾國有聖人。』曰：『非孔子②邪？』

① 面赤：中華書局本《酉陽雜俎》續集卷四作「面洞赤」。
② 孔子：據《列子集釋·仲尼篇》作「孔丘」。下同。

曰：『是也。』『何以知其聖乎？』叔孫曰：『吾嘗聞之顔回曰，孔子能廢心而用形。』陳大夫曰：『吾國亦有聖人，子弗知乎？』曰：『聖人孰謂？』曰：『老聃之弟子有亢倉子者，得聃之道，能以耳視而目聽。魯侯聞之大驚，使上卿厚禮而致之。亢倉子應聘而至，魯侯卑辭請問之。亢倉子曰：「傳之者妄。我能視聽不用耳目，不能易耳目之用。」魯侯曰：「此增異矣。其道奈何？寡人終願聞之。」亢倉子曰：「我體合於心，心合於氣，氣合於神，神合於無。其有介然之有，唯然之音，雖遠在八荒之外，近在眉睫之内，來干我者，我必知之。乃不知是我七孔四支之所覺，心腹六藏之所知，其自知而已矣。」』」

按，此即所爲圓通三摩地也。

《列子》：「龍叔謂文摯曰：『子之術微矣。吾有疾，子能已乎？』文摯曰：『唯命所聽。然先言子所病之證。』龍叔曰：『吾鄉譽不以爲榮，國毁不以爲辱；得而不喜，失而不憂；視死如生，視富如貧；視人如豕，視吾如人。處吾之家，如逆旅之舍；觀吾之鄉，如戎蠻之國。凡此衆疾，爵賞不能勸，形罰不能威，盛衰利害不能易，哀樂不能移。固不可事國君，交親友，御妻子，制僕隸。此奚疾哉？奚方能已之乎？』文摯乃命龍叔背明而立，文摯自後向明而望之，既而曰：『嘻！吾見子之心矣，方寸之地虚矣，幾聖人也！子心六孔流通，一孔不達。今以聖智爲疾者，或由此乎！』」注：文摯，春秋時宋國良醫。

按，此即「吾手何如佛手，吾脚何如驢脚」之説也。

《列子》：「孟孫陽問楊子曰：『有人於此，貴生愛身，以蘄不死，可乎？』曰：『理無不死。』『以蘄久生，可乎？』曰：『理無久生。生非貴之所能存，身非愛之所得厚。且久生奚爲？五情好惡，古猶今也；四體安危，古猶今也；世事苦樂，古猶今也；變易治亂，古猶今也。既聞之矣，既見之矣，既更之矣，百年猶厭其多，況久生之苦也乎？』孟孫陽曰：『若然，速亡愈於久生；則踐鋒刃，入湯火，得所志矣。』楊子曰：『不然。既生，則廢而任之，究其所欲，以俟於死。將死，則廢而任之，究其所之，以放於盡。無不廢，無不任，何遽遲速於其間乎？』」

按，此即貴捨生而又禁自賊其生之旨也。坐脱立亡，於師有分，祖師的的意，未夢見在，謂其不能廢而任之也。

《莊子》：「天下莫大於秋毫之末①，而太山爲小；莫壽乎殤子，而彭祖爲夭。天地與我並生，而萬物與我爲一。」

按，芥子須彌，閻浮棗葉，此其義也。

《莊子》：「顔回曰：『回之家貧，唯不飲酒不茹葷者數月矣，若此則可以爲齋乎？』曰：『是祭祀之齋，非心齋也。』回曰：『敢問心齋？』仲尼曰：『若一志，無聽之以耳，而聽之以

① 末：原誤作「木」，據《子史精華》卷一〇七改。

心；無聽之以心，而聽之以氣。聽止於耳，心止於符。氣也者，虚而待物者也。惟道集虚。虚者，心齋也。』」

按，此即禪那波羅蜜也。日觀水觀皆聽之以氣，俾道集於虚也。《莊子》：「聞以有翼飛者矣①，未聞以無翼飛者也；聞以有知知者矣，未聞以無知知者也。」

按，此即刊落第八識方得真實②諦之旨也。

《莊子》：「物視其所一而不見其所喪，視喪其足猶遺土也。」

按，釋氏所以截體稱髓也。

《莊子》：「老聃死，秦失弔之，三號而出。弟子曰：『非夫子之友邪？』曰：『然。』『然則弔焉若此，可乎？』曰：『然。始也吾以爲其人也，而今非也。向吾入而弔焉，有老者哭之，如哭其子；少者哭之，如哭其母。彼其所以會之，必有不蘄言而言，不蘄哭而哭者。是遁天倍情，忘其所受，古者謂之遁天之刑。適來，夫子時也；適去，夫子順也。安時而處順，哀樂不能入也，古者謂是帝之縣解。』指窮於爲薪，火傳也，不知其盡也。」

按，此即《列子》「廢而任」之謂也。安時處順，猶云廢而任之。現在，如來也；縣解、火

---

① 矣：原脱，據《子史精華》卷一〇七補。

② 真實：疑當作「真實」。

傳，過去與未來也。

《莊子》：「有人之形，無人之情。有人之形，故群於人；無人之情，故是非不得於身。眇乎小哉，所以屬於人也；謷乎大哉，獨成其天。」

按「有人之形，無人之情」，至此則五波羅蜜已究竟，而般若波羅蜜在其中。圓而通之，則形、情多忘，而有無胥泯也。

《莊子》：「古之真人，不知説生，不知惡死；其出不訢，其入不距；翛然而往，翛然而來而已矣。不忘其所始，不求其所終；受而喜之，忘而復之。是之謂不以心捐道，不以人助天，是之謂真人。」

按，頭頭無取捨，處處①無争乖，其斯之謂歟！

《莊子》：「無趾曰：『吾唯不知務而輕用吾身，吾是以亡足。今吾來也，猶有尊足者存，吾是以務全之也。』」

按，截指竪指，尊指者存也；斷臂求道，務全尊臂也。

《莊子》：「特犯人之形而猶喜之。若人之形者，萬化而未始有極也，其爲樂可勝計耶？」

按，即狗子皆有佛性。又，所爲下地獄即下者也。

---

① 處處：原脱一「處」字，《五燈會元》卷三「頭頭非取舍，處處没張乖」，因據補。

《莊子》：「南伯子葵曰：『道可得學邪？』曰：『惡！惡可！子非其人也。夫卜梁倚有聖人之才，而無聖人之道，我有聖人之道，而無聖人之才，吾欲以教之，庶幾其果爲聖人乎？不然，以聖人之道告聖人之才，亦易矣。吾猶守而告之，參日而後能外天下；已外天下矣，吾又守之，七日而後能外物；已外物矣，吾又守之，九日而後能外生；已外生矣，而後能朝徹；朝徹而後能見獨；見獨而後能無古今；無古今而後能入於不死不生。殺生者不死，生生者不生。其爲物無不將也，無不迎也，無不毁也，無不成也。其名爲攖寧。攖寧也者，攖而後成者也。』南伯子葵曰：『子獨惡乎聞之？』曰：『聞諸副墨之子，副墨之子聞諸洛誦之孫，洛誦之孫聞之瞻明，瞻明聞之聶許，聶許聞之需役，需役聞之於謳，於謳聞之玄冥，玄冥聞之參寥，參寥聞之疑始。』」

按，外物、外生、朝徹、見獨，則戒定慧之義也；副墨以下云云者，則實無所得、不可思議之謂也。

《莊子》：「子祀、子輿、子犁、子來四人相與語曰：『孰能以無爲首，以生爲脊，以死爲尻；孰知死生存亡之一體者，吾與之友矣！』四人相①視而笑，莫逆於心，遂相與爲友。俄而子輿有病，子祀往問之。曰：『偉哉！夫造物者將以予爲此拘拘也。曲僂發背，上有五管，頤

① 此「相」字原脱，據《莊子·大宗師》補。

隱於齊，肩高於頂，句贅指天。』陰陽之氣有沴，其心閒而無事，跰𨇤而鑑於井，曰：『嗟乎！夫造物者又將以予①爲此拘拘也。』子祀曰：『女惡之乎？』曰：『亡，予何惡！浸假而化予之左臂以爲雞，予因以求時夜；浸假而化予之右臂以爲彈，予因以求鴞炙；浸假而化予之尻以爲輪，以神爲馬，予因而乘之，豈更駕哉！且夫得者，時也；失者，順也。安時而處順，哀樂不能入也。此古之所謂縣解也，而不能自解者，物有結之。且夫物不勝天久矣，吾又②何惡焉！』俄而子來有病，喘喘然將死。其妻子環而泣之，子犁往問之，曰：『叱！避，無怛化！』倚其户，與之語曰：『偉哉造化！又將奚以汝爲？將奚以汝適？以汝爲鼠肝乎？以汝爲蟲臂乎？』子來曰：『父母於子，東西南北，唯命是從。陰陽於人，不翅於父母。彼近吾死而我不聽，我則悍矣。彼何罪焉？夫大塊載我以形，勞我以生，佚我以老，息我以死。故善吾生者，乃所以善吾死也。今大冶鑄金，金踊躍曰：「我且必爲鏌鋣！」大冶必以爲不祥之金。今一犯人之形，而曰：「人耳，人耳！」夫造化者必以爲不祥之人。今一以天地爲大鑪，以造化爲大冶，惡乎往而不可哉？』成然寐，蘧然覺。」

按，無爲首，生爲脊，死爲尻，究竟此義，則常樂我淨矣。由是而充之，以至於雞、彈、

---

① 予：原作「子」，據《莊子集釋·大宗師》改。

② 又：原作「尤」，據《莊子·大宗師》改。

輪、馬、鼠肝、蟲臂，則蛤中一佛二菩薩，勿第作感應因緣觀也。又按，羅大經《鶴林玉露》曰：「禪家有觀白骨法，謂静坐澄慮，存想自身血肉腐壞，唯存白骨，與吾相離，自一尺以至尋丈，要見形神元不相屬，則自然超脱矣。」余觀《莊子》：「浸假而化予之左臂以爲雞，予因以求時夜；浸假而化予之右臂以爲彈，予因以求鴞炙；浸假而化子之尻以爲輪，以神爲馬，予因而乘之，豈更駕哉！」浸，漸也；假，借也。蓋積漸假借，化此身爲異物，則神與形離，超然無所往而不可矣，又何疾又何病於拘拘哉！視白骨之法，蓋本於此。佛法出於老、莊，於此尤信。

《莊子》：「東郭子問於莊子曰：『所謂道，惡乎在？』莊子曰：『無所不在。』東郭子曰：『期而後可。』莊子曰：『在螻蟻。』曰：『何其下耶？』曰：『在稊稗。』曰：『何其愈下耶？』曰：『在瓦甓。』曰：『何其愈甚耶？』曰：『在屎溺。』」

按，如何是佛？乾屎橛。辭旨皆合。

《莊子》：「言無言，終身言，未嘗言；終身不言，未嘗不言。」

按，此即擊地公案。

南皮纂輯左氏春秋説長編三十六門目録

《左氏親見聖人受命作傳》第一「受命」二字與「受命爲素臣」相混，可否據《史記》别易二字？
《左氏多見諸國史》第二
《左氏謂經文有筆削》第三原注：不如舊説「舊文直書」。
《左傳考證駁正》第四駁劉子駿竄亂之説。
《三科九旨大例三傳所同》第五時、月、日。　本國、諸夏、夷狄。　三世。
《五十凡有經例有禮制》第六已有分類審定鈔本。
《據傳補例》第七亦有表近百條。
《經與二傳異文》第八除地名人名音同字異外，有意義者不過十數條。
《傳義長於二傳》第九
《傳中新例足以補正二傳》第十近得十餘條，當再從傳中推考。
《經傳小異説》第十一
《國語補正傳義》第十二
《論孟與左氏合》第十三

《禮記與左氏合》第十四案，此以解經説例之文爲主。所有尊卑儀制爲舊説所畧者，亦當表張之。

《毛詩與左氏合》第十五案，近人以經説出坿益，至於傳文，則自春秋以至哀、平皆通行於世。毛公無論在漢與先秦皆用《左傳》，此似當論解經者。

《諸子與左氏合》第十六《莊子》、《吕覽》、《新序》、《説苑》之類。案，事同不足言，必求合經例者乃列之。《管子》一條言凡例，國史似注文。

《史記與左氏合》第十七案，此專論經例。

《賈太傅書證》第十八西漢以上《左氏》通行，證似可爲一篇。

《漢書五行志證》第十九案，《漢志》所引「説曰」、「劉歆説」，文全不見於今傳，且與傳文小異。劉説似當推而遠之，因其不見傳，與傳異。又，傳多闕條，足見劉歆無竄改。

《東漢師説多失左氏意》第二十

《杜氏解不盡得傳意》第二十一已有辨正。

《左氏釋例》第二十二案，此例最繁重，詳之固難，畧説則全不明晰。似可别爲一書，此門與杜解合併。

《申鄭箴》第二十三

《申異義本傳説》第二十四案，此條數不多。許、鄭多從古文説，可申者少。

《微而顯疏證》第二十五

《志而晦疏證》第二十六案，此即前門之反面，或歸併一篇，乃互相起之義。

《婉而成章疏證》第二十七
《盡而不汙疏證》第二十八同上。
《懲惡而勸善》第二十九即《孟子》「亂臣懼」意。
《傳引仲尼曰皆春秋大義》第三十引證詳備，再論之，似有小異者。
《傳稱君子曰即孔子多就一端立義》第三十一同上。
《傳言神怪卜筮是非善惡不背經義》第三十二案，「卜筮」二字似可酌。
《無傳爲闕文》第三十三案，此篇爲古文入秘府中久而有闕，不以通行本補之。
《續經爲左氏作傳是經説非史體之據》第三十四案，漢人云《左氏》不祖孔子，此終孔子卒，亦可無此疑。
《左氏説易書詩禮可補群經》第三十五案，此已有鈔本，未詳説之。
《三傳違異闕疑》第三十五案，此即《傳疑表》中所例，當折中經義。
《非杜篇》第三十六案，師諭別作一篇詳陳傳文所短，竊以昔人所指摘之條皆杜誤説，今歸罪杜，不敢斥言攻傳也，傳短皆已救正矣。

案，此三十六題①，庚寅年秋，南皮師相在鄂，所命編纂者也。辛卯，約同人分纂，冬初畢業，由李岑秋、施燮夫賫呈師座。原戊子初，師席在粵電召，命纂《左傳》以配國朝十

① 校按，「第三十五」兩見，而《非杜篇》條低一格，未審何意。今姑仍其舊。

三經義疏，踰年而成，今經傳本是也。師閲，不以爲然，以爲欲自爲之，先使作長編，待林下優游，乃自撰録。因列此三十六題，作爲長編。呈稿後，間又續延有人編録，不得其詳也。師席捐館已五六年，素願未償，此稿家無副本，其存佚不可知，又或爲淺人所塗乙羼亂，雖存亦失其真。偶檢舊稿得此紙，補刊於此，以誌鴻爪。他年此稿或别出，亦未可知。感念師門，有懷莫副，不勝惘惘！乙卯重九日，弟子井研廖平識尾。

荀子非十二子篇解以十二子分六家，與《莊子·天下篇》、司馬《六家旨要》畧同。

假今之世，飾邪説，文姦言，以梟亂天下，欺惑愚衆，矞宇嵬瑣，使天下混然不知是非治亂之所存者有人矣。此在六家十二子之外。縱情性，安恣睢，禽獸二字當有誤。之行，不足但云不足，非無用。以合文通治；未能大通。然而其持之有故，其言之成理，此許之之辭。足以欺惑愚衆，六家同有此句，以爲小道耳。是它囂、魏牟魏公子牟，公孫龍子之徒也。也。名家。○狂與過。忍情性，綦谿利跂，苟以分異人爲高，不足「不足」下皆有大義。以合大衆，明大分；然而其持之有故，其言之成理，足以欺惑愚衆，是陳仲、史鰌也。孤高。○狷，不及。不知壹天下建國家之權稱，上功用，大儉約，而僈差等，曾不足以容辨異，縣君臣；不足是其短。然而其持之有故，其言之成理，足以欺惑愚衆，足，是其所長。是墨翟、宋鈃也。墨家。尚法而無法，下修而好作，上則取聽於上，下則取從於俗，終日言成文典，及紃察之，則倜然無所歸宿，不可以經國定分；然而其持之有故，其言之成理，一家之言。足以欺惑愚衆，因欲推至聖，故排斥六家，與《孟子》「願學孔子」同意。是慎到、田駢也。法家。不法先王，不是禮義，而好治怪説，玩琦辭，甚察而不惠，辯而無用，多事而寡功，不可以爲治綱紀；然而其持之有故，其言之成理，特以大才聖賢爲別，非全不許六子。足以欺惑愚衆，是惠施、鄧析也。名家。略法先王而不知其統，小康，小人儒。猶然而①材劇志大，聞見雜博，案往舊好古。造説，謂之五行，漢師五行家言耶？甚僻違而無類，幽隱而無解，案飾其辭而祗敬之曰：荀亦與思、孟同病，此蓋自咎，藉思、孟以標題，非自以爲高出二子。此真先君子之言也。辨大小深淺。子思唱之，孟軻和之，以二子爲得一體，非全體，賢而非聖，乃百世公言。非儒以尊聖，即孟子願學孔子，姑舍顔、閔相同。世俗之溝猶瞀儒，嚾嚾然不知其所非也，儒流爲八，其派多矣，各尊所聞。荀雖極論諸子，實亦與諸子同，不過儒家而已，同爲去聖人遠也。遂受而傳之，以爲仲尼、子游即大儒小儒聖賢之分。爲茲厚於後世。是則子思、孟軻之罪也。儒家。○仲尼如天、如日月，諸子如星。孟子自言顔、閔具體而微，宰我、子貢但得賢之一體，則謂子思、孟子不足以盡孔子，當亦二子所心許，何嘗自以爲足與孔子抗衡？論學術推重孔子，不得不抑諸賢，世遂以此爲病。即如《中庸》、《孟子》推孔子至矣，何敢自謂盡之？蓋讀者皆未詳文義而妄爲論議耳。○《韓詩外傳》無此一條，是後世所節，不足爲荀子諱。若夫總方略，一家爲一方。齊言行，壹統類，合九家。而群天下之英傑，而告之以太古，皇帝。教之以至順，以順天下。奥窔之間，簟席之上，斂然聖王之文章具焉，《書》、《禮》堯、舜焕乎文章。佛然平世新世，大同。之俗起焉，《詩》、《易》。則六説者不能入也，十二子者不能親也。與農山言志同。無置錐之地，孔子在庶。而王公不能與之争名；春秋王侯。在一大夫之位，爲魯司寇。則一君不能獨畜，一國不能獨容。成名爲天下，不爲一國。況乎諸侯，莫不願以爲臣。是聖人之不得勢者也，獨推孔子

① 猶然而：「而」下原衍「不」字，據《荀子·非十二子》删。

而抑思、孟，以思、孟非孔子，後世不知此旨。仲尼、子弓荀書屢以子弓與仲尼並列，上文子游，游字疑弓之誤，抑或弓爲游字誤。是也。推尊至聖，固非自以爲及之。一天下，財萬物，帝德。長養人民，兼利天下，皇道。通達之屬，莫不從服，天人交服。六説者立息，十二子者遷化，則聖人之得勢者，舜、禹帝王。是也。今夫仁人也，將何務哉？上行者帝王。則法舜、禹之制，下則下之玄聖素王。法仲尼、子弓之義，以務息十二子之説，小術退歸其位。如是則天下之害除，仁人之事畢，聖內王外之跡著矣。孔子六經乃大明。十二子中不及老、莊。荀氏此篇宗旨，與列、莊同，尊孔爲至聖，荀亦儒家之一，不能加於思、孟，亦所謂知而不能行。然則思、孟之非荀，亦自在其內，特以此明至聖宗旨，非自以其學高出於思、孟。

信信，信也；疑疑，亦信也。貴賢，仁也；賤不肖，亦仁也。言而當，知也；默而當，亦知也，故知默猶知言也。故多言而類，聖人也；少言而法，君子也；多言無法，而流湎然，雖辯，小人也。故勞力而不當民務，人學。謂之姦事，勞知而不律先王，王學。謂之姦心；辯説譬諭，齊給便利，而不順禮義，伯君。謂之姦説。此三姦者，聖王之所禁也。知而險，賊而神，爲僞詐而巧，言無用而辯，辯不惠而察，治之大殃也。行辟而堅，飾非而好，玩姦而澤，言辯而逆，古之大禁也。與《王制》同。知而無法，勇而無憚，察辯而操僻，淫大而用之，好姦而與衆，利足而迷，負石而墜，是天下之所棄也。

兼服天下之心：高上尊貴，不以驕人；聰明聖知，不以窮人；齊給速通，不争先人；剛毅勇敢，不以傷人；不知則問，不能則學，雖能必讓，然後爲德。遇君則修臣下之義，遇鄉則修長幼之義，遇長則修子弟之義，遇友則修禮節辭讓之義，遇賤而少者則修告導寬容之義。無不愛也，無不敬也，無與人争也，恢然如天地之苞萬物。如是，則賢者貴之，不肖者親之；如是而不服者，則可謂訞怪狡猾之人矣，雖則子弟之中，刑及之而宜。《詩》云：「匪上帝不時，殷不用舊；雖無老成人，尚有典刑；曾是莫聽，大命以傾。」此之謂也。此爲《詩》說。

古之所謂仕士者，厚敦者也，合群者也，樂富貴者也，樂分施者也，遠罪過者也，務事理者也，羞獨富者也。今之所謂仕士者，污漫者也，賊亂者也，恣睢者也，貪利者也，觸抵者也，無禮義而唯權埶之嗜者也。古之所謂處士者，德盛者也，能静者也，修正者也，知命者也，箸是者也①。今之所謂處士者，無能而云能者也，無知而云知者也，利心無足，而佯無欲者也，行僞險穢，而强高言謹慤者也，以不俗爲俗，離縱而跂訾者也。士君子之所能不能爲：君子能爲可貴，而不能使人必貴己；能爲可信，而不能使人必信己；能爲可用，而不能使人必用己。故君子恥不修，不恥見汚；恥不信，不恥不見信；恥不能，不恥不見用。是以不誘於譽，不恐於誹，率道而行，端然正己，不爲物傾側：夫是之謂誠君子。《詩》云：「温温恭人，維德之基。」此之謂也。此爲《詩》說。

士君子之容：其冠進，其衣逢，其容良；儼然，壯然，祺然，蕼然，恢恢然，廣廣然，昭昭

① 「古之所謂處士者」至「箸是者也」原脱，據《荀子・非十二子》補。

然，䍡䍡然，是父兄之容也。其冠進，其衣逢，其容慤；儉然，侈然，輔然，端然，訾然，洞然，綴綴然，瞀瞀然，是子弟之容也。吾語汝學者之嵬容：其冠絻，其纓禁緩，其容簡連；填填然，狄狄然，莫莫然，瞡瞡然，瞿瞿然，盡盡然，盱盱然；酒食聲色之中，則瞞瞞然，瞑瞑然；禮節之中，則疾疾然，訾訾然；勞苦事業之中，則儢儢然，離離然，偷儒而罔，無廉恥而忍謑訽，是學者之嵬也。弟陀其冠，神禫其辭，禹行而舜趨，能莊而不能約。是子張氏之賤儒也。流弊在賤，非斥子張，下同。正其衣冠，齊其顏色，嗛然而終日不言，是子夏氏之賤儒也。學子夏而失其真者。偷儒憚事，無廉恥而耆飲食，必曰君子固不用力，此大同之流弊。是子游氏之賤儒也。儒分爲三，是學子游而誤者。彼君子君子儒，非小人儒。則不然：三子之本旨。佚而不惰，勞而不僈，宗原應變，曲得其宜，如是然後聖人也。聖人則非儒所敢望。

《經解》於六經亦有利弊，不僅如班氏之於諸子。無論聖學帝王學派政治，年久傳多，必失其精微，徒襲其糟粕。論者多歸咎於始師，亦立言不得不如此。如東漢以後以六經爲古史，皆堯、舜、湯、文、武、周公之舊文，不惟今日中外同相菲薄，即列、莊去孔未遠，已倡言芻狗履跡，《史記》以爲攻仲尼之徒者是也。列、莊之攻孔子，乃真能尊崇孔子，則荀之駁十二子，亦言各有當，統指後來不善學者之流弊而已。不惟無傷於二子，即十子亦何嘗不藉此以去弊存真！

中小學不讀經私議

《書大傳》曰：「古之帝王必立大學、小學，十三年始入小學，見小節焉，踐小義焉；年二十入大學，見大節焉，踐大義焉。」劈分大小，以爲二派，此經例也。前清變法，創立大學、小學各種學堂，其名目仍用經説，乃不求大小二學之所以分，茫茫然唯異邦之是崇。國無人焉，其誰與立？亡也宜矣！嘗讀《莊子》，孔子對老子曰「吾繙十二經以教世」，舊以六經六緯説之，非也。考六經漢以前亦稱六藝，而《周禮》別有禮、樂、射、御、書、數之六藝；竊以六經六藝合爲十二，此即大節大義、小節小義之所以分也。六經以《春秋》爲始基，皆治人之事，所謂「修齊治平」者是也。其高遠之《詩》、《易》、《尚書》更無待言。朱子《章句》云：「大學，大人之學。」天子之元士、諸侯之適子、與凡民之俊秀入焉。其學制遠如漢之博士，近之法政，所謂學焉然後入官者也。其未入大學之前，必先入小學以治六藝；此如海外普通科學，凡士農工商，必小學通而後人格足。畢業已後，各就家學以分職業，所謂士恒爲士，農恒爲農，工商從同。其大較也；其有出類拔萃者，妙選資格，然後入之大學，以備仕宦之選。《論語》云：「《詩》、《書》、執讀作藝。禮，皆雅言也。」《詩》、《書》爲六經，執禮爲六藝，禮爲六藝之首，故云藝禮。雅言者，即繙爲十二經之繙。小學主六藝，大學主六經。凡入大學者，必先入小學，不入仕宦者不入小學治經。此其科級之分嚴肅判決，不可蒙混者也。海外無六經，所教不出六藝範圍。禮、樂二門，經與藝名目相同而以大小分之，凡灑掃應對視聽言動小禮，與《禮經》之大禮異。琴瑟磬鎛小樂，與《周禮》之大樂異。語言繙譯、算法測量，各種實業專門，則以射御工伎爲標目。前清大學科目幾幾乎全爲六藝。既未先立小學，何立大學？爲小學治科學，確爲古法，而於古小學專書，則以其屬四庫經部，而一切廢之。夫經恉宏深，義取治人，不適用於幼童普通知識，因科舉而必責之課讀，此其失也。然傳記之中，如《禮》之九容、足容重，手容恭，目容端，口容止，聲容静，頭容直，氣容肅，立容德，色容莊。《論語》之九思，視思明，聽思聰，色思温，貌思恭，言思忠，事思敬，疑思問，忿思難，見得思義。又《曲禮》、《少儀》、《内則》等篇及朱子所輯録之《小學》明白淺易，不傷腦力也；又如《容經》爲古修身之課本，緯以六儀，最利施行。循名核實，原爲小學專門，宜别立科目，標舉舊書，課督髫齡，乃不分别，概曰不許讀經；童子無知，不自以爲程度不足，反倡言經不足學，堤防一潰，洪水滔天矣。夫經猶飲食衣服也；膏粱可以適口，脱粟未嘗不可救饑；錦繡可以章身，緼袍未嘗不可禦寒。童蒙不敢望高卓，是也，乃並其平易者而亦奪之，幾何不凍餒而死也！部章之未實行者多，何必獨以此事見長？總之，廢經之名不可立，尊經之旨不可移。試觀兩漢，崇獎儒術，置五經博士，其時户誦孔子，人知大義，名臣循吏，多出其中。記曰：「少成若天性，習慣如自然。」博士弟子非可驟隮，若凡民之俊秀，雖在童年，一日千里，自不可與中才一視。必拘年齡、循資格，使英才短氣，志士傷時。且博采輿論，其所以令小學讀經者，幼小悟性絀而記性優，長則悟性優而記性絀，故成誦貴在初年。分經誦讀，一人初讀一經，不過數千字。耗時不多，至於傳記，不在禁例，且趨向不歧，則成就自易。經既爲孔教，縱使先後齟齬，儘可存而不論。今之説者皆以始皇爲專横，當其焚書焚字母書。坑儒，策士，托名儒生。諸策士犯法相引，太子扶蘇諫曰：「諸生皆誦法孔子，陛下以法繩之，太過。」案諸生犯罪有據，扶蘇猶以誦法孔子之故，欲要寬典；今之教經讀經，雖近於欲速，不能不謂之非誦法孔子也，乃即以讀經見斥，此如律令，凡有明法律爲人解説者，雖有罪免一次，而後來酷吏乃專以明律爲其罪，不謂之賞罰顛倒乎？質而論之，以年齡分大小者其常也；因材施教，資格貴於早分等級，難以年定。如前清部章，駿駑同棧，鈍利取齊，兩敗俱傷，同歸廢墜。故自學部有定章，而師保無教術。以今之學生較前之成材，優劣固可指數，況以讀經言之，不成不失爲良民；不讀經言之，新法實多流弊。故整齊畫一之法，朝廷且有時而窮，何能以繩束庠序，畫圖以索驥，刻舟以求劍？前清以興學而宗社亡，當今學術關係，其問題不區區在中小學讀經不讀經一節也已。牛羊成群，一牧人收放之而有餘；堯牽一羊，舜鞭而驅之，復使皋陶、大禹執其角，握其尾，徒見其僨耳。或曰：教育無法，可乎？曰：法不徒法，須得法意。《孟子》曰：「此其大畧，若夫潤澤之，則在君與子。」總其成者，但持大綱，慎選師傅，疎節闊目，齊削魯斤，因地爲良，男粟女布，交相爲用。使教者得盡所專長，學者各成其性近，鑄鎔材器，方足以濟時用。若以一二人私見定一理想範圍，牛毛繭絲，紙上經濟，而欲使全國學堂之書籍教授必出一途，人材必成一律，黄茅白葦，終亦何益？大抵譯書已悮，讀者又誤，人盲馬瞎，半夜深池，前清之成效已昭揭如日月。前車之覆，後車之鑒；主其事者如能改弦更張，是爲祝禱。

洪氏隸釋跋 丙子年作

洪氏之書，其所以見重於學人者，以其全摹碑文也。《集古録》原一千卷，蓋原有各碑全文，自跋尾十卷行，而一千卷之本轉以多而見廢，惜哉！洪氏所著録之碑，今其存者，不及十之二三，然所亡諸碑尚可因原文考其文義，以爲經史之助，而所存諸碑較洪氏所摹，闕文尤甚，亦可因其摹文以補足之。又，佚而復出之碑，全者得藉洪書以知其確爲故物，其有零碣殘字，款識全無，莫知誰何，則尚可以因其有與《隸釋》文字偶同而定其爲何碑。其書之有功於金石若此，固非歐、趙區區跋尾數卷之可得而埒者也，則人之稱其精審，其義猶後矣。又，漢人隸古，其見於諸碑，有假借者，有通用者，有奇古者，有變易偏旁以減省者；奇文異字，鱗次滿紙，學者殊苦難讀。自洪氏創立條例，各於異體詳其本字，然後學人乃無難讀之歎，此其所以明《隸釋》之故，抑又其功也。後人因其書見重於時，糾彈不遺餘力。按，金石之事，其難數端：藏本之早遲，搨者之工拙，紙墨之隱現，豪釐不同，頓致歧異。同爲一碑，而諸家所見各爲異字。又，其識字皆由諸家學業所分，深於經者以經釋，深於史者以史釋，深於小學者以小學釋，深於詞章者以詞章釋，深於金石者以金石釋；見仁見智，言各異端，比而同之，固其難也。又況偏旁泐損，點畫毫茫，摸籥捫燭，各由肊測，此尤異説之所叢雜也。洪氏書中，所釋之字將近千條，智者之失固所難免，吾則謂洪氏之學有非後人之所及者。承歐、趙之後，踵事增華，爲功甚易，一也；身位臺閣，收藏最盛，窮鄉僻隅，無不能致，二也；爲時尚早，漢物存者，共《隸續》二百餘種，較歐、趙尤多，後人更所不逮，三也。凡此三事，今之金石家得其一端已爲盛事，洪兼而有之；而其三事，則斷非後人之所能及者，則洪所獨也。必謂己所見之本爲全而洪所見者爲闕，己所見之本最顯而洪所見之本偶泐，遂力相攻詆，此豈足以爲據者哉！今人得藏一宋搨舊碑，群以爲至寶，而洪氏所見則皆宋本，或且在宋以前，則必當得其真，則今日所見之異字，雖不無實爲古跡，然其中恐不無或出於修羼，或出於重刊之過。嘗病諸家於洪氏吹毛相求，時有過者，用敢摭其數事，以相糾正，庶足以見古人之未必全非，而今人之未必全可信也。如《史晨後碑》「飲酒畔宮」，《隸釋》訓爲「泮宮」，《授堂金石跋》謂此碑「宮」又作「官」，顯鑿非訛，官與館通，謂當作「畔官」，詆洪氏未審。按前碑云「飲酒畔宮」，此碑亦當爲宮；碑作官者，隸體宮字多書作官，《北海景君碑陰》「營陵」並作「管陵」；則因碑偶作「官」，而謂當作「官」，是未知隸法，非洪氏之誤。又《韓勑碑》「旁伎皇代」，洪氏釋爲「暨」，《隸辨》以爲洪誤。按《堯典》數言「暨」，義皆作及，又《帝堯碑》「暨於亡新」，《華嶽碑》「暨夏殷周」，《張納功德敍》「暨其先考」，凡諸「暨」字皆與「旁伎皇代」同文，讀「伎」爲「暨」，於義甚允，若讀爲「伎」，其説轉迂拘不明，失其義矣。《韓勑造孔廟禮器碑》聖妃詩「喪其妃偶」，洪氏釋爲「配」；按《史記·外戚世家》「妃匹之愛」音「配」，匹也，與碑同。《虛舟題跋》以「妃」爲女子通稱，據《漢曹全碑》「大女桃①婓」，「婓」即「妃」字，《魏書・刑法志》「河陰②縣民張知壽妹容妃」，詆洪爲誤。按妃字③雖爲古人女子通稱，然碑以「聖妃」、「妃偶」連文，則「妃」字斷非名字可知，若以爲名，則「聖妃」、「妃偶」殊非文義。王氏因《曹全碑》、《魏書・志》之文而創爲此說，亦好奇之過。《郎中鄭固碑》「造䛥佹詞」，洪氏釋「佹」爲「詭」，詭詞即譎諫意，故與「造䛥」連文合義，本非誤釋；《山左金石記》因《玉篇》「佹」有「戾」訓，遂以「佹」爲本字，謂與犯顔謇諤之義合。按碑云「犯顔」，美其能直諫，「造䛥」，美其能婉諫，義各有在，況義在匡君，何取乖戾？苟以新異爲能，不顧義例之所安矣。又如《沛相楊統碑》「百僚歎傷」，今本洪跋云「遼」作「寮」④，《金石萃編》云：碑「百僚嘆傷」，「僚」字明從人旁，而洪氏誤釋作「遼」，且跋云「以百寮作百遼」⑤爲不可解。按，《隸釋》言「寮」異字最多，如《石門頌》作「遼」，《武班》作「遺」，《祝睦後碑》作「寮」，《魏元丕碑》作「寮」，《夏湛碑》作「遺」，重見者亦多，碑至今猶可辨其偏旁，則

① 女桃：原作「妻姚」，據顧炎武《金石文字記》改。
② 河陰：原誤作「阿陰」，據《魏書・刑法志》改。
③ 字：原作「子」，據文意改。
④ 校按，據四庫本《隸釋》卷七，洪氏跋語作「以百寮作百遼」。
⑤ 以百寮作百遼：原誤作「以百條爲百寮」，據王昶《金石萃編》卷一二改。

洪氏所見當更明白，斷不至誤反誤在洪氏之理。《隸釋》明以後無善本，今汪刻本以《漢隸字原》較之，誤脱尤甚，王氏所譏，蓋刻本之誤，非洪氏之舊也。凡此之類，雖頗見糾彈，終不足爲洪氏之累。其中大約宏綱巨目皆爲洪氏所有，諸家習與相詆，凡有異文別訓，不顧義理安否，但可以爲洪氏相難，輒摭之以爲説，故異議雖多，而實足以補正洪氏寥寥無幾也。又，洪氏《隸續》、《隸韻》、《隸圖》、《碑式》本與《隸釋》共行，今惟《隸釋》爲完書，以外皆散佚，今通行《隸續》本，乃近人取各藏書家零篇賸簡合刻者，故中雜《隸圖》、《碑式》等殘頁。《隸續》亦非全書，蓋自元明以來，其書不甚行於時，故久無善本，而寖致亡佚。即《隸釋》一書，以碑文及《字原》等相校，誤文脱字，所在而有，誠爲憾事。洪氏爲金石最不可少之書，諸家或詆其誤，不知不爲之校理精善，而惟就刊本以爲據，凡所指摘，恐洪氏亦不任其過。如能得精校之本，有明爲洪氏之舊而其誤顯著，乃可以言洪氏之非，誠一快也。朱氏文藻校訂《隸釋存疑》，未見全書；江寧刊附校勘本未見，不知其精審果若何。他日得一讀之，挑燈煮茗，如與洪頫印一室，共爲商酌，不誠快事耶！

隸釋碑目表自序

漢石著録之盛，未有如洪氏者也。由酈《注》至《集古》、《金石》而有加，洪氏則更有加，洪氏以後，收藏無過之者，至於今日，乃毁泐幾盡矣。《隸釋》自十九卷以下，八卷皆收各家碑目，而目録於各碑下凡經三家收著者亦皆注明，豈不以金石之學目録綦重，詳其碑之見收，可以辨其真贋，資其考證，又可以見碑之存亡，以自計其收藏之效，誠爲金石家所重者。特是諸家藏本各異名字，由酈至洪，蓋數變焉。别號既繁，殊難記憶，三家各以得碑早遲爲序，後先互易，不便檢閲；又碑所立之時地並其存亡亦不可不知也，因撰爲此表，以相統屬。以《隸釋》爲主，故居首；《水經》次之；《集古録》①次之；《金石録》又次之；《集古録目》、《天下碑目》又次之；以上五目，皆洪書所有。《字書》②爲《釋隸》之書，又次之；考碑目存亡者殿焉。凡同名者但依原書，注有字異名則各爲標出；諸家碑目，均仿《字原》之例，詳其數於下方；趙氏無跋諸碑，《隸釋》附録於後，則又加「後」字，以相别異；洪書所無，則取原書之數以附益之。

---

① 集古録：原作「考古録」，據下表改。

② 字書：疑爲「字原」之誤。

務使各書異名並碑目存亡瞭如指掌，源委俱在。共爲一卷，目曰《碑目表》，或亦讀《隸釋》不可少之作也。至於諸碑異名頗有得失，彙加考訂，以俟異時。

隸釋碑目表

《隸釋》	《水經注》	《集古録》	《金石録》	《天下目録》①附《集古録目》	《漢隸字源》	
濟陰太守孟郁修堯廟碑	堯廟碑 五	堯祠祈雨碑 七十八	堯廟碑 後二十七		永康元年立，在濮州。	
帝堯碑		堯祠碑 六十五	有。六十二		熹平四年立，在濮州。	
成陽靈臺碑	堯陵碑	堯母碑 三十四	有。五十四		建寧五年立，在濮州。	
靈臺碑陰			有。後六十			

① 天下目録：表中或稱「天下録目」，自序中又稱「天下碑目」。

益州太守高眹修周公禮殿碑		文翁石柱碑 七	周公禮殿記 一百二		初平五年立，今碑在成都府學。	
孔廟置守廟百石孔龢碑		吴雄修孔子廟碑 二十九	孔子廟置卒吏碑 十九		永興元年立，在兖州仙源縣。	今在曲阜縣廟中。
魯相韓勑造孔廟禮器碑		修孔廟器碑①二十七	韓明府孔子廟碑 二十二		成帝中年立，在兖州闕里。	同前
韓勑碑陰			韓府君孔廟碑陰 後五十六			同前。
韓勑修孔廟後碑			韓府君孔廟後碑 二十一		成帝中年立，在兖州。	
魯相史晨祠孔廟奏銘		魯相晨孔子廟碑	魯相晨謁孔子冢文 四十四		建寧二年立，在兖州。	今在曲阜廟中。

① 碑：原作「表」，據四庫本《集古録》卷二改。

史晨饗孔廟後碑			史晨孔廟後碑 後十八		今石作建寧元年，在兖州闕里。	同前。
西嶽華山廟碑	華山祠堂碑 三十三	有。六十九	有。四十		延熹八年立，華州華陰縣。	石今毁，重刊本。
西嶽華山亭碑		樊毅華嶽碑 五十八	華嶽碑 原百五十二		光和二年立，在華州。	
弘農太守樊毅復華山民租碑		復西嶽廟後民賦碑①十四	西嶽復民賦碑 後三十八	《集古録目》作《西嶽廟復民頌》。	光和二年立，在華州。	
樊毅修華嶽廟碑		樊毅修華嶽碑 二十三	樊毅西嶽碑 七十三		光和二年立，在華州。	
東海廟碑			東海相桓君海廟碑 二十		熹平元年立，在海州。	

① 據四庫本《集古録》卷一，作「修西嶽廟復民賦碑」，當從。

桐柏淮源廟碑	淮源廟三碑九十七	桐柏廟碑十三	同上。後二十四	《録目》云在，《天下録目》云在唐州。	延熹六年立，或云在隨州棗陽桐柏鎮。	今在濟源縣。
殽阬君神祠碑		有。二十七			光和四年立，在華州。	
殽阬碑陰			殽阬君神祠碑陰七十九			
老子銘	老子廟碑四十九	有。十	有。四十一	《天下録目》云在衛真縣。		
楚相孫叔敖碑	孫叔敖廟碑九十九	孫叔敖碑二十一	同上。後二十一		延熹三年立，在光州固始縣。	顧云拓本。
孫叔敖碑陰			有。二十九			

仙人唐公房碑	唐公房碑 八十六	公昉碑 四十五	仙人唐君碑 後五十三		在興元府。	今在成固縣。
唐公房碑陰						同前。
張公神碑			張公廟碑 後十一	《天下録》云在通利軍衛壩。	和平元年立，在衛州黎陽。	
三公山碑		北嶽碑 五十九	三公碑 百一十三		光和四年立，在真定府①。	
無極山碑		無極山神廟碑 三十七	有。八十		光和四年立，在真定府。	
白石神君碑			有。八十九		光和六年立，在真定府。	今在無極縣。

① 府：原誤作「州」，據四庫本《漢隸字源》卷一改。

蜀郡太守何君閣道碑					建武中元二年立，在雅州。	
青衣尉趙君羊竇道碑					永和六年立，在眉州。	
司隸校尉楊君石門碑	石門銘 六				建和二年立，在興元府。	今在褒城縣。
廣漢長王君石路碑					建和二年立，在漢州。	
武都太守李翕西狹頌			武都太守李翕碑 五十二		建寧二年立，在成州。	今在成縣。
李翕黽池五瑞碑			李翕碑陰 後五十八		在成州。	

李翕析里橋郙閣頌		郙閣頌 八十	同上。後三十三。		建寧五年立，在興州磨崖。	顧云重刻，在畧陽。
桂陽太守周憬功勳銘		桂陽周府君碑 八十	桂陽太守周府君頌 五十八		熹平三年立，在韶州樂昌廟內。	
周憬碑陰		周府君碑陰 五十九	周府君碑陰 五十九			
槀長蔡湛頌		槀長蔡君碑 四十六	有。八十二		光和四年立，在真定府。	
溧陽長潘乾校官碑					光和四年立，在建康。	今在溧水縣。
梁相孔躭神祠碑			碭孔君神祠碑 八十六		光和五年立，在亳州永城縣。	

成陽令唐扶頌		唐君碑　七十三	成陽令唐君頌　八十七		光和六年立，在濮州雷澤縣。	
巴郡太守張納功德敍			巴郡太守張君碑　百一十九		中平五年立，在重慶府。	
張納碑陰						
酸棗令劉熊碑		俞鄉侯李平碑			在東京酸棗縣。	
劉熊碑陰						
謁者景君墓表		景君碑　七十九	謁者景君表　四		元初元年立，在濟州。	

孝廉柳敏碑			柳孝廉碑 四十七		建寧二年立，在忠州。	
淳于長夏承碑			有。五十		建寧三年立，在濟州州衙。	今在永年縣，顧云重刻本。
郎中馬江碑			有。五十一		建寧三年立，在濟州。	
慎令劉脩碑		慎令劉君墓碑 六十一	劉修碑 後三十二		建寧四年立，在南京。	
博陵太守孔彪碑			有。五十三		建寧四年立，在兖州。	今在曲阜縣。
孔彪碑陰			有。後五十九			同前。

北軍中侯郭仲奇碑			郭中侯碑 三十一	北軍中侯郭君碑 三十二	建寧五年立，在孟州濟源縣。	
故民吳仲山碑			故民吳公碑 五十六		熹平元年立，在東京。	
司隸校尉魯峻碑	魯公碑 十四	魯峻碑 四十四	有。五十七		熹平二年立，在濟州州學。	
廣漢屬國侯李翊碑					熹平二年立，在渠州。	
元儒先生婁壽碑		元儒婁先生碑 九	婁壽碑 後三十四		熹平二年立，在光化軍。	今在濟寧州儒學。
婁壽碑陰。						

繁陽令楊君碑		有。五	有。後三十五		熹平五年立，在陝府閿鄉。	石今亡。
楊君碑陰			有。後三十六			
堂邑令費鳳碑	費鳳碑八十一		堂邑令費君碑六十六		熹平二年立，在湖州。	
費鳳別碑			費君碑陰六十七		在湖州。	
太尉陳球碑	陳球①三碑八十一	有。四十八	有。六十八		光和二年立，在淮陽軍。	
陳球碑陰			有。後三十八			

① 球：原誤作「琳」，據《水經注·泗水》改。

陳球後碑	同前。		有。後三十七。		光和二年立，在淮陽軍。	
童子逢盛碑	同前。		逢童碑七十六	《天下録目》云在濰州。	光和四年立。	
逢盛碑陰			逢童碑陰七十七			
安平相孫根碑			有。八十四		光和四年立，在密州。	
孫根碑陰			有。後六十三			
涼州刺史魏元丕碑			涼州刺史魏君碑八十五		光和四年立，在湖州。	

景君碑陰			有。五			
郯令景君闕銘		景君石椁 七十九	有。六		元初①四年立，在濟州。	
國三老袁良碑	袁梁碑 四十二	袁良碑 六十三	國三老袁君碑 七		在東京扶溝。	
北海相景君碑		有。四十九	有。九		漢安二年立，在濟州任城縣。	顧云今在濟寧州儒學，漫漶。
敦煌長史武斑碑		斑碑 四十三	有。十一		建和元年立，在濟州任城縣。	今在嘉祥縣。
從事武梁碑			有。十七		元嘉元年立，在濟州任城縣。	

① 元初：原誤作「元和」，據《水經注·泗水》改。

平都侯相蔣君碑			有。十八		永興元年立，在道州。	
孔謙碣		孔德讓碣 七十	同上。後九	《集古》、《金石》作孔德讓碣	永興二年立，在兖州。	今在曲阜孔廟。
郎中鄭固碑			郎中鄭君碑 二十六		延熹元年立，在濟州任城縣學。	今在濟寧州儒學。
議郎元賓碑			有。二十八		延熹二年立，在亳州。	
中常侍樊安碑	樊安碑 九十六附	樊常侍碑 八	樊安碑 後十		延熹三年立，在唐州。	
冀州刺史王純碑	王紛碑 九		有。三十二		延熹四年立，在鄆州中都縣。	顧云拓本。

山陽太守祝睦碑		祝睦碑 二十四	同上。後五十三		延熹七年立，在應天府虞城縣。	
泰山都尉孔宙碑		泰山都尉孔君碑 二十八	有。四十		延熹七年立，年兖州。	今在曲阜廟中。
孔宙碑陰		孔宙碑陰題名 七十一	有。四十一			同前。
祝睦後碑		有。二十五	有。後二十六		延熹九年立，在應天府虞城縣。	
荆州刺史度尚碑	度尚碑 七十八		有。四十三		永興元年立，在徐州荒野。	
車騎將軍馮緄碑			有。四十一		永康元年立，在渠州。	

沛相楊統碑		沛相楊統碑一	同上。四十九		建寧元年立，在陝府閿鄉農墓側。	
楊統碑陰		楊君碑陰題名二	沛相楊君碑陰後五十九			石今毀。
竹邑侯相張壽碑		有。五十三	張壽碑後二十九		建寧元年立，在鞏州。	顧云在城武縣。
衛尉衡方碑		衡方碑七十六	衛尉卿衡方碑四十八		建寧元年立，在鄆州。	今在汶上縣。
冀州從事張表碑		有。三十二	張表碑後三十		建寧元年立。	顧云拓本。
金鄉長侯成碑		金鄉守長侯君碑五十	同上。四十六		建寧三年立，在鞏州單父縣墓側。	顧云拓本。

司隸從事郭究碑		有。三十二	郭究碑 後四十	《天下録》云在濟源縣。	中平元年立，在河陽。	
幽州刺史朱龜碑	朱龜碑 五十七	同上。十八	有。九十		中平二年立，在亳州。	
外黄令高彪碑					中平二年立。	
太尉劉寬碑		有。十九	有。九十三			
劉寬後碑		太尉劉寬碑陰 四十	有。九十四		碑在西京。	
小黄門譙敏碑		小黄門譙君碑	譙敏碑 後四十三		中平四年立，在冀州。	
圉令趙君碑			有。百一		初平元年立，在鄧州。	

巴郡太守樊敏碑			巴郡太守樊君碑 百三		建安十年立，在雅州。	今在盧山縣。
益州太守高頤碑					建安十四年立，在雅州嚴道縣。	
綏民校尉熊君碑		熊君碑 七十九	有。四百		建安二十一年立，在道州。	
梁相費汎碑		費府君碑 五十七				
高陽令楊著碑		高陽令楊君碑 六	同上。十七		在陝府。	今毀。
楊著碑陰			高陽令楊君碑陰 百七			

光禄勳劉曜碑		劉曜碑　三十八	有。百九		在鄆州須城縣。	
太尉楊震碑		楊震碑四	同上。四十五		在陝府閿鄉。	今亡。
楊震碑陰		楊震碑陰題名　七十二	有。後四十六			
荆州從事范鎮碑			有。百十一		《金石》不載，或云在襄州。	
執金吾丞武榮碑		武榮碑　四十一			在濟州。	今在濟寧儒學，殘缺。
督郵斑碑			有。後五十四		在徐州。	

浚儀令衡立碑		元節碑 五十一	浚儀令衡君碑 百八		在鄆州。
戚伯著碑		周伯著碑 六十二	有。百二十三	《集古録目》作周伯著，《金石》作戚伯。	在宿州。
趙相雍勸闕碑			趙相雍府君碑 百十二		在劍州。
先生郭輔碑	郭先生碑 九十一	同上 三	同上。百二十六		在襄陽穀城縣。
相府小史①夏堪碑			有。百二十五		在亳州鄼縣。
李翊夫人碑					在渠州。

① 小史：原誤作「小吏」，據《隸釋》卷一二改。

雒陽令王稚子闕二		王稚子闕 六十四	王稚子闕銘 三		在成都府。	今存其一，在新都。
交阯都尉沈君神道二					在梁山軍。	今在渠縣。
益州太守高頤闕二			高君墓闕銘，武陰令高君墓闕銘 後四十九、五十		建安十四年立，在雅州嚴道縣。	今在雅州。
幽州刺史馮煥神道			馮使君墓闕銘 百六		永寧二年立，在渠州。	
馮煥殘碑					在渠州。	
馮煥碑陰					在渠州。	

鉅鹿太守金君闕					在雲安軍。	
益州太守楊宗墓道			益州太守楊宗墓祠銘 百一十七		在嘉州。	
清河相張君墓道						
不其令董恢闕			有。後五十二		在濟州。	
緜竹令王君神道			廣漢縣令王君神道 四十五		建寧元年立，在涪州。	
江原長進德碣					延熹三年立，在忠州。	

上庸長司馬孟臺神道					在漢州。	今在。
高直闕					在雅州。	
處士金恭闕					在雲安軍。	
金恭碑					在雲安軍。	
韋氏神道					在均州。	
張賓公妻穿中二柱文					建初二年立，在眉州。	

石經尚書殘碑	石經二十八		石經遺字六十		熹平四年立，在西京。	
石經魯詩殘碑	同前		同前			
石經儀禮殘碑	同前		同前			
石經公羊殘碑	同前		同前			
石經論語殘碑	同前		同前		《水經》云光和六年立。	
學師宋恩等題名						

賜豫州刺史馮焕詔					元初六年立，在渠州。	
費亭侯曹騰碑陰	曹騰碑　五十一	費亭侯曹騰碑十一	費亭侯曹騰碑十三		延熹三年立，在亳州。	
廣漢屬國辛通達李仲曾造橋碑					延熹七年立，在雅州。	
廣漢太守沈子琚緜竹江堰碑					熹平五年立，在漢州。	
鄭子真舍宅殘碑					熹平四年立，在雲安軍。	
金廣延母徐氏紀産碑					光和元年立，在雲安軍。	

都鄉正衛彈碑	衛彈勸碑九十四		都鄉正衛彈碑①九十二		中平二年立，在汝州。	
舜子巷義井碑					在隨州。	
義井碑陰			魏殘碑陰			
武梁祠堂畫像			武氏石室畫像百二十二		在濟州。	今在嘉祥縣。
四老神坐神祚机			四皓神位刻石百二十四			
麒麟鳳凰碑					在濟州。	

① 碑：原誤作「街」，據《金石録》卷一改。

劉讓閣道題字					建寧元年立，在涪州。	
詔賜功臣家五字					在成都府。	
中部碑					在均州。	
趙相劉衡碑			有。九十六		中平四年立，在齊州歷城縣。	
富春丞張君碑			有。後五十一		在亳州。	
郎中郭君碑						

廣漢屬國都尉丁魴碑				元嘉元年立，在巴州。	
南陽太守秦頡碑	秦頡二碑八十八			中平三年立，在襄陽宜城縣。	
魯相謁孔廟殘碑		魯相謁孔子碑後十		在兖州。	
平原東郡門生蘇衡等題名				在兖州孔里駐蹕亭。	
益州太守無名碑				成帝中立。	
益州太守碑陰					

吉成侯州輔碑	侯苞碑 百四		有。二十三		成帝中年立，在汝州。	
州輔碑陰			有。十四			
司空宗俱碑			有。一百		熹平二年立，在鄧州。	
大丘長陳寔壇碑			陳仲弓壇碑 一百		在亳州永城縣。	
縣三老楊信碑					和平元年立，在忠州。	
益州太守城壩碑					在渠州。	
是邦雄桀碑					在渠州。	

仲秋下旬碑					在緜州。	
故吏應酬殘題名					在成都府。	
魏大饗碑	有。五十六		有。百二十七			
魏公卿上尊號奏		魏公卿上尊號表 八十三	百官公卿奏上、下①洪目無。原二百六十二、三。		延康元年立，在潁昌府。	案，碑今在許州繁城鎮。
魏受禪表	受禪碑 四十	魏受禪碑 八十二			黄初元年立，在潁昌府臨潁縣。	今在許州繁城鎮。
魏修孔子廟碑	魏孔廟碑 七十七		魏孔子廟碑 百二十八		黄初元年立，在兖州。	今在曲阜縣。

① 下：原刻漫漶不清，似爲「已」字，據《金石録》卷二改。

魏横海將軍呂君碑			有。洪目無。原二百六十五		黄初二年立，在鄧州。	
范式碑			有。百二十九		在濟州。	
張平子碑	有。百五		有。案，入晉碑。		永初四年立，在鄧州。	

公羊春秋傳例序

説《春秋》者，自西漢而上，皆不外於例，董子所謂「其旨數千」是也。下逮唐、宋，病其太繁，不能悟其領要，遂有「《春秋》三傳束高閣」之語；至明陸粲，乃謂「不以正大之情觀《春秋》」，而以例言，則有時而窮，謂《春秋》無達例，乃辭窮之言；又謂《春秋》褒善貶惡，不易之法，今用此説以誅人，又用此説以貶人，是直舞文吏所爲云云；是皆謂《春秋》當明白平易，如白香山詩，老嫗可解。若此，則程、朱可據孔子之坐，而象山、陽明輩升堂入室，《春秋》便可廢置，不如令學者習《語録》，更爲平易近人。此如門外人遽臧否室中美惡，亦大不自量矣。且凡人著作必有凡例，朱子《綱目》自稱學《春秋》，其中亦自有例，蓋無不例之書，而《春秋》尤爲例藪。若除卻以例説《春秋》，則聖經只如坊間《陰騭文》，勸人爲善，孔子之書斷不如此。《公》、《穀》所載，尚不及十之二三，《春秋》每字皆有特别取義，非好學深思，心知其意，固難爲淺見寡聞道。此如沙金藏在地中，小淘小得，大淘大得，不淘不得。唐宋人皆不肯淘金之人，一無所得，便謂地無粒金，並以之律一切。説經者皆作如是，其不知物類亦甚矣！近人郝氏《春秋比》依經類例爲七十六門，深得比事之旨，然門類不過數十，曷足以盡經例？故其中仍不免混淆；自非逐例伯于陽縷晰，固不足以得《春秋》之要也。今姑仍其本，以《傳》彙鈔，其有重者節之；一門中有少異者以類相從，或加「坿」字以別之；其或有與本門不類者，間爲移隸他處。然目力所及，門類尚嫌過少，聊録成之，固不能謂《春秋》之例盡在是也。《傳》中間有誤解處，略舉一二。如祭仲稱字本從天子大夫例，《公羊》初解爲鄭相，以漢諸侯王相解春秋監大夫，最爲適當；乃後又以季子、孔父例之，謂稱字爲賢，而仲本惡人，無善可紀，遂以意造行權之説，注又不辨正，後人謂爲非常可駭之論。此當日先師誤答，學者固當知之。又如紀履緰①來逆女不稱使，本爲小國正例，昏禮不稱主人；乃使臣納幣，口中辭命託諸父兄師友，以爲養廉遠恥，若《春秋》書之，則非稱主者不可，如宋公是也。先師誤以口中辭命説經，致弟子逐層問難，遂隨意應付；不知有母當稱使，今有母而母又不通，則有母無母與稱使全無關係。此其自生荆棘也。又，「在塗稱婦」亦是後師羼入。他處言稱婦是「有姑之辭」；逆女但分國境，在父母國境稱女，在夫國境稱夫人，不分在塗不在塗；如「遂以夫人婦姜至自齊」，既稱夫人，又稱婦，如其所言，此爲何説？「蕩伯姬來逆婦」、「杞伯姬來求婦」，皆尚在父母國即稱婦，可見稱婦的是有姑之辭，「或稱婦」、「在塗稱婦」二句爲後師所加，明也。又如弟子問「離不言會」，師答以「鄭與會」，此又誤以會爲「會於某」之會，不知此乃致公專例，如夾谷之會書「公至自夾谷」，不言公至自會是也。此上皆先師誤答。其餘有傳文本自明顯，而注誤

① 緰：原作「繻」，據《公羊傳・隱公二年》改。

釋者，如三世無大夫、三世内娶，何注謂宋公内娶於其國之大夫，不臣妻父，故避見大夫。按《春秋》魯乃曰内，三世内娶明明指娶於魯，《傳》乃專就蕩氏言；伯姬之夫與子孫見殺，諱而不言名氏，爲避蕩氏，皆因三世内娶之故，非謂自娶於其國也，若然，則紀女爲王后，紀便不當見經，可乎？又如「伯于陽」，注謂是截三字爲問。按，「伯于陽者何」乃是據上，「出奔」名，此何以但稱伯爲問，答以「公子陽生也」，子字當爲「于」，陽字讀斷；陽爲燕邑，公即指燕伯，燕伯至陽而卒，諸侯死皆稱公，生稱本爵，謂書曰「伯于陽」，是以生禮待之。燕不在記卒之例，於其死而稱名，則如吴子遏嫌於爲門卒而發；故此但稱伯不名，乃不得已以生禮待之。上出奔名，爲諸侯失地名；此不名，乃經託之諸侯不生名，以别於記卒之國，《傳》稱公，即明其已死。注以爲齊之陽生，無論相去尚遠，即「納北燕公子陽生」，成何文義乎？又如三世例，何注以高曾祖父恩義深淺分紀事詳畧，不知《春秋》世變叠更，書法亦由之而異；此如《論語》諸侯大夫陪臣，三世初治諸侯，繼治大夫，終治陪臣，每一世中又各分三異，故三云「異辭」。如三科九旨，注亦都爲三世，亦其誤也。又有傳注不誤，而後人非之者。如衛輒拒父尤宋人所最攻之條，不知此條三《傳》皆同，非獨《公羊》也，《公羊》意至明顯，自後人不明道理耳。如不以王父命辭父命、以父命辭王父命，即謂王父有命父猶當從之，何況於子？蓋父於王父仍是子也，若已通私情於父，是父已有逆命之罪也。又不以家事辭國事、以國事辭家事，雖引作比喻，靈公主國，則是君也，禮尊成於一；蒯聵世子，乃是臣也，故以爲輒之義可以拒之也。蓋處此地步必不能兩全，兩害相形取其輕者，故何注曰：「念母則忘父，背本之道也。故絶文姜不爲不孝，拒蒯聵不爲不順也。」況《春秋》非獨是輒，《論語》孔子不爲衛君是也，故於圍戚申父得有子之説，所以責輒；下明祖尊於父之義，所以責蒯聵。仁至義盡，並行不悖也。唐宋人放卻一節，便謂爲非常之論，此但知父爲尊，而不知父乃祖之子也。他如此類，尚不僅此。雖《傳》間有誤答，注有誤解，後人顧不能辨正，反以不誤爲怪，不據情以求，動訾先賢，習氣如此，是可怪也。

治學大綱

至聖生知、前知、俟後諸名義，久失其傳，諸儒不得其解，遂以古文、考據、義理、八比爲孔子；欲明經學，必先知聖與制作六經之本旨。近有《知聖編》、《制作考》等書，今擬掇其精華，分門別類，更加推闡。學者必先知聖，而後可以治學；必先知經，而後可以治中西各學。試先將治學之途轍分析如左。

淵源門。講學者當以祖學爲主，新學爲輔，混而爲一，不可歧而爲二。維新者牴舊，守舊者牴新，皆拘虛之見也。嘗見近世著新學者，往往於經師家法、諸子源流未能洞悉，以致所論迷罔，如塗塗坿。竊以言學之書務須理明辭達，不尚幽深迂曲，使讀者不能知意旨所在。蓋以各學宗旨本既繁難，初學綜核未周，不易領會，非言簡意賅，直切了當，殊難領取。故談理言學之書，貴於滙通中外，語句明白。

世界門。皇帝王伯之分，由疆域大小而出，欲明三五大同之學，不得不先言輿地，蓋風土政治皆由輿地而出；欲明皇帝之學，不得不先考疆域，與王伯大小之不同。此學人用功本末次第之級。皇帝政教，調和陰陽，化育萬物，其説多爲師儒所詫怪，惟地球既通，世界之説言皆徵實，先考定皇帝疆域，然後政教之説有所附麗，此經傳子緯所以於此門獨詳；自中士以中國爲天下，爲俗説所蒙晦，亦惟此條最深。故先立此門，以爲大同學基礎。如土圭輻員、九疇五福、五運六氣、日月星辰、陰陽四時、天地五行、上下四旁、六合六宗、衣裳車馬之類，經傳皆爲疆域而言，非立此專門，畫圖立説，不能化朽腐爲神奇。蓋皇帝之説本詳於王伯，而王伯爲皇帝所包，如經傳所言天子、天下義全爲皇帝説。世界二字雖出於佛書，而《周禮》一轂三十輻，世一見，即世界也。

政事門。經學以平治爲歸，所言皆政治典章，不尚空理禪宗。中學自《王制》、《周禮》二書小大不分，學術政治其影響遂及國家。蓋自二派交鬨，政書、經學從無一明通之條，以致老師宿儒故以經學爲幽深，原不欲明白，可使人鑽仰，故凡治經之事，愈專則愈愚。吾人欲通經治事，當盡祛誤解，獨標捷徑，勿蹈經生誤國之覆轍也。

言語門。聖門之言語專科，是今日之外務外交主義，即《周禮》大小行人之專司，與政事内外相埒。秦漢以後，失之游説，唐宋以後，失之空疎，無怪乎數千年之中土，日就微弱，不能雄視強鄰，殆外交之才乏矣。

文學門。騷、賦發源《詩》、《易》，神游六合，爲道家宗旨。列、莊比肩，爲皇帝之學之嫡派，故《楚辭》稱述，全出《山海》、《道經》、《詩》、《易》之博學士也。舊失此旨，故解説《詩》、《易》無一完美之書，又兼聖門文學、言語兩科之事，歷史幃幄秘謀，軍書露布，旋乾轉坤，實爲政學之代表。一自浮靡流連，貽譏無用，談新學者幾仇視古聖先賢之學。今故專言實用，於黄帝學則徵求師説，以輔翼經傳，而萬世之亢言政事動分新舊者，與之排難解紛，融疆化界。言之無文，行而不遠，此講經學關鍵也。

子學門。泰西藝學，時人詫爲新奇者，實在皆統於諸子家。非泰西新事不足以證發古子，非古子何以統括西書？子學爲六經之支裔，即爲西書之根原。蓋六家者流，道與陰陽專爲三五，餘四家爲四方。分方異宜，古所謂方術也。

重刻日本影北宋鈔本毛詩殘本跋

昔余攻《毛詩》，以《序》首六義之説出於《周禮》，賦、比、興三字爲劉歆羼補，意在攻博士經文不全，與《連山》、《歸藏》、鄒夾《春秋》同爲僞造，又駁傳箋據《周禮》説《詩》之誤，蓋十年於此。丁酉冬間，陳厚菴大令以所重刻《日本北宋鈔毛詩殘本》三卷索序，當時以《毛詩》出於謝、衛，故久未報命。近來談①瀛州，論大統，大通《周禮》之説，乃知賦、比、興爲《國風》小名，即《樂記》之《商》、《齊》；如以賦、比、興爲僞，則《樂記》之歌《商》、歌《齊》亦爲劉歆羼補乎？蓋十五國統名爲風，别有四小名：周、召爲「南」，邶、鄘、衛爲「賦」，王、鄭、齊爲「比」，豳、秦、魏爲「興」，九風分配三《頌》。邶、鄘、衛殷之故都，《樂記》所謂商人；孔子殷人，自叙祖宗舊法，故爲賦，朱子所謂「賦者，敷陳其事而直言之也」。《魯詩》以《王風》爲魯，《齊風》言「魯道有蕩」者至於數見，《樂記》所謂齊人，荀子以周公、孔子爲大儒，皆無天下而操制作之權，孔子法周公，故以魯統比，朱子所謂「比者，以彼物比此物也」。豳、秦、魏應《周頌》，爲「興」。周實爲天子，與周、孔不同，故莊子云在上則爲二帝三王，在下則爲玄聖素王。謂周爲「興」，朱子

① 談：原作「淡」，誤，今改。

所謂「興者，先言他物以引起所詠之辭也」。《樂記》子貢問歌，言歌風、歌頌、歌大雅、歌小雅、歌商、歌齊爲六，亦與《詩》六義之數巧合。是賦、比、興爲《國風》分統之要義，不得此説，不惟無以解《樂記》之《商》、《齊》，而《國風》分應三《頌》亦無以起例。是賦、比、興三字於《詩》最爲有功，爲不可廢之説，特不可以三經三緯解之耳。又，《周禮》九畿即鄒衍之大九州，所云「無思不服」、「思無邪」、「四海來格」、「海外有截」、「至於海邦」，皆爲帝道大統，是《詩》本義當爲九畿，以《禹貢》之五服解之，反爲不合。傳、箋據九畿大九州以説《詩》，以今日論之，實爲正法；博士專據《禹貢》五服而言者，尚非《詩》之正解。以宗旨論，傳箋固未誤也。此本鈔於北宋，早在中國諸刻本之先。巴州馮蘭台廣文精通雅訓，嘗就此本校勘，以爲其中異同，如之乎也者之類無關文義者，姑不悉論，若《中谷有蓷》箋「君子於己之恩薄」，「薄」字衍；《野有蔓草》序「君子之潤澤」，今本作「君之澤」；《東方未明》箋「故群臣促遽顛倒之衣裳」，衍「之」字；《盧令》①「鬈」當讀爲「權」，權，勇壯也，下「權」當爲「鬈」；《葛屨》序下「箋云儉嗇而無德」，今本無「箋云」二字，按序下皆箋，不應出「箋云」二字；《碩鼠》「野外曰郊」，今本作「郭」爲是；《椒聊》傳「兩手曰掬」，下有「箋云撮也掬鞠𥷚皆同上」十字，今本無，疑誤以《釋文》爲箋。如此之類，固爲此本鈔寫謬誤，與其中俗寫減筆。此刻今阮本《校勘》一仍其舊，以存舊

① 盧令：原作「盧伶」，據《詩三家義集疏》改。

本之真，取①得傳疑之義。《鷄鳴》箋「其君有之」，今本「君」作「若」；「誰之詠號」，今本作「永」；《揚之水》「沃疆②盛」，今本作「強」；「波流湍疾」，今本「波」作「激」；《鴇羽》「鹽不攻致也」，今本「致」作「緻」；《無衣》序「美晉武公也」，今本作「刺」。凡此義可兩存，未便輕爲軒輊。至於今本字誤，足以改正者：《揚之水》「蒲」下今本「蒲草名也③」，此本作「蒲，木名也」，與「楚，木名也」同，「草」爲字誤；《葛藟》「漘，水隒也」，今本作「溓」，從水，《廣雅》「溓，清也」，《釋山》云「重甗隒」，孫炎曰「山基有重岸也」，今本從水，誤；《大車》「萑之初」，今本作「蘆」，戴東垣云「蘆當爲萑」，與此本合；《出其東門》箋「如雲從風」，與岳本同，宋本「雲」誤作「雨」；《陟岵》傳「山有草木曰岵，山無草木曰屺」，「有」、「無」二字，今本互易，此本與《釋山》文合，知今本爲傳鈔之誤；《椒聊》傳「言馨之遠聞」，今本誤作「聲」，段懋堂曲爲之説，當以此本爲正；《晨風》「𣢾鴂」，今本誤爲「鴥鴂」；《揚之水》「晧晧」，今本誤從白作「皓皓」，皆以此本爲長。若今本脱文，此本尚存，足以補正者：《中谷有蓷》傳「猶鵻④之生於陸，性自然」，今

① 取：疑爲「頗」字之誤。
② 疆：疑爲「彊」字之誤。
③ 按，四庫本《毛詩注疏》卷六作「蒲，草也」，無「名」字，又，「楚，柲」，亦無「名」字。
④ 鵻：原衍一字，作「鵻鵻」，今删正。

本無「性」字；《葛藟》箋云「王又無母恩」，今本脱「箋云」二字；《鷄鳴》序「陳古士義」，較今本多「士」字，與《正義》説合；又，「箋云：夫人以蒼蠅聲爲遠鷄鳴」，今本無「遠」字，按，蠅聲不似鷄聲，故《傳》加「遠」字，則《箋》亦應有「遠」字；《南山》箋「卜於死者之廟」，今本無「之廟」二字；《甫田》「箋云：言無德而求諸侯」，脱「箋云」二字；《著》箋「揖己之時也」，今本無「己」字，「人君以玉爲之」，今本無「之」字；《東方之日》箋「日以興君，月以興臣」，今本脱「日以興君」四字；《陟岵》序「國小迫而數見侵削」，今本無「小」、「見」二字，文義不明，可據以補正；《緇衣》序「美武公之德也」，今本無「之德」二字；《將仲子》序「祭仲驟諫」，今本「驟」字脱，傳「無折，言無傷害也」，今本脱二「無」字；《狡童》傳「憂懼不遑息」，今本脱「懼」、「遑」二字，與上傳不同，當據此本補足；《東門之墠》傳「近則如在東門之墠，遠而難至，則茹藘在阪」，今本脱「近」、「則」、「至」、「如」四字；《溱洧》傳「亂者，士與女會合溱洧之上也」，今本無「女」字；《敝笱》「魴鰥，大魚也」，今本脱「魴」字；《載驅》①傳「朱鞹者，言有朱革之質」，今本脱「朱鞹者言」四字。凡此之類，一字千金云云，馮君所述，悉有依據。近人説《詩》字，每據誤本，曲爲穿鑿，使非此本原文具在，無以鉗掣其口。惜其斷璧碎珠，僅存三卷，使爲全書，其足以申明本義、破除晚説者當不僅此。《毛詩》獨立學官者千餘年，三家早亡，講古者舍毛别無全書可

① 載驅：原誤作「載馳」，據《毛詩注疏》卷八改。

資誦習；海外古本，吉光片羽，亦當寶貴。厚菴先生博物好古；所刻各書皆爲士林所重，此書正經正傳，篇什雖少，要不得以殘缺少之也。至得書刊刻源委，已詳原敘，謹識數語於後，以示景仰焉。井研廖平敬跋。時己亥仲冬，作於射洪學署。

答江叔海論今古學考書并序

叔海作此書在二十五年之前，郵寄浮沈，久忘之矣。六七年前，祝彦和云：有學生自上海歸，得黎氏《續古文辭彙纂》改訂本，中有鄙人與叔海書；久之，持原書相示，方晤告者主客顛倒耳。南北天涯，未及覆答，非敢有不屑之意；語出原書。今年春于成都得《學報》第二册，再讀校改之本，二十年老友規過訂非，一再刊布，其愛我可謂至矣！行裝倉卒，未及作答。憶在京師，二老白鬚對談，酒酣耳熱，擊碎唾壺，固人生一樂也。又，叔海在成都時，常約聚于草堂別墅主人張子苾，當時各有徒衆，定難解紛，每至達旦連日。子苾已故，叔海不還，吾舌雖在，久如金人之三緘其口矣！到京急欲從叔海縱談別後十數年甘苦，以相印證，乃寓京月餘，晤叔海不及半日，又生客滿坐，言不及私。避囂隱遯，今又月餘。津門咫尺，飛車往還，本擬直擣大沽，流連彌月；小事牽制，未獲如願。長夏多暇，相思尤切。由愛生慍恨，欲有所以感觸之，適原書在案，率意口占，命姪子録之，以志吾二人交情，留之兩家子孫，作爲矜式，更藉抒離情，豈非一舉而三善哉！時癸丑夏六月初二日，井研廖平作於宣武門外皮庫營四川館東院，時年六十二，《四變記》刊本初成之時也。

叔海先生老棣足下：戊子大作，重入耄眸，恪誦把玩，不忍釋手。老兄博采規箴，逼成《四變》，凡屬疏遠，莫不慶歡，況四十年舊交不吝牙慧，既刊文選，又改登報章，誨我之誠，有加無已者乎！具呈數端，以當談笑，無慍焉，惟亮之。一切繁文，皆不致覆。

《今古學考》之作，原爲東漢學派，本原出於《五經異義》，《駁》則出於鄭氏，足下所推博大精深，兩漢之冠者也。嘉、道以下，學者皆喜言之，老兄不過重申其說，著爲專書，周、孔之分乃大著明耳。足下謂：老、墨、名、法，諸子雜家，言之踳駁者多矣，而通方之士獨有取焉，奈何皆爲誦法洙泗，乃妄分畛域，橫相訾謷，非《莊子》所謂大惑不解者歟？按今古之分，許、鄭在前，孫、陳、李、魏在後，明文具在，作俑之罪，端在漢師。足下歸咎於我，《國粹學報》又以惠、莊二人瓜分之，實不敢貪天之功以爲己力。且足下云：漢師皆爲誦法洙泗，斥我妄分畛域；足下書中自云：馬融指博士爲俗儒，何休亦詬古文爲俗學，是猶辭章、科舉更相非笑云云，是漢師冰炭水火，足下已明言之，不能以分今古爲我之妄，固已明矣。昔南皮不喜人出其範圍，斥《地球新義》爲過創，首禍之咎，我不敢辭；至以《今古學考》爲罪，則許、鄭、陳、魏之書何嘗不在《書目答問》中？雖投之有北，不敢首肯。即以足下大論言之，「通方之士」博取諸子，博采是也，而未嘗盡去老墨名法之舊名而淆混之，《今古學考》臚列今古各師宗旨，《書目》亦與《藝文志》同，何嘗有所偏倚？今古之分亦如諸子，其原質本自不同，不能強合，亦不能強分；今以諸子皆原於諸經，《藝文志》乃妄分畛域，橫相訾謷，可乎？來書所言，毋乃類是。足下謂：君子之於學也，惟求其是；譬之貨殖，或以鹽，或以鐵冶，或以畜牧，或以丹穴，其操術有不同，至富則一也。按，此爲殊途同歸之説，敬聞命矣。今古之分，則同途而自相違反。故除去文字異同、取舍異趣無關門户者不計外，專以地域、制度分，同出一原，自相矛盾。如一王制也，或以爲真周制，證之《左》、《國》、《孟》、《荀》而合，盧、鄭師弟或以爲博士所撰，或以爲夏殷制；同一疆域也，或以爲方三千里，或以爲方五千里，或以爲方三萬里；如「弼成五服，至於五千」。經文本自詳明，而鄭注必解爲方萬里；《周禮》九服九千里，明文數見，與鄒衍九九八十一之説相同，鄭注《周禮》必以爲方七千里，七七四十九方千里，王占其一，八伯各得方千里者六，一牧之地倍於天子者五，此可見之實行乎？此非空言所能解釋者，不得已，乃創爲早年晚年之説以溝通之。黄仲韞同年曾疑其説，刊入《古學考》。按，《列子·仲尼篇》告顔子曰「此吾昔日之言，請以今日之言爲正也」，則孔子且嘗以今昔分門矣。同法洙泗旨趣，文字異同可解，制度之參差歧出不可解，以《王制》、《周禮》同爲周制，同有孔説，使朱子之書自相函矢如此，則《晚年定論》奚待陽明而後作？朱子且自判之矣。仲韜如在，攻人易，自立難，就漢師言，漢師必能釋此巨疑然後可以笑我，不然，則如劉室主人論《今古學考》云：劉室主人論刊入《亞東報》，事在十年前，至今尚不知其人也。「謹陳所疑，思慮未周，特望作者之自改。」今自改已有明説，負固不服，聊博足下莞爾。《王制》之可疑者多矣，足下單舉一二事，謂簡不率教者黜歸田里可也，放流之刑，舜所以罪四凶，若庠序造士，何至「屏之遠方，終身不齒」。考司徒簡賢黜不肖，即《尚書》之天命、天討、舉賢四等之法，優於後世之科舉；庠序既即有選舉之權，何於放流獨不許之？若以歷代舊制放流例歸法司，學校選舉，又何嘗有專行之成案？考《王制》選舉之制，亦與公卿共決之，非教官專行，放流文雖未備，可例推也。《書》曰「刑以弼教」，實則選舉亦所以弼教，賢者選舉，不肖者有放流。由教育推言之，不必皆庠序所專行，若以廣義言之，《魯頌》曰「在泮獻馘」，征伐之事尚且干涉，更何疑放流之小者乎！又，四誅不聽者，所以深罪舞文弄法之官吏，《莊子》所謂大盗負之以趨，最爲法律之蠹。附從輕，赦從重，别自一義；後世赦文附十不赦，即與此同義。言各異端，不必強同也。

足下謂：西漢博士，勝既非建章句小儒，破碎大道，建亦非勝爲學疏畧，難以應敵。嚴彭祖顔安樂俱事眭孟，質問疑義，各持所見，孰爲師法？按，西漢博士之弊，舊撰《經話》中曾列數十條，其中不無小有異同，正如足下所列曾子、子游之前事。八儒分立，宗孔則同。勝爲嚴守舊聞，建則推擴新義，嚴、彭傳本偶有出入，更不足計。所謂家法，即足下洙泗二字。今、古戰争端在孔子、周公，孔則爲新經，周則爲舊史，孰今孰古，一望而知。故古學主周公，凡涉及孔子，即爲破壞家法；今學主孔子，必如古學之主周公，乃爲破壞家法。由是以言，則一爲佛法，一則婆羅門，别有教主。平分兩漢，今學則東漢尚有流傳，若古文，西漢以上全無所見，即《白虎通義》全書不過二三條，鄭説大行，乃在魏晉以下。足下乃慮博士之家法不可考，過矣！以漢師家法比今之功令，近於謔矣！至以利禄鄙漢師，更不敢強同。利禄者，朝廷鼓舞天下妙用，古今公私學説，其不爲噉飯地者至尠矣。漢之經，唐之詩賦，宋之心學，明之制義，下至當今新學，同一利禄之心，特其學術不能不有等差。武帝之績出於《公羊》，宣帝之功成於《穀梁》。朝廷立一利禄之標準以求士，士各如其功令以赴之，同一利禄之心而優劣懸殊，不能尊王曾而鄙宋祁，以沙彌乞食爲佛法大乘。史公之歎利禄，蓋深慕武、宣善養人才，不虚擲其利禄之權，預料後來所不及；足下乃因利禄而鄙薄其學術，以爲不足重，恐非史公之本旨矣。原書稱漢師皆爲「誦法洙泗」，按「洙泗」疑當作「周孔」。西漢以上，博士説經全祖孔子，並無周公作經立教之説，謂博士誦法孔子可也；至東漢，古文家以周公爲先聖，退孔子爲先師，《周禮》、《左傳》爲周公專書，下至《爾雅》，亦以爲周公作。其派孤行二千餘年，如兩《皇清經解》，雖取消孔子，大致亦無所妨礙。劉歆所得以《周禮》、《左傳》爲主，古《書》、《毛詩》皆由二書推説之，故凡馬、鄭傳注於博士明著之條無一引用，故專詳訓詁，而不説義。如古文《書》、《毛詩》傳箋無一引用《王制》明説者，可覆案也。

足下謂我崇今擯古，以《周禮》、《左傳》爲俗學云云。案，《學考》平分今古，並無此説，此乃《二變》康長素所發明者，非原書所有。舊説已改，見於《四變記》中。足下以漢師同爲誦法洙泗，舍周公而專屬孔子，與扶蘇諫始皇同，專主孔子，不及周公。此説乃與二變尊今抑古，把臂入林，與鄭學大相反對者也。

足下以康成之學博大精深，爲兩漢冠。按，兩漢分道揚鑣，亦如陸車水舟，其道不同，各尊所聞，何足以較優劣？如謂康成後出，集古文大成，爲古文家之冠，庶乎不誣。考前人謂康成混合古今，變亂家法，指爲巨謬，我久不主此説。如謂康成《詩箋》兼采齊、魯、韓云云，試問何據，則皆據文字立例，屬魯、屬齊、屬韓皆是影響，不知古今異同端在制度師説，不指文字。兩《經解》毛、鄭同異之作最多，枝離依附，枉耗神思，至於三家制度師説，鄭君實無一字闌入，不得謂其混合也。案，鄭君一生安心定命，以《周禮》爲主，《左傳》爲用，而推廣於《詩》、《書》，其説《詩》、《書》，必牽合於《周禮》，故經文之五千里必强説爲萬里，此正其嚴守家法、不參别派之實據。考《禮記》一書多屬博士所主，以家法言之，鄭君不注此書可也，乃博徧通群經之名而牽連注之，故於《王制》則以《周禮》之故不得不排爲夏、殷制，於一切文義皆必求合於《周禮》，雖與經文顯悖亦所不辭；於是以《周禮》之説羼入博士，博士明條附會《周禮》，合之兩傷，以致成此迷罔之世界，其罪不在劉歆之下矣！使其果欲旁通，今學之書專用博士，《周書》傳記專詳古文，離之兩美，豈非兩漢經師之冠？惜其忠於《周禮》之心太切，遂致倒行逆施，使其説無一條可通，無一制能行。如《周禮》封建尤其一生著力之中心點，乃創爲州牧地五倍於王之盲説。大綱如此，其餘可知。此説雖駭人聽聞，然不直則道不見。凡舊所條列鄭誤各件，如有精于鄭學者實能通之。解釋所疑，則即取銷此説，非敢故與古人爲難也。

足下又謂：自王肅、虞翻、趙匡輩妄加駁難，吹毛索瘢，本無深解，不揣冒昧，以爲鄭君自無完膚，何但毫毛？今且以《周禮》論之：《大司徒》土圭一尺五寸以求地中，康成明注爲三萬里者也；日南日北日東日西，鄭君《尚書緯》、《孝經緯》注明以今西人地球四游説之者；九服九州爲九千里①，九畿九州爲方萬八千里，此經之明文，鄭君所深解，乃因蠻夷鎮三服合稱爲要之一孤證，遂改九服爲七服，以七七千里立説，至諸侯大于天子五倍，非喪心病狂，何至如此荒謬！竊嘗推原其故，而歎鄭君之不幸不生於今日，而生於漢末也。《周禮》本爲《尚書》之傳，爲皇帝制法，《河間獻王傳》以爲七十弟子之所傳，孔子俟後聖之新經，非已行古史、周公之舊作，故經傳師説與今地球相合者，不一而足。古文家法不主孔子，不用立言俟後宗旨，皆以史讀經，指爲前王之陳迹。春秋之時，地不足三千里，用夏變夷，乃立九州；海禁未開，地球未顯，就中國言，中國何處得此三萬里、九千里之地以立九州乎？故明知經文實指三萬里，實爲地球四游而言，不敢據以説《周禮》，此鄭君一生致誤之由，皆在以《周禮》爲古史、周公之陳迹誤之也。《周禮真解凡例》已詳，今不具論。近代宏博，以紀、阮二文達推首，二公皆不信地球周員四面有人之説，今日則乳臭童子執地儀而玩，周游地球者日不乏人。就此一事言，二文達其智未嘗不出童子下，然不能因此一事而謂童子之學勝於二公。鄭君使生於今日，再作《周禮》注，地球得之目見，於以發揮其舊日之所聞，必不肯違經反傳，舍目見之明證存而不論，而向壁虚造此無稽之誣詞，此固可信者也。鄭君不幸不生於今日，然我之撥正必爲鄭君所深

① 九千里：「九」上疑奪「方」字。

許。蓋今日之形勢鄭君非不知之，而無徵不信，鄒衍徒得荒唐之譏，故不敢不遷就當時而言，不能爲鄭君深咎者，此也。

憶昔治三《傳》時，專信《王制》，攻《左氏》者十年，攻《周禮》者且二十餘年，抵隙蹈瑕，真屬冰解。後來改《左傳》歸今學，引《周禮》爲《書》傳，今古學説變爲小大，化朽腐爲神奇，凡昔年之所指摘，皆變爲精金美玉，於二經皆先攻之不遺餘力，而後起而振救之。伍氏曰「我能覆楚」，申氏曰「我能興楚」，合覆、興於一身，以成此數千年未有之奇作，説詳《二變》、《三變》，無暇縷述。每怪學人不求甚解，以迷引迷，如兩《經解》者，大抵諛臣媚子，不顧國家安危，專事逢迎，飾非文過，盲人瞎馬，國事如此，經術亦何獨不然？古今學者大抵英雄欺人，一遇外邦偵探，未有不魚爛瓦解者。琴瑟不調，必須更張。竊謂自有《周禮》以來，綢繆彌縫，未有如今日者。嘗欲挑戰環攻，以判堅脆，舊事已矣，再約新戰，特不可自蹈不屑之教誨。量有大小，不能不愠，且並以此外交情，前呈《四變記》，即作爲二次戰書可也。足下云：決别群經，悉還其舊，誠一大快事。雖然，吾生也晚，冥冥二千餘載，何所承受取信？徒支離變亂，而卒無益於聖經。又云：務勝人，齗齗焉以張徽志、争門户云云。群經事業，其艱巨奚啻填海移山？二千年名儒老師，其敗覆者積尸如麻，欲以一人之身擔負此任，真所謂以管窺天，以蠡測海，無功有罪，一定之理。誠爲愛我之深，規我之切，雖至愚亦必感動。然足下所云，智叟之見解，老兄所懷，則愚翁之志響。一意精誠，山神且畏之，而請命於帝。昔生公①譯經，知衆生亦有佛性，倡立此説，而下卷未到，群起攻之，乃求之頑石，得此靈感。方今共球大顯，生此時代，不似文達以前囿於中土，無世界觀念，又中外互市，激刺尤多；古人竹簡繁重，一册盈車，今則瀛海圖籍，手握懷卷，前世所謂荒唐之虚言，今皆變爲户庭之實事。此鄭康成求之而不能得者也。中國歷代尊孔，雖古文主周公，事未實行，反動力少；今則各教林立，彼此互攻，乃逼成一純粹尊孔之學説，此又唐宋以下求之而不得者也。昔因《王制》得珠，畧窺宗派，誓欲掃除魔障，重新闕庭；棄官杜門，四十年如一日，己卯前頭已白。在子苾處，瞿懷亭診脈云：「不可再用心。」至今日頑頓如故，又我之幸也。三《傳》已刊，《詩》、《易》稿十年前已具，因近改入天學，未及修改；見方再改《尚書》、《周禮》舊作，先刊有《十八經凡例》。至於《四變記》成，心願小定，即使今日即死，天心苟欲大同，則必有孀婦稚子，助我負土；即使事皆不成，説皆不存，行心所安，付之天命。足下相習已久，初何嘗有求名邀利之見存？所謂「張徽志」者，不得不張；「立門户」者，不得不立。劉申叔以我近論尤動天下之兵，風利不得泊，亦處于無可如何之勢。昔湘潭師與人書，每云「大人天恩，卑職該死」，借以解紛，静候雷霆處分。相見不遠，再容面罄。

① 生公：原誤作「孫公」，今改。按，生公即道生，東晉名僧。

離騷釋例

《詩》采蕭、艾與葛並舉，舊皆不得其解。《楚辭》舊説以香草比君子，惡草惡鳥比小人；蘭與椒本爲香品，王説以比楚王、子蘭、子椒。按《楚辭》云：「蘭芷變而不芳兮，荃蕙化而爲茅。何昔日之芳草兮，今直爲此蕭艾也？即《詩》采蕭采艾之師説。余以蘭爲可恃兮，羌無實而容長」；「椒專佞以慢謟兮①，榝又欲充夫佩幃。固時俗之從流兮，又孰能無變化？覽椒蘭其若茲兮，又況揭車與江蘺。芳菲菲而難虧兮，芬至今猶未沬。」按，芳未虧、芬未沬，是蘭椒之香如故，本未嘗改變；而人之好尚不同，並非蘭椒之過，蘭不足恃與椒專佞，乃爲蘭、椒不平之辭，並非詬厲。又，前云：「人好惡其不同兮，惟此黨人其獨異。户服艾以盈要兮，謂幽蘭其不可佩。蘇糞壤以充幃兮，謂申椒其不芳。」按，大同之學，從宜從俗，既以周游六合，豈能復據一方一隅之嗜好以爲定評？蓋彼此方物，性質、美惡、香味既不相同，人之性情好尚又各有取舍，即所謂彼此是非，不能由一人而定。《詩》與《離騷》雜陳鳥獸草木之美惡，推論其好尚相反，即《莊子・齊物篇》之説。大同者，化諸不同以爲同。《大學》：「堯、舜率天下以仁，而

---

① 謟：原誤作「諂」，《離騷》「椒專佞以慢慆兮」，《補注》：「慆一作謟。」因據改。

民從之。桀、紂率天下以暴，而民從之。」彼此好尚不同，仁暴雖異，而民皆從之。堯、舜、桀、紂，非實指其人，不過藉以爲政法相反之名號。如中國尊尊，以尊尊率爲堯舜；率之以親親，則反其性爲桀紂。泰西親親，以親親率之爲堯舜；反其所好以率之，則爲桀紂。《楚辭》言堯舜桀紂，即《莊子》所謂「與其譽堯而毁桀，何如是非之兩忘」，又曰「桀犬吠堯」，即桀紂率天下以暴而民從之之義也。《論語》「君子群而不黨」，又曰「君子和而不同，小人同而不和」，同黨皆一偏一隅之見。黨同伐異，《楚辭》所謂黨人嫉妬讒言，皆一隅之見，所謂小言小智；大同則專於言和，化不同以爲同。去舍相反，好尚各異，各從其性，交易而退，各得其所，故《詩》、《易》與《楚辭》名物，當以《莊子・齊物論》讀之，不復有美惡是非之見。故鴞能「懷我好音」，葛與蕭、艾混同一視也。姑發其例，後當推補之。

《楚辭・離騷》六合以内用《山海經》例，由五嶽而《海内四經》、《海外四經》，四荒即《大荒四經》；六合以外上下，上如水星，居地球軌道内一層，下如火星，居地球軌道外一層。六合以内爲形遊，六合以外爲神遊。神遊始於天之四極，故《招魂》於四極招之；「反故鄉」下當以《招魂》之文列於其下，因有招之者而思歸，以上皆爲近遊。自此以外，則昴星日軌月界，爲遠遊；因其太遠，不敢遂行，故請靈氛巫咸占卜之，欲遠行。下又以《大招》招之，則《離騷》未反故鄉下當書《大招》之文，招之不正，乃決意遠遊。當以《遠遊》列《離騷》下，以《招魂》、《大招》二篇坿之。又，所言《九歌》、《九辨》下，亦當以十八篇坿録於下。《離騷》爲正篇，所坿五大篇，乃有始終，本末詳備。按，其行由小而大，由近而遠，乃每段均言世俗混濁，群小嫉妬，亦如西人夢遊廿一紀，至海内則以五州爲小。海外小海内，大荒小海外，上下小大荒，遠遊以近遊爲小也。亦如《秋水》篇，見大者，乃悟前所見者之爲小，自爲比例，亦如河伯之見海若。舊以《離騷》爲憂愁疾憤之書，爲世間至不滿意恨事，讀者皆愁苦悲憤；今以《詩》、《易》道家説之，則爲人生第一至樂世界，從心所欲，無不如志。由王伯而皇帝，由聖人而化人、至人、神人、天人，包括萬有，上下四旁，古往今來，具詳宋玉《大言賦》及司馬長卿《大人賦》。天下至久至大至樂之事，無有過乎此者。聖、神、仙、佛皆在所包，夐哉，尚乎！實文學科之巨擘也。

附楚辭跋

《楚辭》全書專爲政治學皇帝法天之事，與道家宗旨全同。《周禮》有掌夢之官，《列子》夢游六合，即其師説。《詩》者志也，志爲思想，故託之夢寐。《詩經》全書皆爲夢境，《斯干》、《無羊》發其大例，爲《周禮》掌夢之事。《列》、《莊》爲道家，於夢之説綦詳。《楚辭》爲神游，招魂之職屬於掌夢。蓋神游即掌夢之思夢，夢之六候，即上下四旁。《周禮》掌夢言以日月星辰占夢之吉凶，夢何以爲在日月星辰？蓋日月星辰即上下四旁，三垣四宫，六虚六漠，《遠游》所謂天上之天，地下之地，故天地四旁爲夢境，升降往來爲神游。《楚辭》全書宗旨，由人以推天，法天以證人，即道家黄帝夢游華胥，穆王化人神游蕉鹿鳶魚之説也。《易》曰：「與天地參。」

《中庸》：「天地位焉，萬物育焉。」《論語》：「譬如北辰，居其所而衆星拱之。」「天何言哉？四時行焉，百物生焉。」「上不怨天，下不尤人」，「下學上達」。蓋性道皆出於天。緯書發太易者爲皇，發陰陽者爲帝，皇帝德配天地，學貫天人。《楚辭》之由中國以推四荒，由六合以内推之六合以外，至於無聲無臭，仍返還故鄉。如《大招》末段之用賢修政，三公、九卿、諸侯以建三皇五帝之治功。《離騷》之神游六合以外，亦如今之游歷海外諸國，不至有大小之分而已。統計全書，以地方言，則由中國以推之極於無垠。以四宫言，則由王伯以推皇帝聖神天人而止。以子家言，則由縱横、刑名、儒墨以至陰陽、道家、佛家；以六經言，則由《春秋》人學之始以推至天學之終。《大學》：「物有本末，事有終始。」兹《離騷》者其小無内，其大無外，内聖外王之學，包舉無遺，爲聖門原始要終之絶業，斷非屈子一人一家之私言也。

四益館文集

廖平　撰
邱進之　楊世文　校點

校點説明

《四益館文集》包括論學書信、序跋、碑銘、墓志、傳記文等共十八篇（其中《上南皮師相論易書》二篇，《論學三書》三篇，實二十一篇）。《續修四庫全書總目提要・集部・別集類》（稿本）："「此書一卷，則其雜文，凡十八篇，文既典雅，理尤精闢。首《上南皮師相論易書》，次序墓誌碑傳等。以論學各書，《井研縣志序》及《張祥齡墓誌》、《縱横家叢書八卷自敘》諸篇，最稱鴻博，誠學人之語也。按氏撰者以言經者爲多，故皆收入經類。此雖雜文，浩瀚博遠，亦非所謂古文家所能望其肩背。讀是集者，亦可見先生學術思想之一斑也。」這些文章多刊於《四川國學雜誌》、《國學薈編》等，民國十年四川存古書局刊行，收入《六譯館叢書》，今據此本整理。

目録

上南皮師相論易書……六五五
其二……六五八
論學三書……六五九
與宋芸子論學書……六五九
致某人書……六六三
答友人論文王作易書……六六四
譒譯名義三卷序……六六七
中華大字典序……六七〇
圖書館書目序……六七五
省建秦蜀郡太守清封通佑王廟碑並頌……六七六
中外比較改良編序……六七九
孔教祆教之比較……六八〇
清誥封朝議大夫張君曾恭人墓誌銘……六八二

清湖北勸業道鄒君墓誌銘……六八四
清授榮録大夫江蘇候補道賀公暨元配謝夫人合葬墓誌銘……六八五
胡敬修先生及德配彭夫人七十雙壽徵言序……六八八
楊少泉夢語序……六九四
井研縣志序……六九六
縱横家叢書八卷自敘……六九八
駢文讀本序……七〇〇
文學處士嚴君家傳……七〇二
何君俶尹六十壽序……七〇六

上南皮師相論易書

三月曾具一稟，由郵齎陳，諒入籤記。受業治《易》二月以來，編成《生行圖譜》一卷，上呈鈞鑒。竊以易道廣大，爲治經之畏途，漢、宋遺書雖汗牛充棟，求其能明白顯著、確然有以饜服人心者不可得，受業雖久躭古籍，亦望洋而歎，不敢再蹈蜀人喜言《易》之咎。因諸經卒業，不得不求通精微，以成大一統之局，故立一説，以聖人晚乃序《易》，《易》爲六經總歸，六經未通，不可治《易》，《易》乃六經滙歸，五經既通，則《易》自有啟牖之妙。於是會纂歷代家法條例，與由漢至今遺書，除因陳不足計數以外，所有名作大師，最有名之條例，一爲考研，立見粉碎，求所謂顛撲不破者，未嘗有焉。大抵諸經如狗馬，《易》則近乎鬼神，率意圖畫，自信其心，又無明據以供其比校。在諸賢其始皆不能安，私心未嘗不自疑。從古未有真諦，遂自寬自解，以爲《易》之可知可求者止於此數，再進而上，則已失傳。去聖久遠，智力已窮，付之浩歎，此不求深之過也。受業愚鈍而好爲苟難，以爲諸經傳記皆别有微言起例，在於文字之外，學者但求銷文，未能得意，凡所解説，皆爲支節，不能使經如醫之銅人圖。凡其求者，皆銅鑄之人，而非氣血行動、能言動聽視之人，雖何、許、馬、鄭，亦得皮毛影響，豈能盡其筋骨乎？蓋無論何經皆有相承之誤説，後人以爲流傳最久，喜其便易而勦用之；但有如此者十數條，則深人魔障，永無見天之日矣。以《易》而論，以卦爲主，言卦則不能不講統屬。京氏八卦之説，謬種流傳，老師宿儒以至學僮小子，莫不曰一卦生七卦、八八六十四；而後人更爲浩乂之説，以爲一卦可變六十四卦。《春秋》見經之國近百，其中由天王、王後、二伯、方伯、小國、附庸、夷狄、亡國，各有分别，不可稍混；又諸國皆有實地，東西南北，至今尚可指數也。講《春秋》不論事勢，概曰一國統八國，一國可爲六七十國，自天子、王侯下至坿庸、夷狄，一視同仁，黄茅白葦，舊之《易》説何以異此！卦有尊卑親疏、祖妣男女、同姓異姓，必有分數。乃不問同異，但曰一可生七，六十四可爲一卦，是以《春秋》一國可爲全經之國也。今故就經中本卦爻變爲之編纂譜帙，辨姓别支，婚媾仇敵，朗然明著。一卦但生三卦，以合《大傳》三男三女。而亥之二首六身，即謂八卦分二類，二君而六臣也，經之《繫辭》由此起義。舊説一切不問，即此一端，則易學之不明宜矣。既取卦義，何貴混同。豈無以《春秋》諸國爲比者，不得其説，則亦不敢主持耳。即以旁通而論，今考定爲一卦旁通三卦，即圖之二隅與本卦相比之三卦也。上爲祖父，下爲子孫，旁以通於兄弟平輩之三卦，是謂旁通。祖宗卦不言旁通。而舊例不辨尊卑，無分正錯，多者五六，少者一卦，俱無問其實據，則不能持以示人，有名無實，所以有疑信用舍之不同。又以卦變而論，一首三身，分長、中、少，取法乾坤六子。八正卦生二十四，八負卦生二十四，考之圖譜，界畫分明。凡所生者，各於受姓之爻變還父體，明白顯著，不啻大聲疾呼。而從漢至今，無人過問，别以堆垛數目，造爲無稽之談，某卦自某來，治絲而棼之，以牛爲馬，呼祖爲孫，欲其合得乎？又如「天地定位」一節，本指上下而言，邵子造爲一圖，强分方位，命之曰先天，又以爲伏羲所作。自有此説，愈生霧障。不知所謂先天乃上下圖，後天爲四方圖，上下四旁合爲宇宙，同爲孔經，何分羲文。上下圖乾上坤下，風雷天屬，二長親上，艮澤地屬，二少親下，水火居中，難於分晝，特詳火炎水濕，以定上下之分。凡經傳之言上下，皆指此圖而言。乾九五爻言火就燥，釋《大有》、《離》之飛龍在天；水就濕，指《坎》之《比》黄裳。三上卦從天下降，三下卦隨地上升，風雷龍虎，方聚物分，皆謂是也。而以爲羲文之分别歧出，過矣。又損之一人行，首卦内三爻一卦獨往，别首卦之外卦合三卦來爲得友。《巽》初《小畜》一人往《乾》四，《離》二《大有》一人往《乾》五，《兑》三《夬》一人往上是也。三人行，則首卦内外三爻合朋往身卦，《姤》内三卦爲錯卦，《否》内三爻三人來，外三爻三卦爲《既濟》外三人來是也。損一人者，三人同往三卦所往之卦。凡錯卦不能生此卦，則損去一卦輪班，三損而自變還父體。《蒙》之困蒙在六四《未濟》爻，以《坎》外《困》、《師》、《涣》三人同行往《蒙》之外，因與《蒙》外卦錯，《艮》不能變澤，故損《困》又長損長。而自變還《未濟》之體，以《蒙》外爲《未濟》所屬也。《蒙》損《困》而繫曰「困蒙」，所以明三人損去困之例也。而世之解《困》者知此少矣。如此之類，僕數難終，見擬《凡例》中多未定之論，未敢録呈。前年師座所開《長編》名目，未經抄存，偶然小得，未能自休，急求訓論，如尚有可採，則以後由此用功，或當變革，更乞裁示。

其二

函丈諸經通貫於《易》，尤爲精粹。庚辰在京邸，曾以《易》例請業，蒙訓既爲周詳。彼時專治《春秋》，未能細心推考。庚寅在鄂，師席開具題目授宋芸子編纂。彼時以非專門，未即抄録。近以期歲之功，頗有創獲，敝帚自喜，無所折中，爲此畧舉大綱，進呈鈞座。如其誤入迷途，不必再行前進。倘《易》道廣大，有千慮一得，則將擬成定書。蓋以別業較經，則經爲精華。以《易》較諸經，則《易》尤爲精華。受業推考諸經，比齊句讀，既盡刻苦之功，久欲探取精華，涵養靈性。目下所言，由是推考名物，形下之功，如得寢饋饜飫，藉以歲月，窮其精華，於《易》多一分饜飫，即於諸經長一分境界。推諸經於《易》之中，以成大一統之治，九經諸傳，奂然一新，以復西漢之舊，彰明經學，即所以默化蠻貊，合於乘桴居夷，莫不尊親，小有尺寸之效。合計所刊《凡例》共十八種。三《傳》已成，《詩》、《書》舊稿未盡寫定，假借三年，可以一律成功；倘無機會，則將《易》、《書》、《詩》以外但刊條例，俟後賢補注。惟此事最難，其任最重，二十年心血消磨殆盡，誠恐先狗馬填溝壑，繼起無人，稿本失墜，半途無成，別無知大義者可以提倡。維遠別函丈，今又五載，晝夜專研，所得較爲通澈，惜未能扁舟赴轅，面呈心得。舊所呈閱諸書，如稍有可存，得先刊一二種，庶將來不至全行散佚。以俟諸經告成，倘其精力尚可奔走，再擬趨赴鈴轅，一聆教誨。

論學三書

與宋芸子論學書

昔者四科設教，不碍同歸；二學齊、魯。同鳴，蓋由異俗。是丹非素，未得宏通；一本萬殊，乃爲至妙。是未可執一而廢百也，有明徵矣。或以講今古學爲非，説《易》以主孔子爲大謬，並謂「如不自改，必將用兵」。夫用兵之道，首重慎秘，未發而先聲，此非兵也，將命者未悟耳。聊貢所懷，以資談笑。「相攻」等語，閒嘗考國朝經學，顧、閻雜有漢、宋，惠、戴專申訓詁，二陳左海、卓人。漸及今古；由粗而精，其勢然也。鄙人繼二陳而述兩漢學派，撰《今古學考》，此亦天時人事，非鄙人所能自主者也。初撰《學考》，意在別户分門，息争調合；及同講習四五年之久，知古派始於劉歆，由是改作《古學考》，專明今學。此亦時會使然，非鄙人所能自主者也。二者主於平分，李申耆、龔定菴諸先達乃申今而抑古，則鄙人之説實因而非創也。宋人於諸説已明之後好爲苟難，占踞《周禮》，欲相服從；累戰不得要領，乃乞師以自重。即以《王制》論之，盧氏以爲博士所撰，即使屬實，漢初經師相傳之遺説，固非晚近臆造者可比，其中初無違悖，何嫌何疑，而視同異類？近人崇尚樸學，於儒先佚書，單文賸句尚見搜輯，豈以

《王制》完全，獨宜屏絶？或曰：「非惡《王制》，惡以《王制》偏説群經耳。」是又割裂六經之説也。以爲一經可以苟合，别經則不必然，不知不同者體例，不可不同者制度。此非可以口舌争也。鄙人嘗合數十人之力校考其説，證以周、秦、西漢子緯載籍，凡言制度者莫不相同；再證以群經師説，如《大傳》、《外傳》、《繁露》、石渠、白虎，以及佚存經説，若合符節。又考之《詩》、《書》、《儀》、《記》、《春秋》、《易象》、《論語》、《孟子》，尤曲折相赴，無纖毫之異。東漢以下不可知，若新莽以前，固群籍言制度之一總滙。野人食芹而甘，願公之同好。且見在外侮憑陵，人才猥瑣，實欲開拓志士之心胸，指示學童之捷徑。一人私得之秘，顯著各篇，乃反因以見尤，使如或説。今日於諸經凡例删削《王制》一條，别求各就本經傳記爲之注解，避其名而用其實，不過需數日之力耳，豈得失之數固即在此耶？則去毁取譽，固不難矣。乃主人則實惡今學諸傳，於《春秋》頗有廢二《傳》用《左氏》之隱衷，特不能顯言耳。即以《左氏》而論，鄙人曾同坐時，請詢海内所稱《周禮》專書撰刻《義疏》之孫君，其中制度無一與《周禮》相同；此説《周禮》專門之言，又皆同爲弟子。今將《左氏》提回博士，與二《傳》同心，此亦深所不許者也。至於《易》主商人，不用文、周，此乃據《繫辭》之明文，以正「三易」之晚説，非誤信歐陽文忠也。考兩漢經學之分，西漢至孔子，或作或述，一以儒雅爲歸；即劉氏《移書》全列諸經，亦統以尼父，《左氏》不祖孔子，李育譏之。東漢則群經各立主人，《尚書》歷代史臣所記，《詩·風》國史所採，《易》屬文王，《禮》本周公，而《春秋》則有周公魯史、外國赴告與孔子新文諸不同，一國三公，莫知所從。西漢經本皆全，故書具在，東漢則《書》有百篇，《詩》本六義，《易》佚《連》、《歸》，史亡鄒、夾；或由女子齊音口傳，或以笙奏《雅》、《頌》，《豳》、《雅》相補，斷爛破碎，侈口秦焚。西漢授受，著明傳記，由於闕里，義例合同，終歸一貫。東漢則初只訓詁，莫傳義理，推《周禮》強説各經；至鄭君，乃畧具規模。一則折中至聖，一則並及史臣；一則經本完備，一則簡册挩殘；一則師法分明，一則臆造支絀。畧舉三端，得失已見。夫孔子立經，垂教萬世，自當折中一是，以俟用行，豈其秦越雜投，徒啟争競？學人治經，義當尊聖，不師一老，別求作者，則删經疑經，宜其日熾。既用西漢之學，不得不主聖人；既主聖人，不得不舍羑里。《論語》不必聖筆，義同於經，《繫辭》比之，未爲非聖。本傳既不明言文王，則附會之説，同於馬陸。《易》分文孔，門户則然。夫兩漢舊學，墜緒消沈，鄙人不惜二十年精力，扶而新之，且並群經而全新之，其事甚勞，用心尤苦，審諸情理，宜可哀矜。即使弟子學人，不紹箕裘，而匠門廣大，何所不容？以迂腐無用之人，假以管窺，藉明古義，有何不可？如不以玉帛相見而尋干戈，自審近論雖新，莫非復古。若以門户有異，則學問之道，何能囿以一途。況至人宏通，萬不以此。反覆推求，終不識開罪之所由。或以申明《王制》，則有妨《周禮》，不測之威，實原此出。案《周禮》舊題河間毛公，乃由依託先哲事蹟，本屬子虛。況六藝博士，立在漢初，劉氏所争，但名《逸禮》，《周官》晚出，難以經名，唐宋以來，代遭搏擊，非獨小子始有異同。使果出元聖，亦無與素王。且鄭君據此爲本，推説群經，削足適履，文可覆案。今以遵鄭之故，強人就我，而不許鄙人以經説經，聽斷斯獄，亦殊未平允。又兵戰之事，必先無内憂，然後議戰，請先選循吏，内撫流甿，一俟食兵已充，然後推轂。謀士軍師，亦曾自審利弊，一檢軍實乎？恐軍令一出，而四散逃亡，民不堪命。鄙人謹率斂賦，待罪境上。惟是《詩》、《書》、《儀》、《記》、三《傳》、《論語》、《孝經》，幅員既廣，孟、荀、韓、墨，伏、賈、董、劉，將佐和協，封建、井田、職官、巡守、六禮、八政、五命、五刑，器食精足，一匡之盛，頗比齊桓，謀臣良將，電騖風馳。退舍致敬，開門受攻，開花礮、鐵甲船、魚雷、飛車，轟擊環攻，斂塞萬不出一兵、發一矢以相支拒，而強弱相懸，主客異致，一二部道以相餌，而已刃缺礮裂，支節且難理，何況擒王掃穴哉！在未行議攻之先，必有間諜爲説曰：彼雖風疾馬良，不辨南北，兼弱攻昧，天命可覩。不知風之見疾，馬之見良，正以其識見精明耳，安見有心無所主而能取速？此謂無信訛傳，以傷桃李，見因議兵，愈謀自固。新將《逸禮》諸官招集安插，以《曲禮》舊題爲之目，以經傳各官補其亡，名曰《經學職官考》，與《王制》合之兩美，並行不悖。此既益此強蕃，彼必愈形孤弱，庶乎邦交永保。協言《王制》，大將鼓旗，易招彈射，自今深居簡出，不涉封疆。惟是先入爲主，人情之常，無端而前，每至按劍，循覽未周，詬怒以發，是非引之以相攻，深入重地，已固難圖萬全，人亦鮮進理解。見今各報新開，學館林立，必别招天下之兵，日與角逐，得失所形，兩有裨益。國雖新立，固非可兵威迫脅而屈服者。始之駭以無因，繼之疑而自改，終之以喜，喜乎借外侮以勤自修也。

致某人書

龍濟之大會來蜀，奉讀大箸《僞經①考》、《長興學記》，並云《孔子會典》已將成書，彈指之間，遂成數萬寶塔，何其盛哉！二千年大魔煬竈，翳蔽聖道，經籍名存而實亡，得吾子大聲疾呼，一振聾聵，雖毀譽不一，然其入人心者深矣！後之人不治經則已，治經則無論從違者，《僞經考》不能不一問途，與鄙人《今古學考》永爲治經之門徑，得朋友欣抃何極！惟庚寅羊城安徽會館之會，鄙人《左傳》經説雖未成書，然大端已定。足下以左學列入新莽，則殊與鄙意相左，因緣而及互卦，尤爲支蔓。在吾子雖聞新有左氏之説，先入爲主，以爲萬不相合，故從舊説而不用新義，此不足爲吾子怪也。獨是經學有經之根柢門徑，史學亦然。今觀《僞經考》，外貌雖極炳烺，足以聳一時之耳目，而内無底蘊，不出史學目録二派之窠臼，尚未足以洽鄙懷也。當時以爲速於成書，未能深考，出書已後，學問日進，必有改異。乃俟之五六年，而仍持故説，則殊乖雅望。昔年在廣雅，足下投書相戒，謂《今古學考》爲至善，以攻新莽爲好名，名已大立，當潛修，不可騖於馳逐。純爲儒者之言，深佩之。今足下大名震動天下，從者衆盛百倍，鄙人以子之矛，攻子之盾，久宜收斂，固不可私立名字，動引聖人自況。伯尼、超回，當不

① 經：原作「學」，誤，據下文改。

至是。如傳聞非虛，望去尊號，守臣節，庶不爲世所詬病也。又吾兩人交涉之事，天下所共聞知，余不願貪天功以爲己力。足下之學，自有之可也。然足下深自諱避，致使人有向秀之謗，每大庭廣衆中，一聞鄙名，足下進退未能自安，淺見者又或以作俑馳書歸咎鄙人，難於酬答，是吾兩人皆失也。天下之爲是説，惟吾二人聲氣相求，不宜隔絶，以招讒間。其中位置，一聽尊命，謂昔年之會，如邵、程也可，如朱、陸也可，如白虎、石渠亦可，稱引必及，使命必道，得失相聞，患難與共。且吾之學詳於内，吾子之學詳於外，彼此一時，未能相兼，則通力合作，秦越一家，乃今日之急務，不可不深思而熟計之也。方今報館林立，聲氣相通，南北二宗，不自隔絶，其得失之效，知者自能知之。

答友人論文王作易書

來示以治經以申明經義爲主，作者可作，不必追論穿鑿求之。此尋章摘句之學則然，而非所論於微言大義也。將治其經，而不知作者謂誰，則不可通者多矣。來示以文王作《易》爲久定説，今以爲孔子，退《十翼》於賢述，近於非聖無法。然文王之説見於他書，本經傳記無明文。况初説獨主文王，因「箕子」、「東鄰」、「西鄰」之文，馬、陸乃加入周公，可見舊説之無據。且《明夷》於彖辭以文王、箕子對舉，是彖已有文王、箕子之義，不止爻辭矣。本傳言作《易》者當文王與紂之事，明不以爲文王作。據本傳以立説，有何妨礙。必欲非之，如以《十翼》爲孔子作，今改爲弟子所記，即爲非聖。《論語》從無以爲孔子自作，然與經同重，不得以説《論語》者爲非，又何疑於《易傳》？考《易》不惟有文王以後事，如《晉》與《明夷》二卦，取晉楚分霸而言，《晉》「其國惟用伐邑」，《明夷》「於南狩得其大首」之爲射楚共王中目，「公用享於天子」之爲齊桓、晉文。馬、陸因箕子、東西鄰而添入周公，則舉春秋時事以歸還孔子，未爲過也。今試例證以明之。《繫辭》史稱《易大傳》，劉向於《大戴・易本命》亦稱《易大傳》，是《繫辭》與《易本命》爲《周禮》體。聖人作經，賢者述傳，以爲聖作，是退孔子於傳家，名尊孔子，實反貶之，一也。《莊子》言「孔子繙六經以教人」，《列子》言「孔修《詩》、《書》，正《禮》、《樂》，照治天下，遺來世」。西漢以上言經學皆主孔子，諸經皆爲孔子繙定，而《易》獨退於傳記，與諸體例不一，二也。《繫辭》明有「子曰」之文，並有引孔子語以爲斷者，如「子曰：易有四道焉，此之謂也」，如謂孔子自作，是孔子自引己説而「子曰」，三也。《乾・文言》「明乘六龍，以御天也，雲行雨施，天下平也」，是解彖釋之文。《十翼》同爲孔子作，則是自注自疏，四也。《乾》六爻解至五六見，考其文義，無大出入，又「亢龍有悔」一條，既見《大傳》，經下又引之，如孔子自作，是屋上架屋，五也。諸家逸象出於今本者最多，如以爲皆孔子作，是聖筆尚有脱漏，以爲非孔子作，則不當傳習，六也。《禮記》云「商得坤乾」，與《大傳》殷末世人作相合。孔子得《易》於商，非周，非文王，有明文可證，七也。如「潛龍勿用」之爲孔子，即《莊子》所謂「在上則二帝三王，在下則爲元聖素王」也。樂行憂違，即用行舍藏，龍德惟孔子足以當之。素履白馬，亦多主殷禮。拘於文周，故不敢以孔子立説，多失實理，八也。疑《繫辭》者始於歐陽，從其説者代不乏人，固非創解，又非以爲弟子作傳，遂不足尊貴，九也。諸經《大傳》，如《尚書》、《春秋》、《喪服》，其書尚可證。又《喪服》有《大傳》，然後有《服問》、《三年問》，經下逐條所加之傳，多引傳爲斷。《喪服傳》引「傳曰」二條，爲《大傳》明文。《穀梁》又有引《大傳》文八條，皆足以明《大傳》與經下之傳不出一手，十也。有此十證，足以考徵。非不知文王囚於羑里作《易》，見於《史記》。「三易」之説，誤託《周禮》，然謂孔子得古本而繙以教人，亦如《書》，未爲不可。若以《十翼》爲孔子自作，則證之本經、本傳，固無有實證明文也。

譒譯名義三卷序

《論語》「子所雅言，《詩》、《書》、執禮」，《莊子》「孔子譒十二經以立教」，《班志》「《尚書》讀應①爾雅，通古今語」，而可知此竪譒例，通古今異語也。《王制》之寄、象、狄鞮、譯，《周禮》之象胥以通四夷言語，《公羊》之「物從中國，名從主人」，《穀梁》之「物地從中國，號從主人」，揚子雲之《輶軒使者絶代語》，此方言之説，爲横譒者也。蓋政制以横譒爲開化四海之首功，而立教以竪譒爲通貫古今之妙用。孔子六藝，原從古本之文譒以雅言，譒前之事，《班志》所謂「《尚書》通古今語而可知」者早有明文，通人所共知；至於譒後之大例，則尚未顯著。海外九州之制，其本名異號見於子、緯者亦夥矣，而經傳中則不數數見；如大九州之名見於《地形訓》，八殥、八紘、八極之山水丘澤亦嘗備舉，而經傳不見者，何也？蓋不直稱其本名，而用猶從中國之例以指目之也。如《魯頌》云：「奄有龜蒙，小東中國。遂荒大東。海外。至於海邦，淮夷來同。」以淮夷言之，淮水發源豫州，揚、徐二州以爲界目，水、地皆在内州，何以得爲海邦

① 應：原作「近」，據《漢書·藝文志》改。

乎？又《商頌①》之荆楚、氐羌與淮夷同，皆在侯綏，去王城僅千里，大同之《詩》不應引《春秋》小統之例以立説，不知此即後譒例也。海外九州，地有定形者，其名見於《淮南》，經文猶不具著，而謂百世以下無定之國名，經傳能直録之乎？然不直録則不能實指，辭窮無可考，故不得已而用後譒之例。中國東南之夷曰淮，海邦東南之國不可名，則借中國之名以名之。又中國正南方曰荆、楚，正西方曰氐、羌，今南則澳、非之名不可見，西則美、歐之名不可見，亦借中國之名以名之；荆、楚即澳、非，氐、羌即歐、美，與淮夷之例相同。總核《詩》文，海外四極，五帝分占之區，統《魯頌》之戎、狄、荆、舒四字足矣。孔子六藝，小統上譒三代之古文，大統下譒百世之新事。知其譒譯之例，則讀《詩》、《易》不啻如《海國圖志》、《百年一覺》。故國不可名，則以四裔目之；君不著號，則以孫子言之。言受命，則記之玄鳥、武敏；言京都，則託以思服、衣裳。又《列》、《莊》同有大年、小年之説，「楚南之冥靈，以五百歲爲春、五百歲爲秋」，此《孟子》「五百年必有王者興」之説，釋文以一千歲爲一年。「上古有大椿者，以八千歲爲春、八千歲爲秋」，釋書亦有此説。釋文以三萬一千歲爲一年，疑此爲東西二循環之説。《詩》之所謂「萬有千歲」、「萬壽無疆」、「君子萬年」者，皆爲統緒，所謂「卜世三十，卜年八百」也。統小則年小，統大則年大，所謂「萬壽無疆」者，上二字指年歲，下二字指疆域。將來大統，國祚彌長，反合上古八百、八千之説，此亦在譒

① 頌：原誤作「孫」，據《商頌·殷武》改。

例。至云三《頌》之稱武平①、文王、元王，《大雅》之文王②，《魯頌》之莊公，《召南》所謂齊侯、平王，《魯頌》之奚斯之類，多非指實。若《易》之兩《濟》即南、北極，《晉》、《明夷》即東、西夷，《壯》、《央》之爲羊、爲洋，「羝羊」之即氐羌，「明夷」之即荆、楚，詳於《釋字》篇中。固不僅鬼方之指海邦、大川之爲瀛洋矣。今分爲《易》一卷，《詩》一卷，《易》、《詩》合爲一卷，發其端倪，以爲舉一反三之助。若通貫，是在好學深思之自得也。己亥仲夏敘。

① 武平：疑爲「武王」之誤。

② 文王：原作小字夾注，據文意當係正文。

中華大字典序

中華書局《大字典》將出版，范、陸、歐陽三先生走書屬爲序文。按今之學風，每欲廢漢字，此書乃力主之。又每厭中文繁，廿年前簡字之説已盛行，此書乃更加推廣，皆與時俗不同，豈故爲是矯異哉？乃推三先生作書本旨，而爲之序曰：環球各國，無論其建立新舊、程度優絀，皆以方言拼音，有聲無字，《公》、《穀》所謂耳治，六書所謂象聲。惟吾國六書以圖畫補耳學之窮，四象之中，聲占其一，正名譒經，冠絶全球。《易》曰：「後世聖人易之以書契。」或以六書見《周禮》，爲孔子以前事，駁詳《周禮凡例》。説者據《史記》八引古文，歸功至聖，《僞經考》以此八條爲歆羼，今以專指孔氏六書爲古文。非但人言，且代天語。去年余以讀音統一會赴京，會中紛挐，含意未申。説者謂語文合一則識字易，可以普通文明。按語文通俗，則便於鄉音，致遠則貴乎形象。吾國久沐同文之化，試官之去取詩文，讞員之審決情實，固已無所不通。東洋、高麗即可筆談，無須譒譯。如以方言爲便，蘇、白小説，蘇人能讀之，五百里外則不知爲何語。吾川高腔劇本刊刻最多，而外省則無人留閲。商工契券，固與博士不同，語文合一，市井鄉曲所通行，不足奇也。若誥敕、奏章、獄訟、刑判，必責以方音俗語，所謂名不正則言不順，禮樂刑罰皆失，民無所措其手足。始皇同文，專爲法律，故醫卜、種樹、通行字母不廢也。又廣州凡力役及婦女幾無人不識字，而其程度不高於鄰省。工役識字，以言語難通；婦女識字，利用於賭。若以難易論之，中文分高下，海外普通記固所易曉。科學名詞，彼此嚮壁虛造，而不相通。字典數年一增修，繁重十倍。普吾國恒患其不足，我國通字典尚有人，彼則絶無全記誦或猶各科學名詞者。以此比較難易，何異寸木岑樓，循末忘本，亦見其惑矣。此條詳《東方雜誌·中國文字之將來》。六書文字未有之先，非至聖不能興；埃及古碑乃誤以畫爲字。既立之後，雖東洋不能廢。《采風記》以埃及因古文不便乃改字母者誤也。其中自有天心，亦兼人事。主此議者，欲以異邦理想見諸實行，圖窮匕首見，且亦不能自持其説。新出《大字典》凡四百餘萬言，意在通俗，然新語名詞皆歸坿屬，於兼通博采之中，寓保存國粹之意，與時流宗旨迥然冰炭。兼用圖畫，尤與四象相發明，可謂獨見本原，超超元箸矣。草昧之初，人禽混雜，同以聲音相通。中國邊隅，回、蒙、衛藏用字母。歐美雖號爲文明，亦不能立異。進化之理，中外所同。吾國當未有六書之前，亦必有字母之時代，所謂孔氏古文，不能不由結繩而改進。湘潭王氏以結繩爲字母。始皇同文之後，百家雜語，至子雲譒爲《方言》而盡絶。若東方曼倩、太史公，皆於孔經外讀異書、識異字。史公所謂文不雅馴，薦紳先生難言之。余嘗主此義，命及門李堯勳著爲《文字問題三十論》，刊入襍誌。在京晤新城王君晉卿，以鄙論持之有故，言之成理，然非有古用字母之實蹟，不足以厭服人心，當時無以應也。今年與一二三同學研究，共得十六證以應之：一象聲，四象由拼音而變形，即名詞，事即動詞，意爲形容詞，聲即字母拼音法。二畫卦，舊説以八卦消息爲十文。三舊史，《莊子·天下篇》：「舊法世傳之史，尚多有之。」又：

「《詩》、《書》、《禮》、《樂》，鄒魯之士能言之。」蓋孔氏古文初只行於鄒魯一隅之地，外人不能識、不能讀也。四《論語》闕文，「吾猶及」與《莊子》「尚多有之」同，史與上同，謂字母書。闕文，指字母有馬者，馬即今之碼字，字母爲馬號。《儀禮》一馬二馬同，此借人乘之數母，拼音爲借人乘。今往古來，今指後世亡。中國字母，自揚子雲以古文譯方言，其字遂絶矣。讀作俟，下俟百世也。五馬號，《儀禮》所謂馬，今作〡〢〣〤，古文作弌弍弎⿻弋亖，與亞拉伯同。六魯鼓、薛鼓，以口○記節奏。坿工尺，以五七馬號記音，如字母。七掌紋，《左傳》所謂掌紋，如魯友虞皆以字母言，非掌紋同於古篆之魯友虞也。八花紋，苗人銅鼓花紋皆由苗字，古鐘鼎花紋即字也。今人所藏器間有真者，古文則作僞者補刊，不知花紋即古字母。九符籙，古人所書，魏晉六朝間有存者，人皆不識，或以爲符籙。十方音，《左傳》楚人謂虎曰於菟，在中文只一虎字，楚語則作二字，此如今中文、西文之别。揚子《方言》乃以古文盡譒異方雜語。字母變爲六書，揚子之力大矣。十一異文，《三傳》地名、人名音同字異，常例也，正文又不如此，可見古無定字，皆以馬號拼音，既譯成雅文，則彼此不一，亦如譯書外國名詞。十二合讀，二音合一字，即拼音之法。僅存者如不律爲筆，邾婁爲鄒，猶後世之反切。十三切韻，有音無字之○與、等韻，七音之○⊙●◒◓◑◐七式。十四譯官，立官專掌，則語言文字當並譒之。史云「罷其不與秦文合者」，又曰「文字異形」，是諸侯並作語，即並作文字，如今世界各國文字。十五語傳，《孟子》有齊語傳、楚語傳，即今語言學堂，既以文書往來，非徒學其語言，並當通其科學文字。十六同文，必先有不同，如今海外各國文字異形，而後可言同文。使古中國同用古字，則秦不得云罷其不與秦文合者矣。未嘗無蹤蹟可尋。當作十六論以發明之，至於金石文字謂有在孔子前者，非僞器則誤釋，更不足難矣。且夫多少通塞，至無常式。余箸書百餘種，用字不及《字典》十之二三，不憂不足，所謂寸有所長，殤子爲壽之説也。《大字典》固較《字典》詳盡，然全球語言日益新出，數千百年後，繼長增高，一部字典雖重至百四十斤、千四五百斤，亦當有不足之患，所謂尺有所短，彭祖爲夭之説也。大統合一之時，非再有始皇、李丞相出，盡焚諸侯並作語之文書，使必盡通全書，乃得爲吏，雖停廢百學，專科研究，老死不能盡，後之視今，當亦如今之視昔。然未來之事，固不能預備，則此書爲切時備用之名著，推中文於全球，未始不由此基之。每怪學界如飲迷藥，推崇字母如天書，不知古文與字母二千餘年交相爭戰，優勝劣敗，事在歷史。古文其初發明囿於鄒魯，見《莊子·天下篇》。今則東西南北萬里而遥，所有齊語、楚咻、方言、百家語、外家語，無不爲其所吸收，傳所謂「器從正，名從主人」者是也。遼金元皆有國語、國書，如字母可通行，當其盛時，何不全用國語？議廢漢文用字母則文明，謂三族程度高於漢家可也。至今讀三史，人名、地名者亦莫不以譒譯蠻語爲苦。此猶遠事也，降而至於清，其拼音結繩與海外同也。祖宗推重國書，設專科，箸禁令，其保存之心無微不至。字母易識，婦女皆識得，其程度之高下，於漢人不必論，試問旗人習國文者多於漢文乎？謄黃印章，滿漢並列，漢人固不識清書，旗人已經全讀漢文。滿州以一隅取中國，謂其初兵力之強，由國書而致，似矣。何以既主中國，以帝王之力，不能廢漢文，而其清語亦與蒙古、回回近於銷滅？竊以中文比於乾陽，土寄四時，萬方同化。婦人生子，從夫之姓，遼金元清已嫁之婦，歐美非澳待年之女，一統同文，秦非前事之師乎？請查今東三省地方通行爲漢文乎？抑清文乎？亦如回部，幾不知有回文矣。方讀音統一會之開，創字母，正音讀，種種條呈，余常爲私議云，創始難，守成易。前清所頒清文書記，各種俱備，無待改作，請諸人先就旗人立爲模範，事半功倍，果如計畫，然後推行各省。此已往成事，不足鑑乎？《大字典》所以專主中文也。又近時新説，謂以字母譒經，則可以推行孔經於海外，尤爲大誤。孔子譒經必用雅言，六經六書相爲經緯，絶非字母所能譒。如《易》之「乾、元、亨、利、貞」，《春秋》之「春、王、正月」，「霣石於宋五」，「六鷁退飛過宋都」，《書》之「曰若稽古帝堯」，《詩》之「關關雎鳩，在河之洲」，使以字母譒之，皆不能成語。吾國注疏傳説解經，即所以譒經，有此思想，同此文字，每經一條，雖數十百説，而意義無窮，推闡不盡。海外無此名詞，《采風記》以外人不能譯「孝」字，以無此名詞。無此讀法。先實後虚。以一二人單獨鄙陋之見譒經，與乞丐説皇帝、餓鬼説菩薩無以異也。外人所譯中經，同有此病。故漢文可以譒梵咒，字母不能譯聖經。《大字典》以中統外者，用此義耳。或以爲書多采俗語，不爲典雅。考行遠之書，必求通俗。漢之《説文》，清之《字典》，同以通俗，乃能盛行。若《三倉》當西漢末，字數猶僅三千，許氏加入流俗異體，數乃近萬。許氏引漢初法，必讀九千字乃得爲吏。所謂九千字者，後人據《説文》改益，其初不過一二千字，孳乳相生，繁衍衆多，既有事物，不厭其推廣。是書以六年乃成，至四萬餘言，因時制宜，克副窮通之變。鄙人學業迂僻，不合時宜，加以琴南林先生珠玉在前，何敢再作班門削斲？惟不有求正之見，或反見咎於主人，用是發攄鄙見，用求教正。至於本書之精深博大，更以掛名簡端爲幸事焉。

圖書館書目序

圖書館藏書十萬餘卷，目録編次印行，山腴爲之跋，謙讓不自滿；説者亦頗以謂一省收儲恒不及一家，推比南北各省，尤嫌簡略，按此收藏家以多爲貴之説也。儲蓄圖書，昔人比之掩埋骴骸，或且號之曰「骨董」。今歷朝正史多缺卷缺頁，即以鄦書論，非汲古刊傳，始一終亥，本必亡佚不傳；諸天雖未必得道，要其護法之功，不可没也。至於讀書，則貴精專，不貴泛濫。吾國自通習五經而經學亡，自普通設科而中學且絶，荀子《勸學》所謂二螯八跪之蟹不及蚓，五技之鼠徒爲世訾。吾觀自古俊偉英奇之士，其用功誦讀，每以敝簏得一二焚餘殘簡，專心致志，不得謂其不譋陋窮困也，而其成就，乃迥非世家大族、收藏宏富者之所敢望。不必皆玩物喪志，務歧神擾，而所入不深。大抵學人多中先博後約之病，皓首博猶未盡，何有約時？誤解經恉，墜此迷津，含冤枉死，大可悲憫。蓋學問之道，先行後知，本專末博。吾深痛夫普通之病國亡學也，故略言讀書與藏書之别，非爲山腴解嘲。後來難欺，必有感於斯言。井研廖平。

省建秦蜀郡太守清封通佑王廟碑並頌

自唐中葉丞相祠堂陪祀惠陵，杜甫所謂「先主武侯同閟宫」者也。當時以建祠京師，則逼迫宗廟，禮不得立，百姓巷祭不能禁，步尉習隆中郎向充表請①沔陽就基立廟，斷其野祭，以崇邦禮，決嫌明疑，肇正祀典，此舜必辟堯宫、子不同父立之義也。湔江川主當爲李王，雙江劉子考證詳矣。廟立神像，奇恒少老，不無異同，説者疑焉。然蒼水使者、百蟲將軍，大禹化身，向有成例；神靈變化，非形歲所拘。且像教本浮屠，易以木主可也，惟英顯名字事蹟，史傳闕如，部議以惟見灌志，相傳軼逸，考之酈注，皆屬通佑，淺人轉②相附會，薦紳先生難言之。范成大始云：父子配食，大抵起於晚近。雍正時撫臣不學，專請封英顯，子不先父食，卑不尸大名，部臣駁之，是也；乃不加釐正，調停舊説，並建二王。有司承譌，祀子祔父。提學道州何公紹基疏請更正，部格不行。後雖别建通佑專廟，而對宇望衡，儼同敵國，雖不至如弗忌之新鬼大故鬼小，不幾齊東野語「盛德之士，父不得而子」乎！省城南府街廟建自有明，康

① 請：原誤作「清」，據《通志》卷一一八上改。

② 轉：原作「傳」，據文意改。

熙中，岳襄勤增繕，道光、宣統續有培修。中奉王像，而以川主名，蓋鄉會私祭之所，無關祀典。同治四年，總督完顏公崇實既於伏龍麓建王專祠，又以遣官致祭，未盡肸蠁。《論語》云：「吾不與祭，如不祭。」更假黃龍望地作白綏壇場，春秋致享，親薦牲體①，官紳涖止，肅肅雍雍。歲豐寇平，何非靈貺？有舉莫廢，以迄今茲。夫湔堋者隨刊之古蹟，省會者太守之牙居。當年痻瘵飲食，生卒哭歌，皆在於斯，雖巡行浚坊，時或臨灌，而百歲之後，靈爽馮依，當在此不在彼，可以髣髴求之者。《商鞅傳》曰：父子同居爲秦舊俗，逼處則兩傷，異宫則兩美。日者禮臣據父子不同席之議②改正祀典，通佑比於惠陵，英顯則如沔廟。《傳》曰：「不有居者，誰守社稷？不有行者，誰捍牧圉？」異地而居，各伸其敬，非交盡之道與？是完顏省祀之議與道州更正之疏，事異而義同。民國改造，政治紛挐，省城祀典，本廟因紮駐兵隊，頗有毁傷。四年，全川大旱，爲未有之奇荒，遇災而懼，識者憂之。迭經大總統諭飭祀典，諸廟一是修繕，禮祠如故；同人請於政府，立石廟中，以禁寓毁。大總統發帑，飭鄉人川西道王章祜君督修都江工程，纘述神績，同人祈禱神廟，即沛霖雨，雖遠僻州縣餓殍載道，草根樹皮，兼之泥土，而堰水所及十八縣禾稼秀實，無異常年。神之所以生育吾蜀者，歷久不斁。且非此巨災，

① 體：疑當作「醴」。
② 議：似當作「義」。

幾忘王德，二三耆碩既感神休，又考祀典，乃就省會故廟改題通佑封號，英顯坿焉，餘亦畧加修葺，以副專祀規模。六月二十六日爲舊饗薦之辰，鄉人循故事以侑神靈，囑爲文以勒石。乃爲頌曰：

張儀築城，以象咸陽，惟王涖止，鸞聲鏘鏘。以春行縣，白鹿夾輪，坐嘯臥理，不出於闉。興陂立塘，秦帝是輔，文高繼軌，蜀比齊魯。洸洸二郎，書闕有閒，逸事軼聞，配饗於灌。召公巡獄，憩於甘棠，勿敗勿翦，民不能忘。鎮眼金人，市橋石犀，列戟建牙，而無榱題。築館於外，委晲草莽，子舍匹敵，是曰弗享。廟號祀儀，禮臣是職，黍稷豐年，惟神之錫。

中外比較改良編序

今年在京，孔會孔社邀予演説。予以爲，中國服膺孔子二千餘年，世代相傳，淪肌洽髓，尊孔之説今日奚爲亟亟？豈非以外界學説、青年風潮，一推一挽，激而至此歟？然則不就中外考其得失，而惟私學舊論是崇，則各尊所聞，各行所知，立説雖極精微，敵乃如入無人之境。以戰線不明，鍼鋒差舛，守非所攻，頓兵空閒，敵得乘瑕抵隙，以覆我聖域。此計之左也。今欲尊孔保教，必先舍去制義講章之腐語，與夫心性道妙之懸言，而專就日用倫常研究其利害堅脆。苟外人有所長，不能負固不服，背乎禮失求野之訓。若夫千慮一得，寸有所長，則又何必用夷變夏，盡棄其學而學之？慎思明辨，不惟我中人所當專致。海邦哲士研求真理，見微知著，經營未來，知彼知己，百戰百勝，好而知惡，惡而知美；智慧交换，豈無康莊大道，範我馳驅者乎？願兩家捐除自譽之克伐，以圖實事求是之良規，則道一風同之效未必不由是而興。因退而撰此篇，名之曰《中外比較改良編》，以答宋檢討十年致書之雅意焉。宋芸子壬寅嘗致書云：請與外國教友相約研究道教真理，不立門户，不分主客云云。時予方以離經叛道彈章罷官，閉門思過，不敢外交，今乃得如其願。癸丑冬十二月，井研廖平自序。

孔教祆教之比較

中國久行祆教，孔子經説承用祆教舊説。畧舉數條，以示其例。

《論語》：「獲罪於天，無所禱也。」謂禱奥竈神祇。

誄曰：「禱爾于上下神祇。」

《春秋》讖「不郊猶三望」。不郊天，不可祀山川諸神。

經以天爲主表。五等皆以天統。

天，皇配天。天子，帝爲天之子。天王，王爲天孫。天吏，二伯爲天曾孫。天牧。八伯爲天玄孫。

《穀梁》、《董子》：「爲天下主者，天也。」

《尚書》：「天視自我民視，天聽自我民聽」，「天工人其代之」。

「天命有德」，「天討有罪」，「欽若昊天」，「上帝清問下民」。

此中國祆教宗旨，與今日歐美相同，獨尊一天，以掃除多神教。此例爲中人説法，當一視同仁，以爲我中國舊教。

孔子由祆教改良精進，其蹤迹尚可尋求，亦舉其例。

《禮經》傳：「子以父爲天，臣以君爲天，婦以夫爲天。」由一天化爲三天，因舊教推大之。

《禮三本》，《大戴禮》篇，又見《荀子》。由天推之君、親、師。祆教一本，孔經三本，民生於三，事之如一。

獲罪於天，無所禱奧竈，不獲罪於天，不禨事奧竈。

不郊禨三望，既郊則不禨三望。立一天以祛多神教，未立祆教患神多，既立祆教患神少。

《祭法》、《祭統》、《祭義》所祀天神地示爲經典。上帝獨立，孔子乃立多神以輔之。與多神教之神不同，不可指爲神權。

祭祀祖宗，爲經典家族學。知鬼神之情狀，故與家祭。神不享非族，故父子必真；必求父子真，則必先求夫婦真。故禮教必始於別男女。

不孝，無後爲大。祆教以天爲父，父子異居，不相收養；故婦人有子無益，相率避孕，必致絶種。故非言孝則有絶種大禍。

「嚴父莫大於配天」。禘郊以祖宗配，因主天推之宗族。

《論語》：「天子穆穆，奚取於三家之堂！」《穀梁》：「獨天不生，獨陰不生，獨陽不生，三合焉然後生。故曰天之子也可，母之子也可。尊者取尊稱，卑者取卑稱。」祆教人人稱天父，則同爲天子；孔經以天子爲尊稱，乃興世族家學。

此例爲歐西説法。宗教已經改變，尤當講求真理，斟酌利害；孔教興利除弊，防患未然，所當切實講求者也。

清誥封朝議大夫張君曾恭人墓誌銘

君諱祥齡，字子馥，漢州人。曾祖朝鑑。祖宗奎。父選青，辛亥舉人，江津教諭；母氏吴，江蘇嘉定知縣作霖妹。君生咸豐癸丑四月十六申時。乙酉拔貢，戊子舉人，壬辰進士，甲午庶吉士。乙未散館，選陝西榆林府懷遠知縣，歷署長安、褒城，調補大荔。辛丑，陝、山合闈，山西同考官。癸卯三月廿二丑時，卒於大荔任署。著《經支》九卷、《六箴》一卷、《黄金篇》三卷、《媿林漫録箋》、《玉杯精舍答問》、《受經堂文集》、《詩集》、《詞集》六種、公牘、集聯。曾恭人諱彦，字季碩。父追贈太僕寺卿、道光甲辰進士、吉安知府，諱詠，字吟村。母氏左，諱錫嘉，字冰如。兄光禧，福建崇安知縣；煦①，山西定襄知縣。弟光岷，己丑進士，刑部員外；光文，山西文鄉知縣。丁巳十月初一子時生，庚寅十月初口丑時卒於蘇州，寄殯閶門外。著《婦典》卅卷、《桐鳳集》一卷、《虔共室訓稿》一卷。子四：長、次、四先後殤，三宣。女五：長同，鄒出。適即選知縣陽湖嚴君温初四子謙潤，分省知縣；次芷，適湖南即補道常州袁君學昌四子勵修，安徽知縣；三蘇，適陝西留壩同知揚州王君懋照長子祖培；四荃，字成都江南儲

① 「煦」上疑奪「光」字。

糧道①道胡君延三子壽彭；五荷。皆魏出。宣以丁未四月廿五丑時葬君於漢州北關外樂善橋祖塋，壬山丙向，乞志其墓。井研廖平哭而銘之曰：

淵雲絶響，江汜闕靈，陰陽撰德，並降隗倫。《詩》、《禮》圖畫，閨門師友，秦徐趙管，孫此嘉偶。二南提獎，蜀比魯齊，錢塘湘綺，聯步摳衣。自況過高，視人猶蟻，道盛情寡，獨我親昵。音訓詞翰，知識相誘，角巧鉤沈，我輒瞠踣。久厭書劍，超脱籬樊，文質異道，君爲其難。窈窕賢才，交馳並競，邾婁彈丸，乃抗齊晉。燕市建除，虎丘姜柳，才愧鄒枚，望塵卻走。闤門歌驪，彼此重喪，臆不能對，後事遂茫。老母病篤，屢咨叔嬸，哭母未終，又聞君隕。靈輀北還，臨穴哭奠，子母單寒，典篇零亂。君狀陳劉，妙肖如神，後死無貸，才弱逡巡。綺歲飛英，老而談理，才智隨年，未足爲異。初陟清華，聲流輦轂，名公倒屣，子意不屬。度支行在，銷患蒙疆，遺愛懷遠，服官之常。才高招毀，交契知名，老韓同傳，駘駑從横。桐鳳片羽，悼亡百篇，當世無匹，王俞序言。觥觥《經支》，儒法名墨，妙筆玄言，鑑花水月。婚宦塵務，成業無前，技進於道，敢不執鞭。咸陽噩耗，君哭我死，我今尚存，君乃長已。章句牿就，未判魚鳶，臣精已竭，魂兮言旋。巫陽徵夢，司馬游仙，大惑未解，親爲我傳。蜀吳往來，鸞鶴應苦，敢告藐孤，鄹曼有母。文梓連理，證我石銘，千秋萬世，孫子繩繩。

---

① 儲糧道：原作「儲粮糧道」，衍「粮」字。

清湖北勸業道鄒君墓誌銘

君諱履和，字元辨，華陽人。原籍鄒縣，遷高安，高祖以成乃入華陽籍。曾祖隆恒。祖作善。考人恕，寄居市廛，世有隱德。君生咸豐壬子十月七日丑時，甲戌，督學張文襄公補君弟子員，調尊經肄業。以貧廢學，館於國氏。巴縣教案，幾搆大難，賴君左右，和平完結。辛卯，文襄電召赴鄂，入幕廿餘年，多所襄贊。歷署廣濟、孝感、江夏等縣，准補穀城縣，先後以礮廠、糧運、洋務勞績保直隸州，歷辦紗布、絲麻、籤捐、水電、善後等局，得軍機處以道員存記。戊申，因陳督奏請，得補勸業道。己酉，調署施鶴道。卸事踰年而國事變，君滬居二載，癸丑十月六日以事赴鄂，遂以是月廿三日丑時卒於寄舍。予與君同歲同學，别三十年，在滬時過從；鄂游本約同行，君避客，先一日發，予方抵成都，而君凶問至，哀哉！致鈞扶柩回籍，將以四月廿一日葬君東門外桂溪寺以成公塋前右側，辛山乙向。屬爲銘，銘曰：

官至監司，或悲其小；年踰六十，或痛其夭。渚宫既已建營兮，從事不必尸其名；龍馭且自上升兮，臣又何蘄乎久生！邱首先壟兮，葬之言藏；藤藟覃施兮，華高汶長。

清授榮禄大夫江蘇候補道賀公暨元配謝夫人合葬墓誌銘

吾研擁斯茫水，由五通橋入江，其間爲鹹鹾巨埠，富廠以外，莫之與京。其以貲豪者，率土著大族，否則其姻黨。若客籍出其間，能與勢均力敵者罕有聞；有之，自賀公宗田始。公諱熙隆，一字吉夫，祖觀國、父人孟皆業儒，以公貴，贈如例。原籍湖南常寧，明末遷蜀三台，公高祖國純遷屏山，曾祖正桂遷馬邊。公以業鹾，乃遷犍爲。人孟公四子：長永禧，母氏張；次公，繼母氏袁；三熙朝，四熙宇，庶母張所生。公以同治十年補馬邊學附生，年二十七矣，旋補增廣生。乙酉秋闈報罷，遂絶意科舉，專心貨殖。吾蜀咸、同間滇寇作擾，土匪響應，宋士傑盤踞馬邊者數載，舊家靡不中落。公乃以三百金適五通橋而設肆焉。凡大埠富商大賈，擁貲數萬，煮鹽百盆，高輿怒馬、窮奢極費者比比也。公與謝夫人以微貲僑處其間，所謂泰塵海滴，久之無所表見，時不免困折，經商之恒，無足異者。丁丑，丁文誠改辦官運。舊商以官奪其利，互相齟齬，局委間有交涉，衆怨所歸，冀其中敗，非懷觀望，則陰摧殘之，官、商因兩失其利。公體幹魁梧，辨論閎肆，尤豪於飲，載鹽往來，雖所過糞除，而知之者鮮。會遵義蹇公子振奉檄辦理犍廠鹽局，宿逆旅，獨酌無聊，急欲求一善飲能談者銷寂寞，倉卒莫從得此客，傭保苦無以應。公適投宿，布衣草履，遂延之入座。蹇公善知人，以公時會已至，可與有爲，不徒以酒交，有相見恨晚之歎。而公亦自以異鄉孤客，匏繫巨埠，於官運初無嫌疑，詩酒往還，諸商亦不得以立異相詰責，互相借助，而公業以成。異時舊家皆出商會，公之孤立勃興者，官運之力爲多。癸未，官有之利濟竈招售，無敢應者，公以賤值得之；未匝月而功成，今春先是也。先春接辦金山、金灘、羲灘三全井，癸巳創鑿匡家山裕豐，脈淺鹹多，爲全廠冠，衆或目爲井王。公又别設肆，凡井竈所需雜物靡不具，子金雄①厚；他肆恒有逋負絀折，莫能償，公肆諸負，悉取之廠局，故其利什倍。統前後三十年，不動産以鉅萬計，雖古之卓、程，何多讓焉！吾聞井商之創垂者類皆工心計，深刻機變，察及錙銖，所謂治生産，猶孫吴用兵、商鞅行法，各有所長，非苟而已；公獨寬厚豁達，不諳九九，詢其經營産積、乘時角逐之故，居恒雖善言論，訥然不能出諸口，而惟以知人善任使告。雖時藉旁助，公福厚自不可及，治生猶國，非所謂休休有容之个臣與？昔陶朱三致千金，不過自試其術。聚而不散，虜守何爲？公先以夷務功獎從九，繼加捐布經歷，捐同知；廠局派捐，無意仕宦也。辛丑，山西賑務急鉅，乃以巨款捐升道員，加二品銜，賞戴花翎。公自以生長鄉僻，未瞻京都江海之盛，癸卯引見，游歷京師。分發江蘇候補。甲辰，迭委寧滬鐵路差、寧城保甲差，皆未就。旋假回籍，見川鹽受逼外鄰，日形困罷，又以列邦富强，肇於商戰，集廠衆發起商會。舊居囂雜，乃養静省垣。

① 雄：原作「雖」，據文意改。

以甲寅九月初八卒於少城棚子街本宅。距生乙巳年十二月十四酉時，享年七十。

謝夫人，馬邊州同天壽公長女，年十七歸於公。天壽無子，時寄養公家，當宋亂，公全家避犍，惟夫人留養；媳代子職，女兼子道，鄉里以孝稱焉。姑以驚亂病困，扶持盡瘁。公兄弟受命分爨，以自督課，公以所受讓兩弟，兼教養諸子姪成立，夫人實贊成之。己卯，迎養翁姑於新居，公時猶困，實賴内助，甘旨乃得無匱。其後家僮百千，夫人温厚勤儉如昔。以丙申正月十六亥時卒，距生癸卯二月初十酉時，享年五十四。先葬竹根灘四方壩，昌期等將以乙卯七月十五日葬公省北關鳳凰山前新塋，因啟欑祔葬焉。昌期等介其宗人舉人賀龍驤，囑爲文志其墓，惸撮狀要，並爲之銘曰：

維公崛起，貨殖之雄，斯茫沃饒，不穫而豐。少有棄智，既饒待時，滑稽簪紱，曼倩是師。昔營邊荒，既富且貴，今依會城，精靈來萃。主人遠游，虚寥池館，江月扁舟，昔會縱覽。飫聞軼事，又親杖履，撰次百一，敬告輶使。

胡敬修先生及德配彭夫人七十雙壽徵言序

樂山黄鎔注

《樂緯》夏正建寅爲十三月，《稽耀嘉》：「夏以十三月爲正，息卦受泰，物之始，其色尚黑，以寅爲朔。」其不謂之一月、正月者，斗柄回寅，《左傳》「星回於天」①。三陽成泰，得乾三陽，辟卦爲泰。以此見三才之義，故不離析以稱一正。又八宫説詳《内經·靈樞》，即八風。十二風文見《周禮》，即十二月。旋相爲本，文見《禮運》。二十二人文見《尚書》，即十干十二支。即二十二寅，《素問·六元正紀大論》：「岐伯曰：命其位而方，月可知也。」干支二十二辨方正位，各有月令之中氣以爲正月，故有二十二寅。經曰「移光定位，《六微旨大論》：「因天之序，盛衰之時，移光定位，正立而待之。」數其正月，而可知，《六元正紀大論》：「故曰位明，氣月可知。」此正月同寅之説也。《書》曰：「同寅協恭」，又曰「十有三載乃同」，以寅年寅月大會同，故曰同寅。世俗祝嘏，輒引箕疇，獻猷新朝，已近忘本。十有三祀，《洪範》訪疇之年即寅年。於文則不足，文未稱王。於武則過多，武得天下，在位七年。古今巨難，莫得而詳焉。閒嘗以四鄰之例《謨》曰「欽四鄰」，謂四帝分治。推之高陽八愷、高辛八元、《左·文十八年傳》：「高陽氏有才子八人：蒼舒、隤敳、檮戭、大臨、尨降、庭堅、仲容、叔達，齊、聖、廣、淵、明、允、篤、誠，謂之八愷。高辛氏有才子八人：伯奮、仲堪、叔獻、季仲、伯虎、仲熊、叔豹、季貍，忠、肅、共、懿、宣、慈、

① 星回於天：語見《禮記·月令》，此云《左傳》，當係誤記。

惠、和，謂之八元。」陶唐九男、《孟子》：堯使其子九男，《説苑・君道》篇：「堯爲君而九子爲臣。」有虞十子，《論語》舜臣五人，僅舉其半。〇《吕覽》：「堯有子十人，不與其子而授舜；舜有子九人，不與其子而授禹。」又云：「堯傳天下於舜，禮之諸侯，臣以十子。」分屬五極，州方五千，三十六宮皆是春者，方萬五千里爲一帝之九州，共計方三萬里，爲方五千里者三十六。每州自有其寅正也。各以斗柄指爲寅正。《禹貢》九共屬高陽，《董子》：「主地法夏而王。」《洪範》九疇屬高辛，「主天法商而王」。壽以田畝爲本義，壽，古文從𠃬，象犁訙①形。疇爲州字之轉音，音近相通。所謂五福即五服，福通輻，指疆輿五服五千里。文見《謨》、《貢》。疇人即州人，指每州牧伯。皆幅員之正稱，非年齡之名號也。西漢吾蜀趙君讀《易》箕子爲荄滋，《漢儒林傳》：「蜀人趙賓好小數書，後爲《易》，飾《易》文，以爲箕子明夷，陰陽氣亡箕子。箕子者，萬物方荄滋也。賓持論巧慧，《易》家不能難。」劉向云：「今《易》箕子作荄滋。」荀爽據以爲説，蓋讀箕子爲荄滋。古文作萁子，萁與荄、子與兹字異而音同，師古曰：「荄滋言其根荄方滋茂也。」吾則讀《範》箕子爲其子。蜀才本以《易》箕子爲其子。箕古作𠀠，又通作其。《易》曰「鳴鶴在陰，其子和之」，文見《中孚》。《詩》曰「鳲鳩在桑，其子七兮」，文見《曹風》。所云子者，羲和之仲叔，《書・帝典》。二高之元愷、四岳八伯，故同以八稱焉。八元、八愷爲八伯，《典》之羲和四子爲四岳，《大傳》一岳兩伯，仍爲八伯。二帝前則高陽、高辛，唐虞則堯舜。以天子作民父母，八疇即八州。爲之子，子爲父母所有，故繫之以其焉。元愷無論矣，即周之八士，周爲皇有天下之大號，非姬周之周。以及八能、八正、八風、

① 訙：疑爲「畝」之訛。

八音，同此道也。堯之十子，合戊、己數之；堯之九男，則天有十日，文見《左傳》，指十干。一日不見；文見《王風》。《論語》「有婦人焉，九人而已」，今誤作已。以八州分配八正，己從戊居中，即所謂婦人之己母。戊陽干，己陰干，故己爲母，爲婦人。故《範》本用生成數，《班志》「天一生水，地二成水」云云。五、十同途；文見揚子《太玄》。五曰皇極，十曰六極，文見《洪範》。此九、十之分，父母同州之義也。《吕刑》曰「伯父、指二伯。伯兄、仲叔、季弟、指四正方伯。幼子、指卒正。童孫」，指連帥。此又天下一家之例。《禮運》「聖人以①天下爲一家」。《詩》所謂睢父、鳲母、《左傳》睢鳩司馬，鳲鳩司空。同爲二伯，故稱父母。公子、《周南·麟趾》。公孫，《魯頌》。比物此志也。方敬修先生爲寅庵制名也，取《典》之「亮采惠疇」，亮與量通，《周禮》量人爲司空屬，主量地。《禮記》「月以爲量」。《考工記》三「匠人」爲「量」之字誤。采爲畿服，采在九畿九服中。司空度地居民，文見《王制》。保安則惠，與「亮采有邦」《謨》以六德爲諸侯。將毋同；而其字則取《謨》之「同寅協恭」、《貢》之「十有三載乃同」，大會同，即同寅之同。「十有三月」，爲寅月，則「十有三載」爲寅年可知。《逸周書》數見「十三年」，與此同義，孟津「十有三年春」，則襲此而誤者耳。《泰誓》晚出之《書》。同者，《周禮》之大會同，二十五年一周，《周禮》朝、覲、宗、遇、會同外四朝，十二年內三朝，十二年至第二次寅年爲二十五年。天下諸侯皆在是焉。皇極之會歸，《公羊》之偏至，時必在寅也。考禮，皇帝十二年巡守殷國，文見《大行人》。以法歲星，《天官書》：歲星十二年一

① 「以」字原脱，據《禮記·禮運》補。

周天。子、午、卯、酉，各以其年其月，歲星見於東方。說見《史・天官書》。因其四朝，别號朝、覲、宗、遇，每方至者三牧，東方寅卯辰，南方巳午未，西方申酉戌，北方亥子丑。此外巡十二牧，所謂群后四朝也。方朝。内之九宫即内九州。亦法歲星，午年五月歲星見。會於上方，乙丙丁庚四牧見焉，經曰「多方」，篇中稱「誥爾四國多方」。傳曰「時會」。戌年九月歲星見。會於下方，辛壬癸甲四牧見焉，經曰「多士」，篇中稱「四方四國」。傳曰「殷同」。歲星再周，乘輿六出，子午卯酉午戌六巡，說詳《皇帝疆域圖表》第三十五《七政同圖》。馬瘏僕痡，天子下堂而見諸侯，而侯甸藩屏養尊處優，不一祼將於京，不幾上勞而下逸乎？内四外三，皆特别分見，惟午戌三合，則首在寅，年、月同稱十三。《書》稱十三年，《緯》稱十三月。群后群牧大會同於皇居，千乘萬騎，位則有《明堂》，見《禮記》、《逸周書・明堂位》篇。圖則有《王會》；《逸周書》篇。雖祀、載異文，《範》稱十三祀，《貢》稱十三載。非有夏、殷之别。同寅之義，由是稱焉。凡禪讓命官，諸大政取決於衆，非夏正得天，無此大和會。《帝典》之「咨四岳」，内九州之四正方伯。「咨十有二牧」，外十二州牧。合咨二十有二人二伯、八伯、十二牧。者，必在寅年寅月。《尚書》不詳年月，《史記・世表》：「孔子序《尚書》則畧無年月。」所録皆爲典制；蓋俟後下俟百世。之新經，非舊傳之古史也。經、史迴殊文野。寅庵以民國三年與冢衆迎養成都，爲尊人敬修先生暨彭夫人七十雙壽廣徵詩文，以志慶典；一時中外作者如林，絲管笙磬，異曲同工；玉山珠淵，搖精炫目。印裝巨帙，傳播海内外；大典隆盛，莫可名狀，僕幸親與逢其盛，不勝蹈舞。因以經術釋其義曰：歲次甲寅，《洪範》之十三祀也；舊以爲文王受命至此十三年者誤。十二月十九日，去立春三日耳，先天氣至，《内經》説。亦《樂緯》之十三月也。當其家燕宏開，賓客未至，婦子寧止，昆季相左，娣姒佐右，二老拜前，八士拜後，喜起賡歌，八音迭奏。伯曰：「爲此春酒，以介眉壽」；仲曰：「朋酒斯饗，稱彼兕觥」；以上《豳風》。叔曰：「殺時犉牡，有捄其角。以似以續，續古之人」；季曰：「綏我眉壽，介以繁祉。既右烈考，亦佑文母」。以上《周頌》。既夫衆賓莅止，濟濟蹌蹌，黄髮兒齒，祭酒孔揚。乃賡再歌，曰：「孝孫有慶，俾爾昌熾。三壽作朋，如岡如陵」。以上《魯頌》。衆賓繼進，酬酢禮成，更歌曰：「兕觥其觩，旨酒斯柔。不吴不敖，故考之休。」以上《周頌》。既醉而出，並受其福。《範》曰：「身其康強，子孫其逢吉。」大同之徵，不在是歟！在今日賓客之盛、文章之富，爲吾蜀鄉紳數十百年未有之曠典。家有義方，備享尊榮，使吾蜀父老豔羡欣慕，各思有以教育子弟，培植孫曾；彼仁人孝子之欲尊顯其親，亦得有所圭臬。其於父父子子、風習禮教，大有裨益。將來人才揚厲，武將文相，巴將蜀相。未嘗不在此舉，非徒一家之榮，實乃鄉邦之慶也。然錦城笙歌遊讌，迹近升平，而伏莽未靖，行旅戒心，僻遠良家，不獲寧謐。舉水火而登衽席，能勿仰望上將軍之拯救耶？矧寅庵亦於寅年得轂輻之算，一轂三十輻。推其主命，必在實沈，十二躔次，申爲實沈。居金天之鄉，西方。主蓐收之次，《月令》：「秋三月，其神蓐收。」①星躔空峒之武，字兼太平之仁；威而不猛，慈而有制，位登上將，非

① 其神蓐收：原誤倒作「其收神蓐」，今乙正。

偶然也。特新國亂世，先武後文；《記》曰：「刑以弼教，殺以止殺。」倘寅庵能再廣過庭之訓，推所愛以及所不愛，一出而鏡清砥平，則方趾圓顱，誰不愛之如父母，敬之如神明？《康誥》曰「如保赤子」，此尤作民父母之實行矣。《洪範》「斂時五福，敷厥庶民」，此曰七千萬人身受實惠，加於召、杜，前漢召信臣爲南陽守，有遺愛；後漢杜詩守南陽，多惠政。人歌之曰：「前有召父，後有杜母。」其謳歌頌祝，實而兼文，不與今年並駕齊驅哉！吾知有過之無不及，此又錫類之廣義也。諸名公宿學，於敬修先生及寅庵之碩德懿行，既已攄發瑰論，互相崇闡，不敢貽誚續貂，素有深望於寅庵，故特舉名、字，就《洪範》緣飾經義，以寅頌禱之忱。至於校本「寅亮天地」，事出後起，則未暇及焉。井研廖平序。

楊少泉夢語序

或曰至人無夢，愚人亦無夢，然則吾儕固終身在夢中。泰西靈魂學發達，一時學者喜言夢，至人神骨俱融，無所謂真，亦無所謂妄，夢覺兩忘。中人拘於耳目，不識鬼神情狀，夢想顛倒，是當以夢得法者，乃不得不假夢以立教。《楚詞·招魂》以掌夢，六夢八徵，《詩》之大例，《列子》、《周官》，蓋皆爲游魂學說；掌夢大人，占夢博士，俟聖之旨託於夢。《論語》：「甚矣吾衰也，久矣！吾不復夢見周公。」鼓琴見文王，食見堯於羹，立見堯於牆，皆夢也。往者不咎，來者可追，故凡著夢，皆知來也。少泉《夢語》大抵仿《百年一覺》、《夢游二十一紀》，以真實寓之荒唐。百五十歲老人，固孺子後生所謂牛非牛、驢非驢，山水林立，迷離恍惚，又嘗在人心目間。少泉之語固夢，吾今爲之序夢，不又所謂甘與同夢乎！昔佛以喻言提撕覺寤，有新舊《譬喻經》及《百喻經》等，《夢語》所述，亦猶此志。吾則以《詩》全部皆爲《夢語》提綱，於《斯干》、《無羊》與《中庸》之「戾天」、「逃淵」，《詩》之「匪鶉匪鳶」、「匪鱣匪鮪」、「無羊」、「無牙」、「無角」，妄耶？真耶？爲熊爲羆、爲虺爲蛇①，「如山如阜②、如岡如陵」，真耶？妄耶？以

---

① 四「爲」字，《詩·斯干》皆作「維」，當據改。

② 阜：原作「川」，誤，據《詩·天保》改。

爲妄，則無所真；以爲真，則何處非妄！傳曰「獻吉夢於王」，《詩》曰「吉夢維何」，夢果爲虚，如何可獻？既曰可獻，則必非空。少泉爲癡人説夢，尚寐無覺，尚寐無訛，入迷國而以不迷者爲迷，則寤、寐一也，又何有取去於其間耶？吾聞世人入夢，佛作獅子吼以祛其睡魔，則醒夢者莫若獅；今獅又大睡，方且神遊六虚，以妄爲真，吾且窮於術，而莫知其嚮。或曰：解鈴繫鈴，物極必反。獅之入夢也酣，則其瞋亦烈。以夢引夢，是或一道。與夢居士題。

井研縣志序

平昔與吴君書田、祉蕃昆仲游，嘗論吾研圖志蔓蕪彌塗，相約拾墜鉤沈，寫爲定本；二君蒐討，各有紀録，歲月不居，相繼長逝，志事不竟，言之痛心！光緒癸巳，朝廷重修會典，詔求郡縣圖經。於時仁和葉侯治縣，用集耆彦髦俊，謀掇舊聞，上應朝命；平以菲材，過蒙不鄙，以修纂見屬。會平旅食異方，又改訂三《傳》舊稿，兼以兹事體大，非專力不能成，乃推薦吴君權奇、蜀輶群從之賢，與其戚董君貞夫之嫺雅而綜博。置局無幾，葉侯病免。己亥暮春，涇陽張侯重理墜緒，蜀輶復力引熙台龔君共事。然二君者長年作客，或經歲不家食，其幸而先後來歸，教授鄉里，得以奪其課誦之暇，從容討論於著作之林；而貞夫以太夫人在堂，亦侍養不出。又得吾鄉賢者數十人，通力甄采，質疑補闕，僅乃粗集。會有天幸，濰縣高侯來尹兹土，始刺取全稿，筆削增損，以爲傳久信後之文。是書之成，豈偶然哉！平嘗以爲，史家著述，其於朝章國故、魁人鉅公之行實，紀載備矣，而偏鄉下縣，傳者蓋鮮；非必出於其意所厚薄，文獻不足徵，而惇史莫由及也。故嘗不自揆，思以群經卒業，網羅武陽置縣以來故事，貫串考訂，爲一家言，以慰吾亡友。前年季夏，歸自華陽，晤諸君子於縣門，時方寘局編纂，就商體要，乃與夙所蓄念無不盡同。蜀輶既紹述家學，練習故事，而熙台從新城王氏受桐城文章，兼通測算、譜掌故，日夕點勘，常至漏盡，一稾十易，不以告勞。平既多二君之勤，而又未嘗不自愧無尺寸之效，以稍資其休沐也。明年，平自射洪歸省，舊作《三傳漢義疏證》方爲湘中書局索稿鋟板，而是書適於同時刊成，平乃得盡讀之，作而言曰：是志也，絜浄而有要，汎博而不枝。以説山川，則《水經注》也；以述掌故，則《利病書》也；以甄藝文，則《經籍考》也，以録金石，則《碑目記》也。以六表馭紀載之繁，以列傳括士女之志，終之以長編，而由周而來至於今，沿革、政要、振卹、禨祥、遺事，夫然後若綱在綱，粲乎明備。於官書則創，於史法則因。此邦在宋代有《陵州圖經》、趙甲《隆山志》，世無傳本，僅存厥目，未知持似，正復何如？然固可信爲三百年來無此作矣。其尤至者，繄古地志皆稱圖經，《世本》既出，即嚴族系；一以辨疆里，一以考氏族，二者史學之顓門、志乘之鉅例。兹志圖表實創爲之，再越百年，奚翅拱璧？曩平讀馬氏《通考》，據「擁斯茫水，流經資官」，妄疑此水不屬今境；今觀是志，知「資官」乃「冶官」之誤。始自有唐，證以欒史所記，經流入江，無不符合，瀨下六池，且在域中，故城舊治，都無移徙。千年侵地，一旦光復，不尤快事歟！平文質無底，積瘁頭白，五十之年，忽忽將至，既不獲奪隙從事，繼諸君子之後，一孔之私，迺辱甄録；而回念舊時執友，多成古人，姓氏遺文，互登斯簡，惟平猶得執筆商榷，附名篇末，以親見是書之流傳，其亦厚幸也已！抑平更有請焉：蜀輶舊輯縣人文章，自趙宋以來，爲《仙井文徵》、《詩徵》至八十卷，今集部無之，倘經裁擇寫定，用升庵楊氏《全蜀藝文》例，排印單行，或亦表章先正之一端也夫！光緒庚子冬十月朔，里人廖平序。

縱橫家叢書八卷自敘

聖門四科，言語居其三，宰我、子貢，專門名家，出内王命，排解難結，辭命之重久矣！蘇、張不實，爲世指摘，魏晉以來，寖以微渺；宋、元心學大盛，群以此科爲詬病，四科之選，遂絶其一，豈不哀哉！鄉哲遺編，趙梓州《長短經》，漢代九流，卓然獨立，國家閒暇，尚可猶豫，今者海禁大開，萬里碁布，會盟條約，軨軒賓館，使命之才，重於守土。葛裘無備，莫禦暑寒，誦諷皇華，匪酒可解。久欲重興絶學，以濟時艱，或乃狃於見聞，妄謂今知古愚，四三朝暮，無益解紛，不知探微索秘，多非言傳，《長短》成書，乃學者程式，不盡玄微。又秘計奇謀，轉移離合，急雷渺樞，成功倉卒，事久情見，殊覺無奇，因證授藥，固不必害在異品矣。因草創凡例，分爲各科。經傳成事，前事之師，專對不辱，無愧喉舌，述《本源》第一。朝章舊志，數典不忘，古事新聞，必求綜核，述《典制》第二。偵探隱秘，貲取色求，中構隱謎，捷於奔電，述《情志》第三。折衝樽俎，不費矢弓，衆寡脆堅，宣猷燭照，述《賓事》第四。忠信篤敬，書紳可行，反覆詐狙，禍不旋踵，述《流弊》第五。撮精收佚，先作五篇，專門全書，悉加詮釋；敢云繼美咨周，差得賢於博弈云爾。丁酉廖平自序。

方今吾國痺瘀已極，制義取士通行幾千年，宜其有此。若欲造變心志，非標準學術，端其趨向，不能有所樹立。因欲表彰縱横，以救危亡。見兔顧犬，未免稍遲；然三年之艾，求則得之，未嘗非補牢之一説。乙卯重五日再識。

駢文讀本序

《七畧》無史學，故《太史公書》附於《春秋》，班、范乃爲史。兩京無文苑，馬、楊發源道德，建安諸子乃爲集。屈、宋變子家爲辭賦，作者嗣音，莫不鋪張皇猷，刻鏤帝係，上征下降，逍遥四荒，雖典雅遲速，工拙不同，然皆發源《詩》、《易》，模範《莊》、《列》，學有淵源，語非詭寓。故湘潭王氏論文，以爲儒術不及道家，非如後人流連光景，求工章句，不關學術，徒矜文藻者也。新繁①吴子幼陵，澹於希世，不事科舉，顧從吾友名山伯揭吴氏問鄉人卿雲之學。蜀處奥壤，風氣每後於東南，自中外互市，官局士夫，譯刊西書，閒有流布。吾鄉老宿，因宗教指其政治、輿地、兵械、格致各學爲異端，厲禁綦嚴，不啻鴆酒漏脯。幼陵不顧鄙笑，搜訪棄藏，博稽深覽，十年如一日，蓋成都言新學之最先者也。乙巳秋，有東洋之游，將以徵驗舊聞，出所選《駢文讀本》八卷，擬攜以付印。編中去取繁簡，與别家頗殊，蓋本其獨往之意以選文也。或以駢體浮靡，古譏俳優。申公爲《詩》學大師，以爲政不在多言，顧力行何如耳。幼陵既欲研求法政，何以小技雕蟲自耗時力？然吾師南皮張尚書以兵爲諸學之精，閒嘗以文易之，所謂文以

① 新繁：原無「新」字。按，吴虞（幼陵），新繁人，據補。

載道。尼山垂教，科學有四。編中樂毅、李斯之文，則政事科也；淳于、莊辛之文，則言語科也；揚雄、王逸之文，則文學科也；屈原、宋玉之文，則德行科也。仲子政事專門，何必讀書，然後爲學。不立言語，仲尼譏之。子成救敝，改周質而已矣，何以文爲？菲薄文藝，卜子惜焉。文武之政，布在方策，是不但行人外交，首重辭令，天工庶績，亦非文不行。當今四表，會歸大同，樂利近在旦暮。孔子爲古大思想家，假借文字，垂範所經，碧落黄泉，不聞不覩，乃以草木鳥獸雌雄驪黄，九疇五土託興無方，謰語緟文，言近指遠。故治大同之學者，尤當鉤索舊文，推求旨意，統古今，括中外，所以談天雄辨，徵驗在乎坤輿，曳綸玄言，禮失求諸鄙野，政之與文，不且異曲同工乎？要在讀者之善悟耳。或以八家中興，專宗《史》、《漢》，切理中情，功在起衰。駢文體格委靡，穠豔纖冗，君子無取。然典謨非盡單行，風雅尤多離句。魏晉以降，凡修史注書，論事論理，習用駢言，同能達意。韓柳號稱復古，不過義緣經術，詞削冗繁，實則全集各體皆備。此選沿襲舊名，義取從衆，有無實用，由於才識，豈在體格哉！下編近賢著作，或以晚近爲嫌，不知雅俗之分，非因古今而別。蓋考古則高文重典，以奥雅爲宜，用世則指事言情，以明達爲貴。舍舊圖新，變通不倦，此仿詁擬詩，見譏塵土，約章公法，兼用臘丁，若以古今分貴賤，豈通達之言乎？用書簡端，以當凡例。時光緒三十一年秋八月初六日，則柯居士井研廖平序。載《蜀報》一九一〇年第二期。

文學處士嚴君家傳

吾友嚴君雁峯，諱嶽蓮，捐館之某年，其子式誨詳具《行述》、《墓誌》、《行狀》，乞更爲《家傳》。嚴君誌狀，富順宋芸子、合州張式卿既撰偉辭，於君文章、經濟、學業，既詳且盡，余何贅辭？然君於己卯、庚辰間，湘潭師主講尊經，一時從游鼎盛，號有司馬、子雲之風，君以外籍從游，每與上下，其議論折角争席，頗嘗聞焉，芸子「文學」之謚，信不虚也。君家富藏書，於醫部尤詳，凡日本丹波《聿脩堂叢書》、北宋《聖濟總録》及明刻《醫統正脈》等籍，皆尋常不可多得之書。君少交遊，於世途多落落不合，經傳子史外，口讀手寫醫書數十巨帙，從俗之請，僅刻成《金匱》、《傷寒方論》、《本草逢源》、《温病條辨》。晚年欲續《醫統正脈》，擬其目録交式誨，屬其續刊；顧其目頗襍流俗，爰易《楊氏太素》、《病源》、《素問識》等書，原目無者。余嘗有志醫學，先年曾贈余渭南重刻武進鄒澍《本草經疏》三種。鄒氏號稱唐本草，師尚古法，不墜南宋以下窠臼①，嚴氏高尚，可以卜矣。余著醫書二十餘種，專駁《難經》之亂古法、創新診。余撰醫書，不設市；君亦深《長沙》、《千金》，而不行醫。或有嘲余者，吾撰書，志在醫醫，而不醫

---

① 窠臼：「窠」原作「窩」，據文意改。

病，於時能讀古書、識文理，舍君其孰與歸？宋朝猶留心醫籍，詔儒臣校醫書，至今林校《素問》原本獨存，其餘《傷寒》、《金匱》、《甲乙》、《千金》、《外臺》，宋校十不存一，蓋宋校牽纏文字，俗醫惡其害己而盡去之。宋校序曰：「惜乎！唐令之①列醫學，付之執業之流，而薦紳先生罕言之。去聖已遠，其術晻昧，是以文注紛錯，義理混淆。以至精至微之道，傳之至下至淺②之人，幸不廢絶，爲已幸矣！」竊以自唐迄今，儒醫已高立其幟，遑問其六經六緯爲儒林秘密哉！《素問》「上經」、「下經」之明文不啻十餘見，經文别無以上下名篇者，惟《易緯乾鑿度》上下經兩相符合。六相僦貸季③、鬼臾區、岐伯、少師、少俞、伯高。教授黄帝，雷公受命黄帝以傳世；教者演六相之文，受者惟一雷公而已。雷公七篇，每於上下經三致意，凡陰陽、雌雄、先天、後天、太過、不及、損益，皆《易》説也，而揆度奇恒，比類從容，尤於上經三朋、下經五中提綱挈領，此新發於硎，百變不易者也。《詩》篇多少，皆有精義：《周南》十一篇，以配五運六氣；《召南》十四篇，以配二十八宿；《檜》、《曹》各四篇，《靈樞》九宫八風，《周南》、《召南》、《檜》、《曹》四風屬人，人以九爲制，除成數之五，以四起數，良馬四之則應《魯頌》，五之應《商

---

① 之：原脱，據四庫本《黄帝内經素問》林億序改。
② 淺：原誤作「賤」，據《黄帝内經素問》林億序改。
③ 季：原誤作「理」，據《黄帝内經素問》卷四改。

頌》，六之應《周頌》，五、六爲天地合數，《金匱真言》論歲星、熒惑、填星、太白、辰星，以五星爲標準，《鄘》、《衛》、《王》、《秦》、《陳》，《詩緯》五州之中是曰地軸，是《詩》五運；師説六合之内不離乎五，《春秋》「隕石於宋五」，「六鷁退飛過宋都」，五、六者，天地之中和也。六氣者，乃《邶》、《鄭》、《齊》、《唐》、《魏》、《邠》之師説也，六氣之説，六年當得七十二月，六詩七十八篇，盈六篇，以爲閏。三陰三陽即《易》六子三女三男之比例，《邶》長女《巽》，於天爲溼；《鄭》屬長男《震》，於天爲燥；《邶》廿篇，《鄭》二十一篇。《齊》、《唐》屬中女中男，二十三篇，不足者一焉；《齊》十一篇，《唐》十二篇，《齊》、《唐》爲中氣。《魏》、《邠》屬少女少男，少者不足①。每詩七篇，取《邶》、《鄭》之有餘，補《魏》、《邠》之不足，故取《邶》、《鄭》之首五篇連文，別一局。酌盈劑虚。此《詩》説與《易》相通之實證。緯書爲至聖秘記，故劉歆惡其文而顛倒之，至宋歐陽氏請除《正義》緯候而極。天學三經，《易緯》幸保全，《詩緯》四種殘脱已甚。每慨《詩》學不昌，浸淫毛傳朱注，全以史事依附經文，與緯候四始五際星宿之説幾判天淵。考《内經》、《天元玉册》等文，直如乾坤《文言》，王啟玄注引用《易經大傳》者至緐且多；一旦改醫籍歸入儒林，使老師宿儒服膺研究，其於醫學闡揚尚矣，其經學直抉玄微，字字得實，其功豈有量哉！君博聞強記，幾於過目成誦。當時與友人私語，謂余號經學專家，凡讀經首先成誦，吾能暗倍誦十三經，試設法以較優劣；余素

① 「少者不足」四字，似當作正文。

健忘，知其語深中余病。人稟受皆秉於天，使余好深沈之思，天復假強記之識，今日成就，不當僅此。學業偏重，辜負良友，然思之思之，鬼神通之。野人獻曝之忱，不敢自惜，爰舉一時偏見，以作《家傳》，付式誨登之家譜，以見吾兩人神交云。

君卒於戊午八月二十五日，年六十四歲。清封文林郎，晉奉政大夫。妻氏祝，清封宜人。無出，以其從子式誨嗣。孫真善，孫女貞煒。

何君俶尹六十壽序

日本醫書多唐本，有唐《千金方》原鈔本，僅僅保存一卷，信爲希罕之珍。日本康賴撰《醫心方》三十卷，右書必合一轂三十幅，以爲繼《千金方》與《翼》而有作也。《千金方》與《翼》，前人以皆孫氏作；《千金方》與《翼》重複十之五六，孫氏一手所作，不應雷同至此，查古今以翼名書者必非一人作，即原序所引《孔子翼》、《太玄翼》等書是也。顧前人以爲孫氏合作。《醫心方》有《千金方》，而《翼方》則絶無引用者，豈其書未行日本與？何其相懸至於此極也。《醫心方》首卷引《千金方》張湛條「血脈有浮沈弦緊之亂」，至今宋校本作「寸關尺」三字；考唐真鈔本，往往與《醫心方》合，而不與宋校合。蓋《醫心方》爲宋太宗時卷子本，直存唐本之舊，不雜北宋以後校語。考北宋糾纏《難經》，唯唐真鈔本不雜《難經》片語隻字，以是知真本之可貴也。《難經》至唐末大行，然真本密記猶不言寸關尺，故三字《醫心方》自始至終全未見引用也。吾友何俶尹先生初習申、韓，歷至大幕，民國後棄而習醫，用時診而有心得。壬戌春，余索醫案，答以未遑録十餘事，以求記録。一、葉婦孕九月，患熱煩，治未愈，胎動，奔漏。始延先生診；脈浮大而數，左關弦動，奔血多，胎已不動，除增水行舟，無他法。因以大劑滋水和肝，令日服三帖，死胎果下，調血清肝而愈。一、朱婦溼温重證，他醫以五積散鈔熨，汗洩熱留，轉見搐掣。延先生診；脈浮大弦數，肝風已動，乃主羚角，加入辛涼甘淡，以息風透表，阻於他醫；踰日重視，仍用原方。病後覺喉中多礙，周身奇癢，方以大補氣血，月餘愈。一、戊午大風，内鬱濕熱，外襲涼風，大都變證。馬幼梅之姪虛羸，得此證，發熱惡寒，身顫如風狀，寸浮，右關濡數，祛風舒筋通絡而愈。一、梁納川妻患咳頭痛，醫以辛温，不效，脈虛，改用温補，病反加。延先生診，斷爲寒風裹熱，如青龍證；以麻杏石甘湯加瓜貝竹茹，一劑而表邪去，改用清肝養陰而愈。一、周敘卿妻，患氣喘咳嗽，初醫照冬温例，不效；改醫，謂下虛上喘，補劑，病益重；後以黑錫丹三錢鎮納之，幸，未愈。其脈浮而浮緊，知爲外邪束縛；主以青龍湯，兩服愈。一、庚申夏時疫，患陰寒霍亂者最多，非温熱大劑不救；半月疫氣改變，其證如前，其有伏暑挾風亦多，文殊院僧患此者十餘，脈沈細而遲者，治以熱藥，皆效；其他脈象如異，投以桂苓甘露飲加減，或藿、朴加甘，寒淡滲分利，投之輒效。若泥陰寒誤人，尚可言邪？一、辜雲如之妾，過期而經水不止，誤服破血藥，遂大崩不止，延先生往視；但崩由攻伐，病人原不虛，擬方一二劑，血漸少；其友另薦一醫，服四逆湯；服後肝陽上逆，七竅壅塞，水漿不入口三日，其子備後事。復延先生診，先用吹藥開喉，繼以解熱毒藥，喉漸開，能灌藥一二調羹，至三日目動，半月始言。滋陰調氣，年餘而復常。以上摘録七事，足見先生以救世活人爲念。先生今年初晉六十，他日可紀者尤不止此，請即執此爲先生壽，並爲他日預祝云。

集外文

廖平 撰
楊世文 校點

校點説明

廖平一生著述甚多，除收入《六譯館叢書》者外，尚有若干刻本、鈔本傳世。此外，還有不少文章見於晚清民國時期報刊雜誌、他人著作、文集者。如四川學政譚宗浚集尊經書院諸生課藝，刊爲《蜀秀集》八卷，廖平所作《爾雅舍人注考》、《六書説》、《史記列孔子於世家論》、《五代疆域論》、《兩漢馭匈奴論》、《滎波既豬解》、《月令毋出九門解》等文皆收入其中。兹廣搜博採，輯録廖平遺文四十八篇，編爲《集外文》一卷。這些著作有的作於早年，有的成於晚歲，有的討論經學，有的涉及政治，有的屬於友朋贈答，有的辯駁學術，反映了廖平各個時期的學術思想，是研究廖平的重要參考材料。

目録

滎波既豬解……七一九
士冠禮以摯見於鄉大夫鄉先生解……七二二
月令毋出九門解……七二五
廛無夫里之布解……七二八
爾雅舍人注考……七三〇
蜀典舍人爾雅注校勘記……七三〇
六書説……七四六
一象形……七四六
二指事……七四七
三會意……七四七
四形聲……七四七
五轉注……七四八
六假借……七五〇

史記列孔子於世家論……七五二
兩漢馭匈奴論……七五六
五代疆域論……七五八
論尊孔……七六〇
論立德立功與立言之分……七六二
三五學會宗旨……七六四
優級師範選科學堂第一次畢業訓詞……七七〇
子書出於寓言論上……七七二
子書出於寓言論下……七七四
五行論……七七六
歷禮篇……七七八
大學十圖……七八五
經傳修身本末圖一……七八五
說八條目圖二……七八五
三在一君二臣表三……七八六
人天物格知致表……七八六

十目十手圖……七八七
北堯五際五人……七八八
附《易》爻分南北圖……七八九
齊詩六情説……七九〇
絜矩六矩圖……七九一
三皇三才圖……七九二
五帝五方圖……七九三
附尚書末五篇圖……七九三
大同學説……七九五
書陰曆陽曆校誼後……八〇五
〔附〕陰曆陽曆校誼　名山吴之英撰……八〇七
經學改良表……八一一
詩經國風五帝分運考……八二三
左氏春秋論……八二五
春秋孔子改制本旨三十問題……八二九
與康長素書……八三二

〔附〕答廖季平書　康有爲……八三三
再與康長素書　癸丑六月……八三五
評新學僞經考……八三九
覆劉申叔書……八四三
廖宋同致章太炎書……八四四
廖平先生十五人之條議……八四七
代廖季平答某君論學書　曾上珍……八四八
代廖季平答某君論學第二書　金銘勳……八五二
代廖季平答某君論學第三書　廖宗彝……八五九
史記無其德而用其事説……八六五
會典學十要……八六八
游峨眉日記……八七一
麗矚亭詞序……八七九
冷吟仙館詩餘序……八八〇
陸香初目録學敘……八八一
讀甲乙經跋……八八二

中外解剖學説異同互相改良説……八八六
西醫以往之境界……八八六
西醫將來改良之境界……八八七
中外合通之境界……八八八
全體推究其極之境界……八八八
氣血二管即中國榮衛陰蹻陽蹻説……八九〇
五海圖……八九三
肺肝氣血管圖……八九四
珍廷唐先生八十晉一讌集序……八九五
邑侯廖公芷材德政頌……八九七
清旌表節孝誥封宜人李母孫太宜人墓誌銘……八九九
祆教折中目録……九〇二
重訂六譯館叢書總目……九〇九
書札一通……九一五

滎波既豬解

滎波確是二水，林氏引《周禮・職方》豫州「其川滎雒，其浸波溠」爲證，説雖晚出，其義甚精，與班、馬、許、鄭均合。近人以林爲宋人，遂頗攻擊之，是不求於經指，而惟門户之是争，而不知此固漢儒之説，特申明於林氏，未可非也。《説文・水部》「潘」下云：「潘，水名，在河南滎陽。」引吕忱曰：「播水在滎陽。」《釋文》、馬注：「滎播，澤名。」《水經注》引闞駰注同，謂滎播皆澤名也。則潘爲本字，播、波皆段字，江氏《尚書集注》云：「《説文》云在滎陽，則與滎澤同處，自是滎潘之滎，故不從馬、鄭作播」云云。是波字原有水名之舊訓也。且如胡、閻、蔣、高、江、王、段、孫諸家力主爲一水，然其所據以詆林氏，不過《史記索隱》誤文鄭注一條，及馬注、孔疏而已。今按《職方》豫州曰「其川滎雒，其浸波溠」，州與《禹貢》同，水名與《禹貢》同，則其州、其川浸固即《禹貢》之舊，而《職方》凡川浸各異水，九州所言皆同一例。蓋同在一州，不能以一水爲川，又以爲浸。此固禮經之大例，絶無可改釋者也。《職方》滎與波對文，川浸各異，以文理推之，以九州例之，則固不待《説文》以下諸説，而波之爲水名，已絶無可疑者矣。鄭氏注《尚書》，又注《周禮》。《尚書注》已佚，《周禮注》尚存，二書皆有滎波之文。《尚書注》雖未見其詳，而《周禮注》則尚可考。《周禮》川浸萬非一水，鄭注所深知，斷無以一水解之之理。然《職方》故蹟，漢末已不盡可詳，其注之例遂不一。楊紆注云「所在未聞」，此全無所見者也。「滎」下云「滎，充水也，出東垣，入於河」云云，此目見其地者也。「波」注云「波爲播。《禹貢》曰：『滎波既都。』」此目未見所在而名見於經也。鄭以滎澤目見其地，故注之甚詳，與《尚書注》同。此皆專釋滎水者也。「波」云讀若「播」。《禹貢》云「滎播既都」，此不詳波所在，而舉經以證。蓋以釋波水之詞，而《尚書注》佚之者也。鄭《周禮注》既不言波與滎同，又不言波水所在，可見絶非波與滎同爲一水。而《書》、《詩》正義所引鄭注釋滎之詞云：「滎，沇水決出所爲澤也，今爲平地，滎陽民猶謂其處爲滎澤，在其縣東。《春秋傳》閔公二年，衛人及狄人戰於滎澤，此其地也。」此專釋滎之文，與《周禮注》同，而波水之訓則已佚脱，當亦與《周禮注》不甚相遠。而《史記索隱》引作「民猶謂其爲滎播」，此原爲字誤，有《詩》、《書》正義所引可證，而諸家因此誤「播」字，遂謂鄭注此條係共滎波釋之，原本一水，即此可見。不知《索隱》誤文，何足爲據。且《尚書注》佚其下所言，皆不可考，而《周禮注》則尚存，又安有所謂以爲一水之解哉？且馬注云「滎播，澤名」，原以滎、波皆爲澤名，非謂「滎波」爲澤。故《春秋傳》及鄭注、杜注皆云「滎澤」，不云「滎波澤」，此尤可見原不作一水也。是其所括據鄭、馬之説，只足以爲二水之證，而不足爲一水之證。且即佚鄭注不誤，馬説果以滎波爲一澤名，注家之説不可與《周禮》争，況乎馬、鄭亦皆如《職方》之説，而《説文》又有明證。即杜注、僞孔、闞駰、吕忱、顔師古等説皆以爲二水，可見周秦下至魏晉，皆以爲二水。今以孔疏、《史記索隱》之説爲主，一則誤解馬注以求合，一則據誤本鄭注以相難，試爲發其覆，而二條亦皆不足爲證，則其當爲二水，固不待煩言而解者矣。且江氏《書集注》不仍胡、閻諸家與全、錢合，而毅然據作澤之本，而不用作播之説。江氏好古尤癖，而於此不據誤注而從林氏之説。蓋歷觀《説文》以下諸家及《禹貢》、《職方》文義，深見其例當如是。林氏雖晚出，而實古義；近人所稱古説，實是後起之解故也。學人氣習苦不平心，如閻氏《疏證》發六證以攻僞孔改人之失；而波之讀播，是本鄭義，同爲一説，出於鄭則尊之，出於孔則詆之，與夫甯據誤字而盡反《職方》經説而不顧，皆爲賢者之過也。平心相較，恐二水之説精確矣。《蜀秀集》卷一。

士冠禮以摯見於鄉大夫鄉先生解

段、顧諸家，於「鄉大夫」、「鄉先生」謂皆當作「鄉」，是矣，而所以解之者，則未碻。《經義述聞》堅執作「卿」，而不知其説之不可通也。經以「士冠」名篇，一士之冠，事至微末，必無因此往見國君之理。上文「君」字，萬不可作國君解。若果作卿，則君、卿大夫相聯成文，君必屬諸侯。豈以一士之冠，亦如趙文子見君之次，偏見六卿也乎？諸家誤解「君」字，而區區於鄉、卿二字閒爭長短，故迄無定論。蓋嘗因士無冠而見君之理，悟君非國君字，愈悟鄉大夫之鄉非卿字。《士冠禮》無見父、見賓之文，諸儒疑而未得其解，賓乃加冠，有不可以不見之理，若父則必見。今冠後見母、見兄弟、見姑姊，而獨不及父，殊無此理，而經又他無明文。蓋上文「見君」即「見父」也，「君」字「父」之段字耳。按《説文》君从尹从口，尹篆作𠚣，與父同部；父篆作𠂻。尹訓治，从又丿；又，手也，丿象所握之事。父訓矩，从又卜；又亦手，丿象所舉之杖，从手象有握舉之形，於六書皆爲指事。蓋二字實本一字，因後人承用各别，遂長短其畫以異之。許氏舉杖握事，因其後之形而爲之説，其初固是一字，故君从尹，父與君皆通也。又諸家之説泥君作國君，以承用之久，習而不悟耳。又見君、見鄉大夫、鄉先生後，乃醴賓，均一時事，君必屬父，其義乃合。若君果謂國君，使稍遠，則非數日不能了，醴賓不大遲乎？《易》「家有嚴君，父母之謂也」，謂父爲君，碻爲此君字的訓。見君，謂見父也；見鄉大夫、鄉先生，謂見州長、黨正及鄉中老人爲鄉大夫致仕同時來觀禮者。此亦如昏禮召鄉黨州閭，此固鄉閭閒事，非謂奔走朝右之謂也。古者皇后、公侯、君父等字，託名標識，於六書皆爲假借，非製字之始即以專屬君父。故《説文》云：「君，尊也，从尹。」發號，故从口，不以屬之帝王。而父爲家長率教，尊而發號與君同，故父可名嚴君，而亦得段君代之也。《賈子·大疏下》：「君之爲言考也。」按父没偁考，則生之得偁君，又何疑乎！《儀禮·喪服》：「妾之事女君。」注：「女君，君適妻。」是適妻得偁君。又「君母之父母從母」，注云：「君母，父之適妻也。」母尚可以偁君母，則父之偁君，尚可疑哉？他如《後漢·寇恂傳》注云：「君者尊之偁也。」《書·君奭》傳云：「尊之曰君。」《莊子》「其遞相爲君臣乎」注：「時之所賢者爲君。」雖屬别訓，然可見古者君字訓詁不一，非如秦漢以來專屬帝王也。王伯申據趙文子事，定鄉大夫爲卿。按文子冠時已爲卿，見晉君六卿，其意蓋就冠禮之意而推之，若士則但見父及鄉大夫、鄉先生，必不能見君與卿大夫，不得援卿之禮以例士。段氏誤解鄉大夫爲在朝大夫，爲《周禮》之鄉大夫，而又疑其實非大夫，不得不創爲同鄉而仕至大夫之説以相救。使知君爲父段字，則直以鄉大夫爲州長足矣，又何必更爲此矛盾之説哉？盧文弨《龍城札記》「士冠禮無見父之文」一條，謂子不得爲私敬，父不便答拜云云，皆求其故不得而爲之説耳。使知君爲父段字，何至如許費辭哉！冠禮萬無不見父之理，萬無往見君之事，故定君爲段字，可以補經文之闕，而區區卿鄉之辨，可無容矣。《蜀秀集》卷二。

月令毋出九門解

字之本義有爲假借所蝕翳，雖以漢人猶且不得其説者，如「九」字是也。《禮・月令》「毋出九門」，鄭注於路、應、雉、庫、皋之外，加城門、近郊門、遠郊門、關門，雜湊九門之數。按天子路、應、皋三門，諸侯路、雉、庫三門，今去應門，取雉、庫，不知天子無雉、庫也，況路、皋乃親朝之地，初非禽獸所游之處，毋出何待言邪？而遠郊、近郊之有門，亦無他證，則鄭説非也。《吕覽》高注以天子十二門，除東之三門爲九，平時東方三門亦禁出葯，仲冬則凡門皆禁，故言九門，東三門不待言，經故從省，頗能自圓其説，王氏引之引下九門例駁之，不足以破高説。然不免失之太巧。究其實，則肊揣之詞，湊合增減，不足據也。王氏引之據世室例，以爲城南面三門，東、西、北各二門。經之所九門，謂天子城四面之門，且引魯城門爲證。案《考工記》云：「旁三門。」是十二門之説，經有明文矣。世室之制不可以例城門，諸侯之制不可以例天子，其説亦惝怳無定。考之事實，皆有難憑。竊謂解經須令字字確實，方爲的解。諸家之失，皆在過泥「九」字，遂以假借没其本義，無怪不能通也。《説文》：「九，陽之變也，象其屈曲究盡之形。」此下應申明制字本義，不爲記數意義，乃更醒豁。《列子・天瑞篇》云：「一變而爲七，七變而爲九。九者變之究也。」《易乾鑿度》同。按今通行數目字，本義元不如此，皆後人假借用之耳。即如一七九皆象陽氣之形變，至九而止，故字即象其氣之究竟，則陽氣究竟，即字之本義。天數終於九，而次序適當九，遂借爲九數字。又《廣雅》云：「九，究也。」《白虎通》云：「九之爲言究也。」人每怪其義不經見，而不知《月令》即其本義之僅存者。他如《列子》、《春秋繁露》亦云：「九，究也。」承用既久，凡其本義可考者，皆以他義解之，此則末流之失也。仲春之月，諸門皆禁，不可以數言，故謂之九，謂凡門盡皆不出，非指不出之門數也。季春命國難九門磔攘，季冬命有司大難旁磔，鄭注曰：「旁磔於四方之門。」按九者，旁之變文。旁者旁達，九者究竟，皆謂周徧四方之謂，即此亦可證九之爲究。《易》天之數終於九，地之數終於十。經傳言數之窮者多舉十字，人有知之者，如「聞一知十」之類。至於以九爲窮究，則知之者鮮。不知十爲地數之終，亦如九爲天數之終，正無可分別也。猶幸藉《廣雅》、《白虎通》之遺言，得以考見其説。諸經之可以相證者，如《易》之「乾九」，《書》之「九族」，《公羊》之「叛者九國」，《論語》之「九合諸侯」，亦皆九字本義。經傳本義亦甚多，今略舉以發其例。九爲陽極，《易》言九取其變，則九固不作數目解矣。《書》「九族」，僞孔以高祖曾孫之子當之。按是時一人之身安得有九世俱存者，堯父且没，何論高、曾？經惟偁其子，若其曾孫、曾孫之子，恐亦不與堯同時。且祖孫父子，天倫之事，亦不得言睦。而歐陽、夏侯以爲父族四，母族三，妻二。父族不止四，母族不止三，妻族不止二，今割取以湊九者之數，豈堯於九者外便不睦耶？蓋史臣當日形容堯德，皆總括言之，族曰九族，姓曰百姓，邦曰萬邦，皆縱言其極。今必欲求九者之數，豈百姓、萬邦亦將一一指名耶？《公羊》僖九年「叛者九國」，宋趙鵬飛曰：會葵邱爲六國，會鹹牡邱皆七國，會鹹八國，此言九者，猶《漢紀》言「叛者九起」，惟不以九作數解，故無諸家穿鑿之失。《論語》「九合」，亦諸侯、萬姓、兆民之例，總言其會之多。桓會十二，今必去其三，以合九數，非也。諸家囿於俗詮，但知九爲數目，有不可通者，則各隨己意，增損雜湊，合其數目，不失之穿鑿，則失之游移，皆不能使經字精確。凡此皆昧於古義之過也。且以字音考之，九爲究竟，有糾聚之義。故究從九，《説文》「窮也」；勼从九聲，《説文》「聚也」。九與鬼聲相近，故九侯或作鬼。蒐从鬼聲，訓搜。凡此窮、聚、糾、搜，皆有終竟之義。觀於九字之音，亦可證九之爲究。且推而論之，大數多取成數約略言之，如百姓、千軍、萬民、兆民是也。而小數中之借用者，如一、三與十亦是。少者多言一，多者多言三與十。舉一反三，聞一知十，三思、三仕、三已、三復，《説文》指之數多不過三是也。其借用之不常見者，才二、四、五、六、七、八六字耳。若一見經傳數目字，則必求其數以實之，其失也豈不遠哉！今竊據《列子》、《春秋繁露》、《説文》、《廣雅》、《白虎通》之訓詁，取《周易》、《尚書》、《公羊》、《論語》之左證，一、三、十、千、百、萬之大例，以定九門之爲四方之門之總言，庶可免三家之失也歟！《蜀秀集》卷一。

廛無夫里之布解

《周官》「載師」職云：「凡宅不毛有里布。」鄭氏衆曰：「不毛，不樹桑麻也。」案宅而毛，例出絲枲，其不毛者，雖無絲枲，亦使出一廛之布以罰之，此里布之法也。「閭師」云：「凡無職者出夫布。」賈疏曰：「無職，即『太宰』『閒民無常職』者。」案閒民，如今車户、船户之類，例不受田，使之出布當貢，此夫布之常法也。里布警游惰，夫布以當貢，先王立法，皆有精意，若舉此以加市廛之民，雖戰國之君横暴，當亦不遂至此。考《周官》「六遂之野，其民爲氓」，「遂人」注變「民」言「氓」，異外内也。《史記·三王世家》索隱引《三蒼》曰：「邊人曰氓。」據此，則《孟子》所云「爲之氓」者，言邊人之初附者也。《周官》有以田里土宜安氓教氓之法，蓋邊民初附，必須田里安之，但所授或係荒蕪之區，宅無桑麻，或尚未授田，寄身傭作，當時厚斂，必有援引常例，因其宅不毛，而征其里布，因其身無職，而征其夫布者。夫夫、里本王政所不廢，惟王政寬大，加惠初附之民，使遂其室家生安之樂，遲之又久，然後以是加焉，則邊民之受惠，豈有極耶！此孟子告時君之深意，而後世招集流亡，未有不用斯道者也。《集注》解夫布不引「閭師」，而以「載師」夫征當夫布，非確實證據。其以廛爲市廛之廛，尤與正文不合。無論市廛從無征取夫、里之例，即使市廛無夫、里之市，何益於氓，而鄰國之民乃紛紛然歸嚮之也？且《孟子》何不於關市節彙言之，而乃於士農商旅後更言之？此有以知其必不然。蓋用舊注而誤，正不必曲爲朱子諱也。至「廛」字之訓，世徒知其爲民廛，在國左右，爲《周官》國宅，而不知國家設此所以處流民，而凡里居通可名廛也。許行自楚之滕，曰「願受一廛而爲氓」，與此節義同。夫氓去故國而占籍於吾國，先必有隙地以處之，否爾則奪吾民之田以與鄰民，鄰國之民紛紛然來，吾民亦紛紛思去，正以氓來爲慮，又何欲乎天下之悉來也？於此知廛之義不得盡以民廛括也。又「閒師」之「閒民」與「載師」「無職事」者有異，閒民非游手也，而夫征之罰，乃所以禁游惰耳。若閒民之夫布，則以當無物之貢，而非所以禁游惰，二者事同，而義各別也。

《蜀秀集》卷一。

爾雅舍人注考

張介侯以博雅之才，作《蜀典》十二卷，索隱鉤沈，左右通志，中卷《爾雅舍人注》，蒐羅較余、王諸家更盡。惜成書太速，又多肊記，舛譌時所不免。幽居多暇，汰其羼贗，目力所及，閒爲補綴，爲校勘記一卷。膚受末學，自知不敢望於張氏。然武威通儒，一得之言，或所取也。原注吉羽沙金，所當寶貴，横生短長，殊所不取，故從略焉。

蜀典舍人爾雅注校勘記

釋詁第一

按：此原書篇目，張氏於《釋宫》以下不注篇數，今補。

冢，大也。　輅，車之大也。冢，封之大也。

「輅，車之大也」句，見《荀子注》。引經當云「路、冢，大也」，小注「路，舍人作輅。」但引「冢」字，則輅爲贅文矣。

仇，匹也。　仇，相求之匹。《詩·關雎》正義。

此注孫炎語，今誤作舍人注。

紹、胤，繼也。　紹，繼道也。胤，繼世也。《春秋正義》、《一切經音義》。

允①宜用恭代字。《春秋》隱十一年《正義》引止「允」字一條，《一切經音義》八引《爾雅注》云「紹，繼道也；允，繼世也。隆，盛也，多也」，無舍人注明文。今以「允，繼世也」句與舍人注同，並其上句亦指爲舍人注者，非也。郝疏以爲舍人注，亦誤。

圉，垂也。　圉，拒邊之垂也。

按經文，此條當在「楨、翰，幹也」之後，張氏隨手綴拾，不依經文次序。今依經文訂之於後，而於此發其例焉。

果、肩、堪，勝也。　肩，強之勝也。

果、堪字當删。

泯、罄、殲，盡也。　殲，衆之盡也。

泯、罄字當删。

匿、蔽、竄，微也。　匿，藏之微也。蔽，覆障使微也。竄，行之微也。是皆微昧，不顯揚也。

---

① 允：即「胤」字，避清諱改，本條以下諸「允」字同。

《春秋》哀十六年《正義》所引止「匿，藏之微也」句。邢疏云：「匿者，舍人曰藏之微也。」下則云「蔽覆障使微」云云，蓋上句舍人注，下乃邢語，因連文誤引。

禋、祀、祠，祭也。　祀，地祭也。祠，天祭也。

禋字當删。

享，孝也。珍、享，獻也。　獻珍物曰珍，獻食物曰享。

按「享，孝也」二字①可删。

燠，煖也。　燠，温煖也。

此《釋言》文，誤録在此。

驛，傳也。《爾雅》本作「馹、遽，傳也」。　驛，尊者之傳也。

當作「馹、遽，傳也」，下小注「馹，舍人本作驛」六字，此條亦《釋言》文。

奭奭，躍躍。

《釋訓》文，即「赫赫、躍躍，迅也」，誤列於此，後復重出，當删。

① 二字：當作「三字」。

釋言第二

原，再也。舍人本作「𦓾」，音同。

「音同」二字乃陸語，非原文也。引之當云「陸云音同」，又脱注「釋文」二字。

庇、庥、茠，蔭也。庇，蔽也。茠，依止也。

按庥字可删。

琛，寶也。美寶爲琛。《詩正義》、《毛詩音義》。按《太平御覽》「爲」字作「曰」。

《詩正義》、《毛詩音義》皆作「曰」，不作「爲」。

縭，介也。舍人本作𦈡。𦈡，羅也。介，别也。《釋文》。

《釋文序録》引作注者，有舍人、顧野王。今《釋文》中或云顧，或云顧舍人，皆野王也。此條《釋文》既云顧舍人，則係野王，非犍爲舍人矣。張氏誤採顧説四條，今悉爲正之。

渝，變也。渝作𦘣。《釋文》。

張氏引漏此條。

䩞，姡也。䩞，擅也。一曰䩞，貌也，謂自專擅之貌。《釋文》。

「一曰」者，陸氏博采異義也。舍人原注只「䩞，擅也」三字。

釋訓第三

薨薨舍人本作「雄雄」。

此條顧注。

委委，佗佗。　褘褘者，心之美。《詩》云：「褘褘它它，如山如河。」

《釋文》「委委」下引舍人云：「褘褘者，心之美。」「佗佗」下云顧舍人引《詩》釋曰「褘褘它它，如山如河」。今合二舍人語爲一條，誤。

忯忯，愛也。舍人本云：「忯，渠支反。」

《釋文》此條亦作顧舍人，故引在郭之後。張氏既以舍人爲武帝時人，當時豈有反音？不思甚矣。

赫赫、躍躍，迅也。舍人本「赫赫」作「奭奭」。

與前《釋詁》末「奭奭躍躍」同爲一條，前誤出。

夢夢、訰訰，亂也。　夢夢、訰訰、熕懣，亂也。

此亦顧注。

繹繹，生也。　繹繹，穀皆生之貌。

張氏引漏此條。

籧篨，口柔也。　籧篨，巧言也。

　脱注「釋文」二字。

釋器第六

大篪謂之沂。　大篪，其音悲。沂，鏗然也。《詩》云「仲氏吹篪」也。

　按《詩》云「仲氏吹篪」，乃《御覽》引《詩》，非舍人原文也。

釋草第十三

眔，秫。　秫，黏粟也。

　此條孫炎語，誤引作舍人注。

粢，稷。　粢一名稷。稷，粟也。今江東呼粟爲稷也。《春秋正義》、《一切經音義》。

　按《春秋正義》引只「粢一名稷；稷，粟也」七字。《一切經音義》一引有下句，無舍人注明文，亦因上句誤引。

戎菽謂之荏菽。　戎菽，今以爲胡豆。《詩正義》、《邢疏》。

　《詩疏》引樊光、舍人、李巡、郭璞，皆云，「今以爲胡豆」，當小注。

莞，苻蘺。　《本草》云：白蒲一名苻蘺，楚謂之莞。《詩正義》。

按《詩·斯干正義》、《邢疏》引此條，皆以爲某氏，又舍人時未聞以《本草》注經。

菫，蒛盆。　青州曰莖。《太平御覽》。

莖當作菫。《御覽》九百九十八引孫炎云：「青州曰菫。」張氏誤以孫炎爲舍人。

莩，麻母。　莩，苴麻，一名麻母。《太平御覽》。　按《齊民要術》引云「莩，苴麻盛子也。」

今《御覽》引與張氏所引《齊民要術》同，無舍人字，當删。

蒠，杜榮。　杜作牡。《釋文》。

張氏本脱此條。

長楚，銚弋。　長楚一名銚弋。《本草》云：「銚弋名羊桃。」《詩正義》、《邢疏》。

弋當作芅。「本草云銚弋名羊桃」八字，乃孔、邢採《異義》，非舍人原注也，當删。

釋木第十四

椅，山樗。　椅一名山樗。《詩正義》、《邢疏》。

孔、邢疏皆無「一」字。

秋臧①槔頁綦。

---

① 臧：原作「藏」，據周祖謨《爾雅校箋》改。

秋當作狄。

櫬，梧者；樸，枹者。謂櫬，采薪。采薪，即薪。櫬，梧者；樸，枹者。櫬者其理也，樸者相迫附也。彙者莖也，如竹箭。一讀曰枹也。櫬名采薪，又名即薪。

「一曰」以下，陸氏采《異義》也，非舍人原文。

桑辦有葚，梔。

「辦」當作「辨」。

唐棣，栘。唐棣，一名栘。《詩正義》、《邢疏》。

小注脱《論語疏》三字。

楓爲樹，厚葉弱莖，天風則鳴，故曰欇欇。

脱寫經文「楓欇欇」三字。

釋蟲第十五

蜉蝣，渠略。蜉蝣，一名渠略。南陽以東曰蜉蝣，梁宋之間曰渠略，似蛣蜣，身狹而長，有角，黄色，糞土中朝生暮死，豬好啖之。

《詩正義》引舍人語，至「曰渠略」止，「似蛣蜣」以下乃郭注全文，邢疏引舍人注，後直録郭注，刊本誤脱「郭曰」二字，故阮氏《校勘記》「渠略」下云「當有郭曰二字」，張氏誤以郭注爲舍人。

螻，蚇螻。　一名步屈，宋地曰尋桑也，吴人名桑闔。《一切經音義》。

按《一切經》九引只「宋地曰尋桑也」六字，此係乃《廿五正理論》二十四注文，無舍人明文，今删。

螟蛉，桑蟲。　螟蛉者，桑上小青蟲也，似步屈，其色青而細小，或在草葉上。陸璣《詩疏》、《太平御覽》。

按《御覽》引陸、引舍人注，僅「螟蛉者」九字，別出陸説一條云：「螟蛉似步屈，其色青細，或在草葉上，土蜂取之」云云。今本《詩疏》引舍人注後，即接以「其色青而細」云云，故張氏誤以《陸疏》爲舍人注也。今從《御覽》所引正。

食苗心螟，食葉蟘，食節賊，食根蟊。　此四種皆蝗也，實不同，故分別釋之。今謂蝗子爲螽，一名蠶螽，兖州人謂之螣。《詩正義》、《春秋正義》、陸璣《詩疏》、《開元占經》。按《春秋疏》引舍人注：「食苗心者名螟，言冥冥然難知也。」

按：今謂「蝗子」云云，乃陸璣《詩疏》語，誤連及之。邵、郝引皆無「一名蠶螽」四字。《春秋正義》一條不當小注。

脱「釋魚」字。

鯉鱣。

釋鳥第十七

佳其，鳺鴀。　佳一名夫不，今楚鳩也。《詩正義》、《春秋正義》、《邢疏》。

鴀當作鴀。《詩》、《春秋》、《邢疏》引皆止「佳一名夫不」五字，又引「李巡云，今楚鳩也」。張氏誤以李説附舍人後。

鶌鳩，鶻鵃。　鶌鳩，一名鶻鵃，今梁謂之斑鳩。《春秋正義》、《太平御覽》。

按邢疏亦有，無「梁謂」二字。又《御覽》九百二十引《爾雅舍人注》云：「鳺鴀，楚鳩，今梁謂之斑鳩也。」《御覽》以夫不、斑鳩爲一鳥，與他本異，張氏不詳，亦疎也。

鵜，鴮鸅。

鵜一名洿澤。

《邢疏》作「鴮鸅」，又一條誤寫兩行。

鶨，鶪；老扈，鴳。　鶨一名鶪；老扈一名鴳，鴳雀也，主趣民取麥，不得晏起也。《春秋正義》、《邢疏》。

按鶨一名鶪；老扈一名鴳，鴳雀也。《邢疏》、《春秋正義》皆有「主趣民取麥不得晏起也」十字，獨見《春秋》昭十六年《正義》，與下「趣民收斂，令不得晏起者也」同爲一條。考《正義》作「趣民收麥，令不得晏起者也」，此引衍「主」字，訛「取」字，脱「令」字、「者」字。

下引謁「斂」字。二條實皆非舍人本文。《正義》云「舍人、李巡、孫炎、郭氏，皆解鷂一名」下有原本，云云，唯樊光異。下條乃賈疏。孔疏謂舍人、樊光注《爾雅》，其言亦與賈同。此條當刪。

鶬，周；燕燕，䴏。《詩正義》。

《詩正義》引舍人云：「鶬，周名；燕燕，又名䴏」又引孫炎曰：「別三名。」故《邢疏》括二家之意云：「孫炎、舍人以鶬、周、燕燕、䴏爲一物三名。」邢所謂一物三名者，即《詩正義》所引，非別有鶬、周、燕燕、䴏一物三名之原文也。《邢疏》可刪。

怪鴟，謂鵂鶹也。南陽名鉤鵅，又作格。其鳥晝伏夜行，鳴爲怪也。又云鵅忌欺。《一切經音義》。按此條《俱舍論》所引，而《治禪病秘要法》引云：「一名怪鳥，一名鵂鶹，南陽名鉤鵅。」

考《一切經》十七《俱舍論》與廿《治禪病秘要法》一字不易，與張氏所引不同。按《邢疏》所引，亦與張同。考十卷《大莊嚴經》「鵄鵂」下「《爾雅》鵅忌欺」，郭璞曰「今江東呼鵄鵂爲鉤鵅，音格，怪鳥也，晝盲夜視」云云，恐因此誤。

東方曰鶅，西方曰鷷，南方曰𪀗，北方曰鵗。　釋四方之雉名也。《春秋正義》。

按經文序，南方曰翯，東方曰鶅，北方曰鵗，西方曰鷷，今誤倒。

春扈鳻鶞。　鳻鶞，趣民種樹也。《太平御覽》。

按《春秋正義》作「相五土之宜，趣民耕種者也」，《御覽》作「主五土宜穀種樹也」，皆與張氏所引異。又此九條專引《春秋》，下乃專引《御覽》，亦不當於此條先注「太平御覽」四字。

夏鳸，竊玄。趣民耘苗者也。

秋鳸，竊藍。趣民收斂者也。

冬鳸，竊黄。趣民蓋藏者也。

棘鳸，竊丹。爲果驅鳥者也。

行鳸，唶唶。晝爲民驅鳥者也。

宵鳸，嘖嘖。夜爲農驅獸者也。

桑鳸，竊脂。爲蠶驅雀者也。以上並《春秋正義》。

按：「以上並春秋正義」七字，當在下一條下。

老鳸，鷃鷃。趣民收斂，令不得晏起者也。邢引《左傳》九鳸爲九農正，以此八鳸並上鳸鷃爲九。賈逵注云云，舍人、樊光注《爾雅》，其言亦與賈同，故並録之。

按張氏所引此條，尤爲誤中之誤。經文鳸鷃、桑鳸，同在鳭鷯以上，石經乃以桑鳸篡入七鳸之中，邵疏删之，是也，不可以殿七鳸之後。又諸書所偁舍人與某某同，或舍人某某，皆以爲云云，實皆非舍人原文，引書者櫽括其大意而爲之説耳。如《邢疏》謂舍人謂巂周一物三名，即《詩正義》所引之説。謂舍人、孫炎與賈同，即下《御覽》所引之説。張氏矜奇炫博，歧收濫引，無所抉擇，殊乖求是之道。如謂舍人之注，字字如賈，則《邢疏》謂鳸鴳一條，唯樊光與舍人異，鳸鴳亦在九鳸之數。《邢疏》又謂樊光、舍人與賈同，豈不自相矛盾？今有原文者録原文，删其餘説，如無原文，始采他説，小注於下，庶幾不雜不漏云。又舍人本「老」字屬上，惟樊光始讀「老鳸」爲句，今亦宜删「老」字。

春鳸鳻鶞，夏鳸竊玄，秋鳸竊藍，冬鳸竊黄，桑鳸竊脂，棘鳸竊丹，行鳸唶唶，宵鳸嘖嘖，鳻鶞分循，宜五土之宜，趣民耕種者也。竊玄黑色，移民耘苗。竊藍青色，移民收斂。竊黄色黄，移民時，同依諸鳸爲節候也。《御覽》。

注「元①」字宜恭代，趣誤作移。按《御覽》九百廿三引作：「鳻鶞主五土，宜穀種樹也。竊元黑色，趣民芸田。竊藍色青，趣民收斂。竊黄色黄，趣民蓋藏。竊丹色赤，爲果驅鳥。行鳸晝行鳴，宵鳸夜行鳴。皆隨四時，同依諸鳸爲節候也。」所引「竊黄」上異七字，又從「蓋藏」起、「四」字止，脱二十三字，蓋刊鐫時鈔寫者誤脱一行也。

釋獸第十八

猶，　如麂。

---

①　元：當作「玄」，避清諱改。本段「元」皆當作「玄」。

誤留空白。

釋畜第十九

駮，如馬，倨食虎豹。　駮，多力獸也。《山海經》云：曲山有獸狀如馬，白身黑首，一角虎爪，音如鼓，其名駮，食虎豹，可以禦兵。《詩》云「隰有六駮」是也。

郝疏引只「駮多力獸也」六字，下「山海經」云云，乃玄應語，非原注。按此《一切經》九文，郝疏以爲《一切經》十，亦誤。

騉蹄，趼，善陞甗。　騉蹄者，溷蹄也。趼，平也。謂蹄平正，善陞甗者，能登山隒也。一云甗者阪也，言騉善登高歷險，上下於阪。秦時有騉蹄苑是也。

按：「一云」以下，乃陸、邢博采異義，非舍人原文。

馰顙，白顛。　的，白也。顙，額也。額有白毛，今之戴星馬也。《易》：「震爲的顙。」

「《易》震爲的顙」句，《詩正義》無，邢疏有，乃邢語也。如下「《易》童牛之牿」，皆疏語。

青驪，驎驒。　色有淺深，似魚鱗也。《毛詩疏》。

按：此條乃孫炎語，張氏誤以爲舍人。

駵白，駁。　黃白，騜。　按《詩正義》又引舍人云：「駵，馬名，白馬。」一引「黃白色，雜名皇」。

按：「騂馬名白」當大書，「一引」云云，《詩正義》無。

《七録》云：「犍爲文學《爾雅注》三卷。」按：犍爲文學即與東方朔同時待詔，詔爲隱語，被榜呼謈之郭舍人也。《西京雜記》言其善投壺，《爾雅疏》引舍人，《文選·羽獵賦注》引作郭舍人。

按：舍人名氏，自漢至唐，載籍皆所不傳，諸家謂之郭氏，實無他據，因李善《選注·羽獵賦》引舍人注有郭字，遂以受榜之郭舍人當之。考《文選注》所引實有四條，使李善本原有「郭」字，則不當獨見此條。賈思勰、酈道元、陸璣、陸德明諸家在李善前，皆不傳其姓氏，則李善「姓郭」之説初何所本？又善注果有「郭」字，孔穎達、司馬貞、徐彦、釋玄應、徐鍇、邢昺、李昉豈皆不讀善注者，何以皆不言其郭姓？可知其原本實無「郭」字，「郭」字乃後來刊本誤衍。蓋《選注》引《爾雅》多用郭璞注，傳鈔時因《爾雅》，遂誤衍一「郭」字，故他條無之，獨此一條有也。存而失删，漸生異義。後儒如宋、錢、邵、郝、孫、張諸説，皆惑於誤本《選注》而斷其姓郭，使《選注》果有「郭」字，尚爲孤證不足據，況衍字乎？

陸德明言所注《爾雅》闕中卷，故自《釋訓》以下、《釋草》以上並無一語見《釋文》諸疏，惟《齊民要術》引《釋器》一條，《水經注》引《釋水》二條。賈、酈二人著書在前，必見全本也。

此條語取裁王氏。按所云只賈、酈三條，後著述門《釋訓》以下《釋草》以上引《御覽》

二十條，《文選注》一條，合二十四條。書出一手，前後二卷，矛盾如此，殊所不解。豈摭拾王氏，未暇覆檢歟？又《隋·經籍志》於此書注「亡」字，《唐·藝文志》不著録，而《釋文》但云「闕中卷」，與二書不合。《御覽》所引諸條，他書所無，必採自原書。又疑全書北宋初尚有存者，然《釋文》云「闕中卷」，而諸疏亦無一語及中卷者。豈其書當時遺佚，至宋初始復出歟？

右二條乃《蜀典·人物類》中語，今坿訂於此。《蜀秀集》卷二。

六書説

一象形

古未有字，聖人見蹏迒之可别識也，因而制字。有是物，然後有是字，如圖畫之肖物，故謂之象形。如日、月、牛、羊等，見字而即知其字爲何物是也。然有以字象物，字遂專屬其物者，如山、水、犬、馬之類，段氏所謂實字者。有以字象物，而字不專屬其物者，如八、夭、交、文之類，段氏所謂虚字者。無論虚實，皆象形也。段氏以實爲象形，虚爲指事。夫八、夭等之爲象形，許有明文，今因其字隨在可以移用，遂謂之指事，追論其本，則又不得没其象形之實，是合二者而溷之也。使果如是，則保氏當日但立象形一門足矣，何必再爲指事，以困童蒙乎？則指事不誠蛇足耶？且六書之分，在制字之時，不在用字之後。如用字則實可作虚，虚可作實，不可詰究矣。推段氏之意，如山水之專爲山水，則係象形，上則隨事皆可言上，故爲指事。夫上固不可以爲象形，然其所以爲指事者，豈因隨在可偁之意哉？西爲象形，而凡物之西皆得言西，是可謂之溷指事乎？東爲會意，而凡物之東皆得言東，是又可爲指事乎？不求指事之所以異於象形，及會意、形聲而必隸事者何在？就一二字虚實間而妄爲異論，吾未見其當也。至其以子丣字爲指事，尤爲誤中之誤。今申明指事之例，不使混廁，則許氏象形之指自明。

二指事

段氏之溷指事於象形者，以未詳指事二字，故於許書多背。今按：指如指畫之指，所謂記識是也。一爲形，指其上則爲丄，指其下則爲丅，丨丨即手畫之痕跡，所謂指也。無聲無義，而字之義即此可見，故謂之指事。他如指馬之足爲馬馵馽，指木之上中下爲末朱本，指手之執爲叉叉乂，皆此義也。指事之字，多由象形字生出。蓋以是字象物，而物有别義，不能即其字而見，則就其字加一二畫以見義，而義終不出其本字，故許氏謂之可察可識，其字有斷斷非諸條所得隸，而必歸指事而後合者。學者不明於此，其於指事之恉猶晦也。段以象形之虛者爲指事，於一二三字皆注云指事，一但存一形，二但存二形，初何嘗有指字義。大抵指事似合體象形，但合體象形，合二字爲一字，義與原文異，此則具從原字生義，是其異也。又似會意，但所指一二畫不成字，會意則兩字皆成字者。段氏未明乎此，故其説多誣也。

三會意

四形聲

二條從無異説，段注所云，亦爲愜洽，故從略。按段注立十七部韻，以繩許書所有之字，遇有不合，則或删聲字，或補聲字。古者聲音義訓兩不相離，有聲即有義，而取其義亦未有不取其聲者，其所不合者，或古讀失傳，或傳寫譌字，或南北方音，總不必過爲拘泥。今因不合而删聲字，安知古即如今之不合？因其合而補聲字，則凡會意多兼形聲，又補不勝補。苟深明乎音訓之原則，固不必如此紛紛也。

五轉注

轉注一法，言人人殊。許君自序曰：「建類一首，同意相授，考老是也。」孫愐云：「考字左旋，老字右轉。」戴仲達《六書故》、周伯琦《六書正譌》别舉側山爲阜、反人爲七之當之。徐楚金則就考字坿會，謂祖考之考，古銘識通用丂，於丂之本訓轉其義而加老，注明之。鄭夾漈《通志略》又妄分建類主義、建類主聲、互體别聲、互體别義四事。楊桓《六書統》則謂三體以上，展轉附注。湘潭曾公《文集》則以省形字爲轉注。諸家皆就形體言，雖不無出入，可知從前師法本來如是。戴東原創爲互訓之説，段氏株守師傳，無所參更。今考其説曰：「轉相爲注，猶互相爲訓，老注考，考注老。《爾雅·釋詁》有多至四十字爲一義者，即轉注之法。故一字具數字之用曰假借，數字共一字用曰轉注」云云。竊意六書皆以立教也，保氏於國子，既教之會意之老，則老之訓焯然知之。既教以形聲之考，則考之字焯然知之。而復合考、老别立轉注一門，以重申疊究，不已贅乎？況「創，傷也」，「傷，創也」，「裼，但也」，「但，裼也」之類，同意相授矣，不可謂之建類一首。而考仲子之宫，老實不足以盡考。楚師疲矣，考亦不可以代老，又何説也？且謂《爾雅》皆轉注，則混於假借。何以言之？初、哉、首、基，哉者言之閒也，不得轉注爲始，始則才之假借也。錫、畀、予、貺，錫者鈏也，不得轉注爲賜，錫即賜之段字也。此段注承戴氏之誤也。按小許一條，讀「注」作「染注」之「注」，謂字相染注而生。竊謂論轉注者惟此條明暢，與許書之恉合，足以證諸説之譌。其意以注書中以五百四十字爲建類，從一至亥爲建首，凡从某之字皆从某，爲同意相授。如木部以木爲建類之首，而凡木屬皆依序林列，故謂之同意相授。如病流注，始只一處，後轉相傳染，流注周身，皆原一注是也。六書之例，前四類爲作字之序，此則網羅諸字，使之分部别居，而下假借一條，則又用字之變也。鈕氏《段注訂》、許氏《鑑止水齋文集》皆主此議，誠塙論也。段氏不明此議，解注爲注疏之注。夫注从水主聲，原取貫注之義，《詩》所謂「挹彼注兹」，當爲本義。後人取以作解疏之名，乃段義也。豈西漢以前即有此義哉？段氏此條誤承師説，於下「假借」别立「引申」一門，朱氏駿聲因攻其「轉注」一條爲贅，又見其「引申」一條無所歸屬，思移補此條之闕，遂嘩然指許氏爲誤，謂當改原書爲轉注者。體不改造，引意相受，令、長是也。假借者，本無其意，依聲托字，朋來是也。其論以一意之貫注，因其可通而通之，爲轉注。一聲之近似，非其所有而有之，爲假借。就本字本訓而因以展轉引申爲他訓者，曰轉注。無展轉引申，而别有本字本訓可指名者，爲假借。論雖精妙，然其所謂轉注，實即假借之一門。今就假借中强分一類爲轉注，則假借之説强而轉注没，是六書只有五也。使其説而當，吾猶將非之，況其舛謬如此哉！然則其師心妄作，改許書以申己説者，皆段氏驅之也。使於轉注從小徐假借，不立引申一門，朱氏雖欲自立異，亦何所起其隙哉！吾故曰朱氏之過，段氏成之也。

六假借

此條許書既已明白，故異説較少。段注於象形、指事殊失淆亂，轉注株守戴説，猶有可議，獨於此門條例注語，言言精當，至「假借必須同部」一條，尤發前賢所未及。獨於六書外别立引申類，以假借中之所謂有義歸之，而以其無義者始歸假借門，則猶囿於俗説。朱氏駿聲《説文通訓定聲》一書，自謂爲轉注、假借而設，見段氏之轉注隣於可删，而引申之條則無所隸，遂以段氏引申補其轉注，以假借之有聲、有義者歸轉注，有聲無義者爲假借，而爲之説，且改考、老二字爲令、長，令、長二字爲朋、來。夫講許書而改原書以申己説，固已爲有識者所不取，而朱氏之言曰，轉注、假借數字供一字之用，而必有本字；轉注一字具數字之用，而不煩造字。今改朋來二字爲假借，則朋來之本字爲何字乎？如以友麥等即其字，又安見乎君上等字不爲令長之本字耶？考許書以令長二字爲假借標例，二字下並無注，其注於朋來等字下者，則又有説可通。竊謂凡字之非本義者，即爲假借，初無有義無義之别。蓋凡假借必用同部，音同即義同。經傳中借字指不勝屈，許作書時，聲音訓詁之道無人不知，故不必細爲之注，而其義自明，於其最晦者隨手注釋一二字，如朋來等，是標題之令長，人所自明，故不爲注，非謂必如朋來始爲假借也。又古人解釋多用同聲字，如「乾，健也」，「坤，順也」之類，蓋同聲即同義。如哉、才、胎之訓始，彬、邠、班之訓分，重、宏、降、同、雄、濃之皆有隆大意，蕭、小、渺、少之皆有蕭條意，一聞其聲，即知其義，未有段其聲而無其義者。不然，古人豈有取一絶不相干之字以相代者哉？許書「依聲托事」四字本當合讀，以見義與聲同之例。但古讀不皆可考，南北方音又復淆雜，必一一求合，徒勞脣吻。今謹分爲二類，立依聲類，以有聲無義者歸之，如段之假借、朱之假借是也。立托事類，以有聲有義者歸之，如段之引申、朱之轉添是也。不背許書，亦合時義，殊爲允協，庶不致如段之添引申而七，與朱之合轉注而五也。苟詳其備，則段之原有三：有後有正字，先無正字者；有本有正字，偶書他字者；有承用已久，習譌不改，廢其正字者。假借之例，有同聲者，有疊韻者，有雙聲，有合音者，四者皆以聲而異者也。又有八例，如同聲通寫字，託名標識字，單辭形況字，重言形況字，疊韻連語字，又聲連語字，有語助之詞，有發聲之辭。總之，假借之字誼不在形而在音，意不在字而在神，神似則字原不拘，音肖則形可不論。論假借而不通此四源十二例，與夫音字形神之妙，猶未備也。《蜀秀集》卷三。

史記列孔子於世家論

《史》列《孔子世家》，是之者司馬貞、張守節也，非之者王介甫、李濡水也。竊謂《索隱》、《正義》之説未盡善，而王、李二家則全非。王氏之説曰：「仲尼之才，帝王可也，何特公侯。仲尼之道，世天下可也，何特世家。」推其意，蓋必諸侯而又得世家之道者，乃倆世家。信斯説也，秦、項諸侯也，何以歸之本紀？韓、彭、黥、魏諸侯也，何以置之列傳？陳平之陰謀，陳涉之發難，五宗三王之背逆，皆非保世之道，又何以皆入世家與？況世家之例，創於太史公，其位置自當不至矛盾。又李氏謂史欲尊聖人而反小之，其倆孔子處亦陋。謂《史》爲陋，然《左》、《國》所載亦止如此。至謂以諸侯尊孔子，夫孔子之德不僅公侯，無人不知，豈博雅如史公者乃至是哉？史公不自云世家之爲諸侯，後人不知其意之所在，因而誤會之，且從而譏之。嗚呼，何其妄也！今欲明孔子所以列於世家之意，必先知史公所以謂之世家之意。竊意史公創爲本紀、世家、列傳三例，其分處在勢、年二字。攬勢之大者謂之本紀，閱年之久者謂之世家，勢不及本紀之大，年不及世家之久者，謂之列傳。本紀多屬天子，然非如黄屋左纛，非天子不得用，故昭襄、項羽非天子而倆本紀，孝惠雖爲天子，政非己出，不立本紀，而以屬之吕后，但論勢也。世家多屬諸侯，然非如分封錫土，非諸侯不得用，故蕭、曹、張、陳食數邑而爲世家，韓、彭、黥、陳控地數千里，不能歷久，退之列傳，但論年也。自《漢書》以本紀專屬天子，并世家而存列傳，讀書者循末忘本，反據班氏以攻史公，謂昭襄、項羽、吕后不宜曰本紀，孔子、陳涉不宜曰世家。以後世之史較校①之離合，然郢書燕説，無乃爲史公笑乎！《孟子》曰：「仲子齊之世家。」今人倆能世其業者謂之世家，皆因世世保有其家而倆之。《索隱》必云記諸侯之本世。夫諸侯言國，大夫言家，既曰世家，則不專指諸侯，必以世家屬諸侯，則孟子所云「齊之世家」，抑以陳仲子爲諸侯耶？史公時孔安國爲博士，史公從問《尚書》而師之。孔子去史公數百年，代有偉人，如世家所記，至安國修先人之業，爲西京大儒，漢廷華胄，皆不之及。史公遠溯聖人之光輝，近瞻老師之絶學，列之世家，蓋以紀實，安有所謂假諸侯以尊孔子者哉？史公非不尊孔子，特不假此虚名以相炫耀，使如俗説，則當列孔子於本紀，與所謂素王之説如合一轍矣，然史公豈爲之哉？或曰管、晏、蔡、范、趙、李之輩，其子孫在漢，未嘗無顯者，其不得爲世家也何故？曰：世家之敘孔子也，由孔子、伯魚下及邛、驩十五世，詳敘其名字年貌。而其中最顯者，如子思作《中庸》，子慎爲魏相，鮒爲陳王涉博士，子襄爲孝惠博士，遷長沙太守，安國爲今皇帝博士，至臨淮太守，其人皆有學業功勳，不墜其緒，故其詳可得聞。他則或一二世，或四五世而止，或已絶而復興，或此詳而彼略，或名字之失考，或年貌官階之無徵，惟

① 較校：疑衍「校」字。

孔子歷數百餘年，而賢嗣克守其緒，此《史記》中絶無僅有之事，故史公表而出之，彼管、晏、趙、李輩烏得以相例哉！曰陳涉之後不顯，其亦得爲世家者何也？曰：此世家之微而難見者也。孔子於他處不言所以列之世家之故，而於此獨發其例，明乎此而他可推矣。考官之令人守冢也，皆其子孫。史云高祖時爲陳涉置守冢三十家，碭至今血食。其所謂至今血食者，即能世其家之變文也。上既加恩陳涉，則其子孫必有顯達者，因不甚隆貴，故不之及。夫至今血食則爲世家，信乎其但言世緒，而不在藩屏。史公以其義難明，故發此例。知乎此，而孔子列於世家了然矣。彼司馬貞、張守節囿於以世家爲諸侯，依附影響之談，無惑乎攻之者衆也。曰：班史去世家，而史公孔子以下世家盡歸列傳；孔子以下可改爲列傳，安見孔子之必爲世家？曰：世家、列傳固無甚大異者也。周用封建，如魯、齊、晉、宋數十主，數百年，不能以列傳之法行之，故史公創世家之例以紀之，有不得不爲世家者。孔子歷年之久，如諸國，故孔子次焉。陳涉以下倣孔子，又次焉。漢世無魯、齊、晉、宋歷年久遠之諸侯，《漢書》但紀漢事，人不過數世，年不過數十，故不必用世家之例。有世家則世家與列傳異，無世家則世家與列傳同。《史記》之例，則固不得援《漢書》以相難也。曰：魯世家，孔子亦世家，毋乃蹈以臣逼君之嫌乎？曰：惟以世家屬諸侯，則有此失。夫紀傳並無等級之差，故周爲本紀，而秦與之同，漢爲本紀，而項與之同，安見魯之不可與孔子同爲世家哉？況夫父子尚且同傳，則君臣之同爲世家，又何嫌也。曰：或謂史公逆知後世必加崇封，故置之世家，或更謂置之世家，有勸時君急加褒崇之意,何如?曰:是亦與尊之之説同。夫人之尊人也,必度其所尊者之才與德,而所以處之之地,更不敢苟。孔子之材,豈僅諸侯?田氏之逆臣,陳氏之戍卒,以孔子置於其閒,污已甚矣,乃曰尊之,設不尊孔子,更當置孔子於何等?況管、晏、老、莊皆史公所推崇者,何不置之世家?不止此也,伯夷、顔子、孟子更史公所心服者,何亦不移之世家也?因尊之説不通,又變而爲逆知崇封,勸加褒崇之説,謂史公自變其例以尊孔子。夫孔子之崇封,在唐宋之後,史公何得逆知?況此不過時君之意,孔子初不藉是尊,而何須勸誘?大抵世家之例,史公但取能世其家者居之,非以辨等差,非以別賢否,非以貢諂諛,非以勸時君。後人求其説而爲之辭,此説不通,又爲他説,取給於口,而不安求於心,膠執其末,而不推究其本,紛紛議論,無一是者。使早知世家但以年計,又何喋喋若是哉?願以告天下之善讀史公書者。《蜀秀集》卷四。

兩漢馭匈奴論

《前後書》言馭匈奴者，採綴宏富，本末詳贍，宏綱大義，無以加兹。竊嘗於披讀之餘，默思夫匈奴之所強弱與漢所以勝不勝之故，因悟所以制匈奴之法，其事若極細，而所關乃甚鉅，而竊咎高祖之不能謹於其初，遂使子孫困辱若此。東漢反其道而用之，而匈奴因亦遂弱也。古聖王之制夷狄也，嚴烽火，慎守備，乘高據險，使其力足以勝之，無事則異言異服有譏，不使外夷潛入内地，即有貢獻，亦限其時日，嚴令有司護送出境，不使其潛滋蔓伏，得窺便利，以煽惑吾民。而又明慎賞罰，使罪人不得淵藪外夷，以爲中國閒。雖有冒頓之雄，不諳虛實，不熟地利，又邊屯重兵，足以震攝其心智，縱有邪志，亦將遏抑而自沮。今夫前臨大海，烏獲氣阻，而漁者游焉，南阻泰山，孟賁色變，而樵者樂焉，非漁樵之勇於烏孟也，習也。今使匈奴視中國如平地，亦如漁之於水，樵之於山，焉得任其意之所至，此豈計之得哉？高祖以匈奴爲念，宜遣良將帥重兵，屯要害，塞匈奴出入之路，以嚴守備，匈奴自不敢近塞。韓信者，失職臣也，當其徙邊，嘗有不平之色，自當爲之謀，乃使之與匈奴近密相結納，日夜教以便利，盡陳漢之不足畏，以啟匈奴輕漢之心。後率衆北降，導匈奴出以與漢争，而所率賓客吏卒，復以攻戰之具導訓匈奴，使皆精鋭。嗟乎！平城一戰，華夷交兵之始也。萬乘親征，中國至重之事也。三十萬衆，半天下之兵也。高祖豈不知始機一敗，後將不振，而其所以輕進受困者，亦以夷人視之，謂其必不出於詭計，而豈知韓信輩能教之哉？然則高祖困圍，吕后辱慢，漢之受制於匈奴者不在遠矣。厥後文帝授以中行，武帝授以衛李，衛律、李將軍。而匈奴之趍便利，狡獪桀驁，更遠出尋常萬萬而不可制。不然，匈奴初固蚩蚩禽獸耳，投以陷阱而不知避者，今何遂如此敖黠哉？俗或以東漢誠服歸功武帝。夫窮兵深入，匈奴雖耗，中國亦衰。及遭新莽之亂，天下愈困。光武既能挽弱爲強，則匈奴承順，豈原武帝哉？嘗觀建武之初，單于悖慢，自比冒頓。光武雖能掃蕩群雄，平定宇内，亦每爲之下。迨至南北分庭，卑禮奉承，有如子弟矣。而後嘆匈奴之所受困於中國者，亦如中國之受制於匈奴也。武帝不世出之君，衛霍有大將之才，當其統軍出塞，每致水草斷絶，道路迷識，諸軍失度，士馬疾疫，匈奴自戰其地，得盡所長。故區區匈奴，傾天下之兵，竭天下之力與之争，終不能使獻子納貢，待罪請朝。光武因其内亂，拔南單于而立之，使其盡心爲我用。平日則分其險阻，習其技藝，抵瑕偵隙，敵無遁情。故北部危懼，不能自安，一有緩急，漢兵雖出關外萬里，如在境内。南部導之與鬪，匈奴盡失便利，漢得兼其所長，以蹈所短。每一用兵，輒遭敗覆，遂漸至微弱。漢假南以制北，北敗，南愈不敢肆，此東漢之所以能制匈奴也。匈奴之有南單于，亦如漢之有韓信，衛、李所謂腹心之疾者也。夫匈奴得韓信，雖高祖不能與之争；漢得南部，即一賓憲服之而有餘力。兩漢勝負之機，全在於此。君子觀乎匈奴所以受制於人者何故，即可以得制之之法，讀史者勿謂其事已細，而敺逐謀臣於敵人也。《蜀秀集》卷四。

五代疆域論

五代疆域之隘，其大端有二。後唐以前，莫急於舉巴蜀，而失在得蜀而旋失。石晉以後，莫急於逐契丹，而失在割燕雲而不能復。夫汴雒四達之區，無屏藩之險以自固，此必亡之道也。蜀居天下之上游，順流以瞰東南，則可舉楚，扼險以窺西北，則可窺秦隴，故得蜀而建瓴之勢成。若夫契丹强悍之虜也，得十六州以進圖中原，岌岌乎有不可終日之懼。爲天下主者，不能掃穴犂庭，復漢唐之舊疆，則國危。以萬乘之君而受制於犬羊之長，則威褻。國危威褻，而群雄並起，以乘王綱之墜，帝制自爲者指不勝屈矣。則欲出兵以勤遠略，吾恐契丹之議其後也，故計莫如逐之。五代君臣，偷安一隅，畫疆自守，忘天下之大計，昧形勝之要樞，而兩失其道，其不能混一天下也，不亦宜哉！夫善用兵者，制人而不制於人者也。爲五代疆域謀，莫如先取巴蜀，次江南，次嶺南，次幽燕，而後及於河東。何也？江南雖云割據，然自楊、徐以來，類多賢主，以休兵息民保其國，生聚完，文教興，猶有彼都人士之風，固未可以驟得志也。而王、孟之世，驕淫侈肆，曾無遠謀，挾中夏之全力以震之，則其勢易舉，蜀舉而吴楚之魄已奪矣。昔者秦滅晉，晉滅吴，隋滅陳，必先舉巴蜀，揚帆以擊吴之腰脊，兵不勞而迅若疾風之掃葉者，得勢故也。雖然，嶺南劉氏積惡已久，民怨已盈，是不可以旦夕緩，故次之。且夫乘易舉之蜀，而坐收吴楚之功，所以養兵威也。爲天下主而急攻取其暴，所以蘇民困也。迨至兵鋭民豐，然後昔之乘中國之亂，闌入塞内以壞天下之大防，而義之所不容隳者，不得不逐之，以復吾禹甸矣。蓋契丹之據幽燕，急攻則易，而緩圖則難也。其主素居朔漠，未必真有利天下之心，而唐之遺民猶有存者，何嘗不日夕翹首以望王師之來？若遲至數十年之久，則人習於夷，不知身爲誰氏之民，將晝地爲契丹效死，而中國之術窮，故又次之。若夫幽燕舉，則河東失左臂之援，入飛狐天井而夾攻之，師無待於再舉，又勢之所必然者也。五代之君，逆取逆守，得數州之地而欲已盈，其疆宇之促，固不足怪。乃藝祖以神武之姿，廓五代而一天下，雖有鑒於此二者，卒不能反五代之轍，以復燕雲之舊，則仍昧於疆域之大較，無惑乎不數傳而有南渡之禍也。歐陽子蓋逆知之，故《職方》之考，舉五代與諸國並列，而於契丹三致意焉，非無謂也。嗟乎！人主當分争之世，不諳疆域之大勢，而自削其土宇，甘言重勢以媚敵者多矣，夫豈獨五代之疆域爲然哉！《蜀秀集》卷四。

論尊孔

嘗調查東西大高中小各等學堂科目，與吾國頒定章程，大同小異，獨經學一科，爲吾國所獨有，是經學爲全球有一無二之絶業。吾國獨生至聖，爲天下萬世師表，乃有此至精至美之祖學。惟聖門相傳，微言大義，東漢後失其傳。古文家以六經雜出於古史，文周魯史又爲舊解所誤，遂視爲空疏無用，所以疑經考經，不但外國《經學不厭精》等書而已。祖學已亡，何以立國。考東西學堂，皆本國祖學爲根本，而以各科學潤澤之。歐美之宗教、日本之神道、武士道，何能與吾至聖相抗衡？然諸國敝帚自享，即國粹以覘國之強弱。鄙人譾陋，未嘗游學各國，然讀《東遊録》、《湖北師範講義》，其名人宿學每云吾國非無學者，無人物也，非無學問，未能歸之實際有用也。又云：「積理之研究，探奥之哲學，於支那之學術，寧患其多，唯其不足者，則利用厚生之道。」又云：「古來支那人於世界之舞臺所成事業，如何偉大。試回顧之，以振興貴邦人飛躍之志，信非難學也。」又云：「貴國古代文明與印度同，不可棄，是所以要研究也，弟亦欲研究之也。」又云：「東洋道德、西洋工技，合之始成，賢者當合併東西，陶鎔一冶。」又云：「道德莫尚大聖孔子，大定之日，必風靡東西矣。」此皆中國之所自有，見推於日本者也。若日本雖采歐美之制度，合於本國者用之，不合於本國者在所不取。故講義言，如歸國辦教育，萬不可株守伊國，必彰明本國舊有之祖學，以起其忠君愛國之心思。故必祖學昌明，而後人心乃能愛國，愛君，能公，能武，能實，以徐圖強。此保國保種之道，專在發明祖學。苟不以祖學爲根本，縱各科學極其精深，所謂盡棄其學而學焉，楚材晉用，其患彌大。現在學生，每謂中國無一人可師，無一書可讀，詬詆經學，至成風氣。所以朝廷特頒尊孔一條，使學界不至惑於歧趨，蓋因有不遵孔之邪說，陷溺人心，毁傷國體，所以特頒旨以挽其弊。願與諸君舍舊維新，獨尊孔經。夫至聖，中外教宗統領，彰明國學，正不妨借用其法，篤信孔子，亦如歐美各國迷信其宗教，凡與孔子爲難邪説，如董子所謂不在六藝之例者，屏絶不復道，然後學堂乃能收實效，吾國乃能獨立於競争之世界。《四川學報》一九〇七年第五册。

論立德立功與立言之分

傳曰：「三王不同禮，五帝不襲樂。」凡立功、立德之古帝王，所行之政，皆必因時制宜。開國之初，進化最速，數百年而一大變，數十年而一小變，甚至一年一變，如今學堂然。一學期必改良變進一次，又如西人之電學化學，凡十年以前書，皆爲過時之物。且當草昧之初，並無記載。如非洲、澳洲、黑蠻、中國之猺獞猓玀，並無文書載記可考。大約中國在堯舜後，乃有史策可稽。使當日古史果存，亦如《黑蠻風土記》，所有古帝王，亦如亞力山大、華盛頓、拿破侖爲一時梟雄，使其亦有史書，一如《列子》、《莊子》所説芻狗糟粕，此古之帝王立德立功，凡孔子以前之堯、舜、禹、湯、文、武、周公，皆是也。如周公者，自西漢以上所有諸子百家但言其行事，而無其立言作經之説，《論語》「天將以夫子爲木鐸」，「反魯然後樂正」，又「百世可知」，故空言立教，爲孔子獨創之派。八股家言孔子急於求官，欲行道於當時。《論語》明言「子奚不爲政」。至於是邦，必聞其政。蓋立言之聖人，專爲垂法後世，爲天下，不爲魯國，爲萬世，不爲當時。蓋《春秋》爲中國之孔子，《尚書》爲全球之孔子，《易》、《詩》最大，原始要終，與天地相終始，爲其立言，乃能日月無踰，有此美富。無論當時行魯衛之政，即有王者位，皇帝之事，形隔勢禁，且不能行，何況上天下地之絶業哉！自劉歆與博士爲難，乃援周公以抵制孔子，周公爲先聖，孔子爲先師，六經爲史。近儒龔定菴以六經皆爲古史，魏默深疏擬復周公爲先聖，退孔子爲先師。此種邪説，皆與尊孔之旨相抵牾。且朝廷於孔廟極爲尊崇，凡大小學堂皆立至聖牌位，以示崇拜之意。故學者必明經史之分，立德、立言、立功之所以不同，而後經尊；經尊而後尊孔之旨乃得發達。故凡與尊孔相難之邪説，上悖祖宗之功令，下乖世界之定理，學者當視爲洪水猛獸，深惡而痛絶之者也。西漢以前，經傳諸子皆稱周公之行事，如《荀子》大儒、《孟子》兼戎狄、驅猛獸，其尤明著者。東漢以來，儒者之説則以《易》、《詩》、《書》、《禮》、《春秋》皆爲周公作，與周公之凡例，甚至《周禮》、《周髀》與《爾雅》皆以爲周公作。周公立言，孔子遂無所事事，並亦不可言木鐸矣。《四川學報》一九〇七年第五册。

三五學會宗旨

中國學界普通、專門各臻絶域，所有政界，既非草野所得言，隨時變更，尤非歷久不變、傳後無窮之道。故本會專以發明祖學爲特色，於新經俟後之義尤詳。至於惟關涉大同與本會交涉者，加以論説，凡屬常談屑事，不盡登録。

六藝以道德仁義爲皇帝王伯宗旨，中學小康，師儒舊有發明。至於皇帝大同之學，瀛海未通以前，無所附麗，郢書燕説，不免削足適履之弊。本會以大同爲主，因取《詩》「三五在東」之義，名曰三五，即《周禮》三皇五帝也。

舊以義理、音訓爲經學，通人皆以經爲古史，自先野後文與精進維新大明於中外，不惟海外别有崇奉，中士群以廢經爲慮。不知專主俟聖，則西説反助我張幟。故本會特主六藝，以統括中外各學。

經與史别，史爲芻狗陳迹，經則空言垂教，以爲百世師，故由先野後文，知典謨之非古史。世界五洲，出海爲陸，各有先後。大約亞先出數千年，而後歐、美出，而後非、澳出。今之海外而可知。大約非、澳如堯舜以前，歐、美如春秋以前。春秋疆域，不出三千里，軼文瑣事，文明不遠於歐美，則典、謨安得更詳美於王伯。即如井田一事，必俟大同後貧富黨之論定乃可行。

土圭三萬里，必俟南北兩極皆通，然後有此測量。故經傳所言，不惟非古史，且非今日所能行，必俟數千百年，乃可全見施行。故不惟今之西學全爲經義所包，即由今改良精進，再加千百年，亦不能外。使録報章，多考《周禮》以證時事，不過一鱗一爪，然即此可見經學關涉時局，爲中外總歸，必不可廢。

地球之説，見於中國古書，近人言之詳矣。專就經中推比，則群以爲閎誕不經。不知鄒衍海外大九州九九八十一者，即《周禮》九畿、大行人九州之外爲蕃國師説。伏讀高宗純皇帝《周禮義疏》大司徒土圭地中御案一條，已專就西人地球立説，以赤道、黑道分寒暑，不獨鄭注賈疏之大地三萬里。四游升降，以成四時，神州地動，爲合於西人，故於經中言地球，採西説，爲恪遵祖訓，篤守師法，知古知今，爲經學大例。如以爲離經畔道，不惟不考注疏，且顯悖天語矣。

自海禁開通，公理著明，文明程度，皆先小後大，既以文明，無再變爲蠻野之理。師儒舊説，乃與公理相反。皇帝王伯迭運，乃先大後小，典謨遠在三代前，決不能美備如此。故近人以《尚書》皇帝之説，爲史臣粉飾虚詞，決無其事，雖得實理，然較芻狗糟粕之説，尤爲酷烈，所以中外皆主廢經。不知堯舜三代皆指後來，所謂後之堯舜，法夏、法殷、法周之王者也。故實理先野後文，經義則先皇帝後王伯，此爲俟後專例也。孔子以後，中國由伯而王，自今以後，乃由帝而皇，以倒影之法讀之，所以爲新經。

經傳政治，有爲今日中外所以通行者，有必須數千百年後乃能見之行事，此當今通人每以西政證《周禮》，通其可通，其時未至，所當闕疑。大約中外時務，政治家皆統於行人，五書象胥同文，即語言文字，利害治亂，不止爲今日地球而言。中國舊有儒釋道三教之説，祆回等皆爲《周禮》十二教，分方異宜，歸入土俗。至於經旨，則以皇帝王伯爲大例。六經非一國一時之私書，乃天下萬世之政治。舊專就中國一隅言六藝，所謂未睹宗廟之美，百官之富。

近來師範儕六藝於各學，於倫理、政治、歷史、輿地、文字、體操外，别言經學，則不過西人美術而已。祖學不明，學業愈精，去道愈遠。故庠序每云中國自古無一可讀之書，留學諸生，動爲風潮撼移，主持教化者欲挽以祖學，不知義理音訓，久爲上下所鄙夷，何能回其心思？本會特主新經，以泰西文明比於中國春秋以前，經中政藝皆以泰西爲基礎，而加美備，祖學實爲精良，庶足以維繫人心，發興國勢。

大同之學，中書至爲詳明，未至其時，多有誤説蒙蝕。西儒立此學派，無所宗主，因之流爲思想家。不知孔子爲古之大思想家，三皇五帝，墳典早已燦著，足爲百世師法。《詩》、《易》爲大同專學，固言無方體，易流附會。故先詳《周禮》、《尚書》，取其言皆徵實。二書尤以輿地一門爲首務，先就經中發明土圭輻員分方異名之旨，不惟中書從來難解迂怪諸説，皆得大通，所有西政、西藝、西教、西俗，亦足徵證經傳，庶足同一中外學術焉。

祆教主天，久爲中外搆難，宗教不能大同，何況政治。本會以主天爲經學基礎，至聖以前，中國實爲天主教，凡聖經皆從一天，加以三本，然後袄教得以大明，足以饜服中人之心，而宗教亦當有進境，必須因時改良，方臻美備。

西漢博士專門經學，由經以推政藝，所謂簡而能溥。當時名公巨卿，功業炳著，專經之學，見於史册，最爲良法。六經爲中國獨有之絶業，無上之祖學。本會於海外學堂章程，以六經分立六學，所有政治、輿地、修身、倫理，皆以經統括之。如《禮經》改譯鄉射大射，以鎗彈代弓矢，於《春秋》以荆、梁、徐當非、澳、南美。當今時務比於大《春秋》，左氏不以空言説經，然名爲當時事，實爲俟後而言，所有典章制度，多爲後法。故時務之學，尤以《左氏》爲總歸。讀經傳一葉，勝於時人千百卷。

莊子以子家爲方術，分方異教，六家所以象六合，九流所以合九疇，道與陰陽，爲皇帝專門，其餘亦多海外之學術，由風土而異，中國舊以一隅説天下，故多不得其解。自泰西專門之學立，而後古子之義明，如尸、列、墨、莊，重、化諸學是也。非西學無以證古子，非古子不足以統西學。子爲六藝支派，故經外於子學特詳，所以化諸異爲大同。

六家之道與陰陽爲《洪範》之皇帝學，聖人德行科之嫡派，故《周禮》、《靈》、《素》與《詩》、《易》獨詳歲月曆法。西漢先師，無人不言陰陽五行。七十子之授受也，惟就中國一隅附會，不免流入怪衍。本會借天譯地，同類異名，分方之大例，三才五行，全爲皇帝疆域。故陰陽即文武二后，五行即五土五帝。如醫家就人身比坿三五，全爲皇帝學，所謂同類異名。若專言治病，則不必强分名目，比坿五行。西人鄙中國陰陽五行爲虚談，故其醫法精絶。本會發明此旨。

三五以道德爲宗旨。道法天行，德主情性，大以治國，小以治身。《靈》、《素》爲皇帝專書，與《周禮》同爲古之墳典，故運氣之司天在泉，即地球升降之上下無常。内而五運，外而六氣，即馮相氏所學之十二歲、十二日、十二辰、十二曆法。蓋平天下，即五六各得其所統，爲天道之學。修身以祛疾爲主，原有道德大小之分，舊失其解。以運氣治病，六歲一周，致爲醫學障礙，不知五行即五帝，天、地、人即三皇，諸以大名篇，皆爲皇帝平治學。凡言一身者，爲大學修身明德，乃經傳之大法，非技藝之小言。今於其書分出皇帝政法，不言三五者，别爲醫學專書，相醫義本相通，相得益彰。

三五既新經提綱，凡其中所有名義，非著專書，不足以發聾振聵。本會仿譯書類編之例，所有名家新著，如《周禮皇帝疆域考》、《至誠前知考》、《新經俟聖編》、《經義由泰西改良考》之類書目數十種，前刊提要，將各書分期坿刊，以便續爲叢書。

本會以尊經爲主，凡古今經學之流弊，與微言大義，闡發尤詳。至於疑經、改經、廢經之書，如《經學不厭精》之類，詳爲辨論，立爲專門。修身明德之學，以《靈》、《素》爲正宗，故與《大學》同主心君，以性情爲明德之主，不僅衛生而已。至近世所謂心學，派演禪宗，與釋祆同爲宗教，非經義也。

中外智慧相易，學問宜歸大同。此時人自爲説，亦爲駁雜之最，非有千百年手眼，不能古今同原，非有至善盡美，不能折中一是。故本會意取兼綜，故宗旨不能苟同。《四川學報》一九〇七年第五册。

優級師範選科學堂第一次畢業訓詞

今日時勢甚棘，專望興學造材以保國，流弊所至，或以興學，而反對自攻，不且以學自速其禍乎？朝廷不得已，乃以尊孔標題，欲以挽潰涣之人心，定紛亂之學術。顧尊之必張明生知前知萬世師表之實義，初非黄屋左纛徒升爲大祀，遂足以使祖學張大，與外人相形，其氣不餒。我有我之專長，禮失求野，救文以質，原不必深閉固拒。但不可如扶醉人，顛倒失據。考世界亡國，必先亡學，諸強滅國，必先使習其語言，禁其土音，以絶其故國之思想。故今日本雖崇法歐美，去短取長，參以本國宜俗，自成爲日本特色。以吾國今日而論，外國雖未禁吾祖學，吾且重棄其學，而專法外人。比例以觀，滅國新術，豈不大可震恐！梁亡，鄭棄其師，豈非不待人滅而自滅乎？孔經之所以尊貴，中外之所以有優劣，三期之久，諸君當各有把握，無待贅言。惟願諸君將來仔肩教務，不背此意，使學者因愛學之心，推以愛國，不再如丐子拾得一錢，便自矜誇，拾人唾餘，起伏風潮，自相殘害。且不以富強爲文明。孟子云飽食煖衣，逸居無教，則近於禽獸。冒頓非不強横，回紇亦嘗醉飽。當今世局，蠻野不能自存，黑蠻爲人奴隸，論者以爲公理。方入學堂，遂以野蠻自詈其祖宗，其實數典固忘其祖，於外人亦僅詑其皮毛，而未嘗窺其堂奥，亦何取乎？總之，吾國非取法外人，不能自強，然非收拾人心，先不能成國。尊孔所以開通智慧，收拾人心，爲救亡圖存之要道。中外亡國，其先莫不人心散亂，自相屠殺，而後國隨以亡。不善學者，出新報，講民權，全不考察外國革命之前其景象與吾國不可同年而語，從風而靡。近十年來，吾國青年聰穎之士，罹此死亡者累百盈千，此輩皆一時之秀，圖保種國，别有良圖。使得諸君爲之師保，不使誤入迷途，翩翩英才，不得謂無當禦侮柱石之任者。人之云亡，邦國殄瘁。古之滅人國者，先間其將相，今之滅國新術，在收拾人心，去其英材。未來現象，何堪設想，誰實使之，誰實聽之？言不敢言，忍不敢忍，願諸君立志出而挽之也。《四川教育官報》一九〇八年第二册。

子書出於寓言論 上

諸子出於四科，流傳既久，不能同主孔子，遂取各學所近之古人以氏其學。道家之祖黃帝，法家之祖管子，兵家之祖太公，取孔子一人之學術分以屬之古人。後來古文家私淑其志，遂以孔子一人之六藝等書，屬之堯舜夏殷周三代之史官。前後約經數百人之手而成。《春秋》屬之魯國史官、外國赴告，國外先後大約亦經數百人之手。《儀禮》、《周禮》屬之周公與後來推行之官吏，《題要》言《周禮》周公始創之，後來推行之官吏屢有修改損益，亦經數千百人而後成此本。《詩·雅》雖出於朝廷樂府，作者姓氏其可考者數十人，至於《國風》，曠夫怨女、勞人隱士作，而名氏尤不勝縷數。此舉孔子一人之書，推而至於數千百人。故諸子之學，亦均寓言依託，以爲別有宗主，所謂推而遠之者也。諸子同出寓言，其同者十之八九，異者不過一二，流傳既久，弟子主張所短，力求別異，毫釐之差，其失不止千里，所謂道術分裂，與孔子南轅北轍。其末流好引孔子以爲重，名、法、墨、道、縱横、小説、雜家中，無不牽涉孔子。聖道廣大，諸家原在所包，乃其始也推而遠之，其後又引而進之，而其流弊，遂有不可深言者。即法家而論，信賞必罰，聖人所不廢也，流弊所至，傷恩慘刻，以屠毒爲能事，恐人之議其後，膚引經傳，以自解免，甚至捏造實事，以欺世誣聖，如韓非。名法本出政事科，書中引孔子言行而加駁議者，不一而足，所謂數典忘祖，變本加厲，是亦一道也。乃又有引孔子言行以自證其説者，如與魯哀公論春秋霜不殺草，及孔子爲司寇誅少正卯事。考孔子誅少正卯，與太公誅任裔華士，其説皆出於法家，嗣外別無表見。顧自立宗旨，牽引古事，與夫託古人以氏其學，情事正復相同。諸子寓言託古人以自行其志，成爲風氣，若莊蹻、盗跖詬諆孔子，晏子之阻尼谿，其人先後不同時，乃捏造事實，以自明己意者，往往而然。其在宋儒，概斥諸子爲誣辭，以爲師心自用，其於孔子，南轅北轍，子書所著，不足見孔子之真。其在清儒，篤信好古，以爲諸子皆有據，事既屬誠，爲聖人之累。以今觀之，既不能全以爲誣，亦不可概信爲實，如少正卯事，或且譏孔子弟子三盈三虚，與之争名挾憤，假《王制》「行僞而堅」諸語，殺以洩憤。夫不教而殺是之謂虐，《王制》數語，本有可疑，既有其事，罪何至死。竊疑《王制》殺字，當與《周禮》誅字同，所謂誅求降殺者，謂罪不至死，不能遂誅殺之。又如四凶皆放也，殺三苗於三危，殛鯀於羽山，與放流文異義同，實非殺之殛之也。亦如《春秋》之言褒貶，子目各有十數事，而以褒貶爲大名，貶統絶滅誅死卑諸目，及其大名，則均爲貶。援此以推，則《王制》殺字本爲深文周内，法浮於罪，義本可疑，而法家遂假借其文，製定少正卯罪案，因《王制》之疑義，快恩怨於斯須，厚誣聖人，以致爲世詬病，是均子書附會之失也。讀子者當舉一反三，論出附會，不可不詳研也。

子書出於寓言論 下

《論語》四科，文學專傳經。子路曰：「何必讀書，然後爲學。」蓋德行、政事、言語三科，其於六藝重之，弗若文學科，一若孔門六藝，僅爲文學科專書。後來弟子與儒者宗旨不同，又不善儒家，拘文牽義，故其末流遂至攻經，然此實非始師之旨也。何則？凡諸子兼出四科，始師本原相同，各有性情，以所近者爲學術，遂分爲各科，數傳以後，别家皆攻其所短，意氣所至，遂各主張偏駁，以其所短爲長。逮及日久，遂至大分，不可復合，如名家之「白馬非馬」是也。以字學論之，顔虞歐褚，其源皆出於北碑，真正古搨，彼此相同，不甚可别。亦如諸子同學孔子，三傳同解《春秋》，本源莫不相同。後來摹寫，肄實難臻，學偏至易，欲求自立門户，遂以偏駁爲中堅，專以形似立異，冀求自别，求異愈久，其真愈失。是如歐顔圭角愈翻愈甚，門户雖立，精神全亡，豈不深痛哉！子書如孟、墨好辯喜攻，專務攘外，内治空虚，此均依艸附木者也。唐儒韓愈於道鮮窺，顧謂儒墨必能相用，於學術大源，甚爲有見。匠人據弟子末流之讏言，遂坐墨子以好名攻孔，則是墨子背本自私也。背本自私，尚得爲墨子乎？至列、莊詬病詆孔子，以爲辯僞立説之旨，蓋在存孔子之真。墨及申、韓亦均攻孔，蓋亦旨同道家，冀正儒家之誤解。夫儒家立説，雖曰師法聖人，實多不得本旨。凡諸家所攻，其創説之源，必與孔子相合，儒者偏其一端，故啓諸家之詰斥。執一自封，以儒爲甚，此誼既明，庶幾明徹源流，弗以諸子攻儒爲惑，否則彼此是非，毫釐千里，誣罔之談，徒生迷惑，不如删之爲愈也。《四川國學雜誌》一九一二年第四期。

五行論

九家有陰陽五行，西漢經師幾無人不講五行。如《洪範傳》、《素問》、《靈樞》其尤著。當時以中國爲天下，五行無所附麗，至流爲災異。如《漢書·五行志》，後儒頗相詬病。宋邵子別以五行爲五行。近來格致家襲佛書地、水、火、風之説，謂儒者所稱五行非原質，謂爲雜混，不明物理。一人倡，萬人和。綜考其事，蓋由不知「行」字之解，直以五行爲五原質，以爲不合化學，又漢師推衍災異，不免附會，遂群相詬病。不知「行」爲「天行」，謂招搖周流。《天官書》曰：北斗爲帝車，居中臨馭四方。蓋五行全爲五帝學，在天爲三垣四宫，在地爲五土五極。《周禮》之春、夏、秋、冬四官，本指斗建運行而言，古所謂太乙下行九宫，《靈樞》之《九宫八風篇》，宋人之所謂《浴書》是也。蓋以中合八方四正、四隅。則爲九，合四時則爲五。《周禮》爲三皇五帝之書，凡以五起例者，皆爲五帝分方説，全指天行道路，非以五行爲五物，謂此五者爲化學之原質也。五行爲方斗柄周流之數，即佛之地、水、火、風四大元行。近人以地質學考之者，釋典亦爲分方，北南水火，如《易》之坎、離。風地東西，風巽，艮山，雷風相薄，山澤通氣，東上西下各分。亦不專取原質，故經説言六合，又言十目、十手，佛言四大，四方。又言七大，合四官三垣爲七，即六宗加心爲七政。又言十方。合上下八宫爲十，即六宗合四隅也。《尚書·皇篇》羲、和爲天官、地官，司上下，四岳四帝，即春木、夏火、秋金、冬水，長夏之土，以天行從陰陽變四時，故五行爲五帝學。考古傳記言五帝有人帝，有五行星之精，五小天帝，三垣、四宫、五大天帝，於方爲五極，禽爲四靈、五蟲。所謂龍爲蒼龍之精，謂歲星與東方七宿。讖緯所云五帝，多指天帝而言。故《靈威仰》等爲五天帝之號。經傳全以五行一例，道而非器，神而非物，天人皆有五帝之説。秦漢之間，五州未顯，五帝師説，無所附麗，故多就中國一隅立説。漢師因之墮落災異，穿鑿附會，誠所不免。即如五帝終始運，以五運相王，本指五土之帝而言。北半球水德，南半球火德，東半球木德，西半球金德，地中土德。若中國一隅，無論古今，同爲木德，五土未顯，專就一隅言之。不知經傳之五帝德，本不指中國一隅而言，秦漢誤用，或以爲水德、土德、火德，皆以天下大同之説附會一隅，不知此全爲俟後而作。災異爲天學，必千萬年後程度精進，與鬼神通，然後可用。漢師以之附會時事，亦出於不得已，所謂無其德用其事者也。九流出於六藝，陰陽五行與道家出入，原爲《易》之師説，故漢師多喜言五行。此一大宗派，未至其時，不能顯耳。若化學、格致乃多識技藝之事，何得據此以傲聖神？西人所能，皆屬困勉，今人苟一鑽研，横生駁難，豈特蜉蝣撼大樹而已？中國非諸子發明不足以言經學，今當立陰陽五行家，以爲政法學之宗主，輯《周官》及古子諸説，以爲《五帝會典》一書，以爲將來所取法。中外駁議，儘可置之不議不論之例。《四川國學雜志》一九一三年第十號。

歷禮篇

昔孔子修禮，追三代之迹，曰：「夏禮吾能言之，杞不足徵也；殷禮吾能言之，宋不足徵也。」又曰：「行夏之時，乘殷之輅，服周之冕。樂則韶舞。」好古擇善，而後六藝成，此退化之説也。惟是先蠻野而後文明，實世界之公例。進化之論，經傳尤詳，試列舉以申其説。《論語》云：「先進於禮樂，野人也；後進於禮樂，君子也。」又云：「往者不可諫，來者猶可追。」由是而推極於神農之時，民知有母而不知有父。衛宣公上烝下報，齊桓公姑姊妹不嫁者七人，則《春秋》未作以前，其程度概可想見矣。

吾周舊來學者耑主退化説，大都謂禮事起於燧皇，禮名起於黄帝，伏羲之時，五禮已備。周公居攝，坐明堂，班禮天下，其事詳於《周禮》。自《螽斯》、《麟趾》化洽翔熙，何其隆也。既有此成蹟，宜乎蒸蒸日上，永遠不墜。何以時至春秋，諸侯犯法背義，臣弑其君，子弑其父，墨既歸喪於儒者，孟更無考於公田。下逮秦得兩周故地，與滿清繼明情事相同，壇坫宗廟、朝殿衙署，下至街巷，無改於舊。至於文書、名號、官制庶事，莫不因襲。嘗讀蔣氏《秦會典》，秦於兩周典章文物，九鼎而外，毫無所得。始皇統一天下，立制全採六國，而於兩周一無所聞，其有新法，皆出自齊魯儒者所條陳，不僅五帝德運出於鄒衍也。由兹以譚，則孔子非述者之賢，而爲作者之聖，益昭晰矣。

昔人囿於退化之説，虚尊二帝三王，以爲愈古地域愈廣，文明愈盛，故推至春秋，已爲末世，證以前事，足見其迷離惝恍。世界進化情狀，中外大同，如幼穉啼笑，爲壯者所必經過之階級。吾國三古之情形，正可借鑒於海外。今日之非澳土著，則吾國堯舜時代之比例也。歐美中一部分之草昧，則吾國三王時代之比例也。至彼都人士，拔類出群，精研學理，溥傳教宗，則與吾國春秋時人民程度最相吻合。此爲進化之新基，乃從前所未有。

故先文明而後野蠻者，此爲經説之遞降，爲孔子推極於大同之世，而想像其郅治之隆，勒爲成書，以爲後王法。而先野蠻而後文明者，此爲人群進化必不可逃之定率，實中外所同然。而進化之端，即起於禽獸，《禮經・喪服傳》云：「禽獸知有母而不知有父。」《傳》曰：「觸情從欲，謂之禽獸；苟可而行，謂之野人；安故重遷，謂之衆庶；辨然否，道古今之道，謂之士；進賢達能，謂之大夫；敬上愛下，謂之諸侯；天覆地載，謂之天子。」其所以爲進化程級等差者，皆專以德論，而非謂其位焉。《晏子》曰：「君子無禮，是庶人矣；庶人無禮，是禽獸矣。」荀卿曰：雖王公士大夫之子孫也，不能屬於禮義，則歸之於庶人；雖庶人之子孫也，能屬於禮義，則歸之王、公、士大夫。成人之於德，若是其重，故初離禽獸，謂之野人；如夷狄。野人能禮，乃升庶人。《記》曰「禮不下庶人」，謂庶人以下禽獸也，非人也。野人形同人而無禮，未能離乎野者也。必有人而後免於禽獸，必有禮而後爲人。故《記》曰：「聖人爲禮，使人知自别於禽獸。」然則人禽之别，端在於禮，由是進化之程序，始可得而言。

禮教所興，在乎别男女。有天地然後有萬物，有萬物然後有男女。必男女有别，而後夫婦有義；必夫婦有義，而後父子有親。非我族類，鬼神不享，宗廟立而後血族之别嚴焉。外人不治宗族主義，其學説恒仲女權，至以中國爲貴男賤女。然《禮經》有言：「夫婦一體，共牢而食，合巹而飲，以親之也。」故夫尊於朝，妻貴於室。妻者齊也，未嘗不平等也。

外人禁多娶，著爲法律。按此乃經文匹夫匹婦之説也。經説庶人無側室，而天子、諸侯無再娶之義。天命不可保，故一娶九女，以重國廣繼。然姊姪之媵者，或猶待年於父母之國，不盡同往也。故《公羊傳》云：「叔姬歸於紀，明待年也。」嫡死不更立嫡，聘嫡未往而死，則媵往以爲繼室。伯姬卒，季姬更嫁，於《春秋》譏之。此爲重後嗣，故惟至尊可至九女，而皆非同往，庶人則匹夫匹婦矣。故凡謂中國賤女，而王侯貴人多置妾御，實非禮之本也。

春秋之時，諸侯每納子媳，或淫佚而亂於族，故禮重親迎，以矯正其失。又不娶同姓，姑姊妹女子已嫁而返，男子不與同席而坐，不與同器而食，所以防嫌厚别如此。魯哀公問孔子，疑親迎爲過。《墨子·非儒》曰：「娶妻身迎，祗褍爲僕，秉轡授綏①，如仰嚴親，昏禮威儀，如承祭祀，顛覆上下，悖逆父母。」蓋不知夫婦之始、人道之大者不可不重也。

① 秉轡授綏：四字據四庫全書本《墨子·非儒下》補。

古之時，男女自相慕悦，苟合而已，釀成殺刦者，不一而足，可爲殷鑒。天生子滿街，尤失宗族之義。故聖人制禮，必使女子無專行之義。昏禮不稱主人。《記》曰：「昏禮，壻親迎見於舅姑，舅姑承子以授壻，恐事之違也。以此坊民，婦猶有不至者。」所以矯苟合之弊也。

又其俗賓客往來，男女不避，經則正之，以非喪祭，男女不相親受。《記》曰：「以此坊民，陽侯猶殺繆侯而竊其夫人。」故大饗廢夫人之禮，以古之失取驗於今，舍禮而任情，則貞静絜純之俗隳，淫殺攘奪之禍滋矣。

又其俗父子異居，與秦未用商鞅法以前相同。父子不相親，經則改之云：「家人有嚴君焉，父母之謂也。」父父子子，人人親其親而天下平。春秋之時，其父攘羊，而子證之，或謂之直，孔子修禮，乃撥正其俗。故《論語》云：「父爲子隱，子爲父隱。」又云：「父不父，子不子，雖有粟，無得而食諸。」《傳》云：「父不私其子，非父也；子不私其父，非子也。」所以正父子之倫也。又其時父子平等，不相統攝，經則撥而反之於正。故《記》云：「父母在，饋獻不及車馬，示民不敢專也。以此坊民，民猶有忘其親。」又云：「父母在，恒言不稱老，言孝不言慈，閨門之内戲而不歎。以此坊民，民猶薄於孝而厚於慈。」於乎！聖人於禮，可謂詳矣。子言孝，父言慈，孝故長長而敬老，慈故幼幼而恤孤，推而達之，仁之至，義之盡也。其謂吾國獨尊父權者非也。故晉殺申生，宋殺痤，《春秋》甚之。曾子受杖，拒而不見，小杖則受，大杖則逃，不陷父於不義也。營蕩之法曰：「古之爲仁義者，有子不食其力。」由營蕩之法，則雖父子相遇如路人，父母已老，不相收養，而況能達之天下乎？其於仁義也薄矣。

又其俗不祀別神，亦並無家祭，譜牒姓氏，未嘗及焉，經亦撥而反之正。夫禮者所以別野人也，野人曰，父母何算焉。都邑之人，則知尊禰，大夫及學士，則知尊祖。尊祖故敬宗，敬宗故收族，於是爲之喪禮以飾哀焉，爲之宗廟以追遠焉。野人上利而貴質，有國而無家，始於一身，推至一國，故其治主國謂之國民。《春秋傳》云許夷狄者，不一而足。冠昏之道，長幼之節，禮之始也。喪祭宗廟，禮之終也。古者無廟，唐虞二廟，夏三廟，夏末四廟，周末七廟，蓋由野蠻而漸進於文明者也。上世嘗有不葬其親者，古之葬者，厚衣之以薪，葬之中野，不封不樹。及有虞氏作瓦棺，夏后氏則作堲，殷人則作棺槨，周人則作墻置翣，乃漸有喪具焉。周人以殷人之棺葬長殤，以夏后氏之堲周葬中殤下殤，以有虞氏之瓦棺葬無服之殤，乃漸有等差焉。此經制之由野蠻而進文明，有明徵者也。

又其俗無喪期。古者喪期無數，墨用夏后氏爲三月之喪，如滿洲穿孝百日，儒者乃行三年之喪。墨爲先進，儒爲歸結。外國喪期，必先用墨。今之士夫動誇外之簡易，而嗤中之繁縟。然《禮》曰：「其德彌重，其文彌繁。」故曰：「禮之近人情者，非其至者也。」夫喪祭之禮，禮節文貌之盛，苟非聖人，莫之能知也。聖人明知之，士君子安行之，官人以爲守，百姓以成俗。墨家以儒久喪爲非，程度未至於墨，雖三月猶以爲久。推進化之量進而不退，雖千萬年可也，三月之期又何足以限之！故儒大抵爲千萬年後之程度，此二三千年中吾人襲用儒者，有其形迹，未有其精神，亦史所謂無其德而用其事也。儒者曰：「三年之喪，稱情而立文。禽獸失喪其群匹，越月踰時，則必返巡，過其故鄉，翔回焉，鳴號焉。小者至於燕雀，猶有噍啁之頃焉，乃能去之。有血氣之屬者，莫知於人，故人之於其親也，至死不窮，三年之喪，所以別於禽獸也。滕文公曰：「吾宗國魯先君莫之行，吾先君亦莫之行也。」夫非統一元首，此指將來世界大一統之元首，非從前之君主。下仿此。世界其何能實行如斯之隆禮者乎？儒者由小康以推大同，謂王者必世而後仁，世謂世界，三千輻共一轂也。皇帝教化洽，風俗厚，則民重報本；民重報本，則禮意流；禮意流，則天地合格。《詩》曰：「文王陟降，在帝左右。」其知神之所爲乎！祭如在，祭神如神在。《荀子》曰：「卜筮視日、齋戒、修涂、几筵①、饋薦、告祝，如或饗之；物取而皆祭之，如或嘗之；毋利舉爵，主人有尊，如或觴之；賓出，主人②拜送，反易服，即位而哭，如或去之。哀夫敬夫③！事死如事生，事亡如事存。」誠之所至，上下通矣。」此大禮所以與天地同和也。

嗚呼！當今四海會通，六合往來，本爲大同基礎。憂時士夫懲貧弱，亟謀所以富強之道，

---

① 齋戒修涂几筵：六字據四庫本《荀子·禮論》篇補。
② 主人：二字據四庫本《荀子·禮論》篇補。
③ 哀夫敬夫：四字據四庫本《荀子·禮論》篇補。

而效法外人，宜也。然一國有一國之精神，民族有民族之特性，故修其教不易其俗，齊其政不易其宜。吾華爲最古文明之國，自有其特殊之精神，若一概撕滅而抹摋之，舍其田而耘人之田焉，持規而非矩，執準而非繩，此大謬也。夫人之所貴爲人者，以其有禮也。故知禮樂之文者能作，識禮樂之情者能述。太平之道，未有舍禮而可效者也。雖爲器物之利，舟車之便；宫室之美，紛然飾於外，璀璨炫耀而不可窮，然徵之於内，不由禮而充之，終覺其龐雜凌亂而無章。故進化之理，文明之要，以禮爲本，在内不在外，在道不在器，在仁不在力。雖然，是非人之所能爲也。使天不以禮私中國，將來禮所以立之道，必推而放諸四海而準。大化所被，其澤胥同，或暫汰於所習，而便於所安，必一旦豁然由質而進於文焉，由簡而進於繁焉，積漸而後致，「苟非其人，道不虚行」，此之謂也。孔子之禮已行於中，必推於外，即見之以往，必溥於未來，乘桴浮海，吾見其進也，未見其止也。故述《歷禮》。

此篇係舊日演稿，曾由謝君無量筆述，今重加改訂，輯爲是篇，四益主人識。《四川國學雜誌》一九一二年第一號。又載《寸心雜志》一九一七年第三期。

大學十圖

經傳修身本末圖一

○
- 本人 修身齊家
- 末人 治國平天下

說八條目圖二

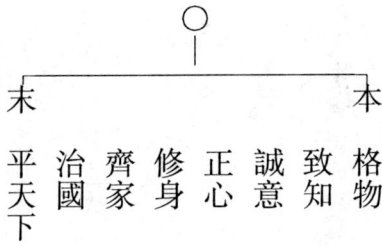

○
- 本 格物
- 致知
- 誠意
- 正心
- 修身
- 齊家
- 治國
- 末 平天下

以上四目無傳。經云「以修身爲本」，「修身」以下有傳。

三在一君二臣表三

在明明德司空好○左禹○在知人，明德教養○左召公

在止至善曰安女止

在新民司馬惡○右皋陶○在安民，慎刑兵罰○右周公

人天物格知致表行爲本，知爲末，人天又各自有本末。

心　身　家　國　天下五者爲物如名辭，正修齊治平爲事。

分人學五物先後，即爲格物。

定　静　安　慮　得

分天學五事先後，即爲致知。

按《論語》有學行志知之分，舊説先知後行，以神化之學責童蒙，終身陷没，難以致用。今以人學屬行屬學，天學乃屬知屬志，思力行在先，致知在後。如入大學，首課修身，明白淺易，高下共知。若以格致誠正爲學，於一本以上復加四本，且治平以後無進境，至聖之學止於事功。凡《詩》、《易》所詳，神化精誠之説遂絀爲異端，謂非經義。孔學至博，下儕儒生，聖不可

階，顧云可測，豈不悖哉！

唐宋以後，儒學每雜禪宗，由心推意，飾《大學》定靜安慮之詞，以爲立說之本。今以行知分人天，先行後知，則逐次漸進，人學未精，不必遂及神化。《論語》云：「務民之義，敬鬼神而遠。」又云：「未能事人，焉能事鬼」，「未知生，焉知死」。《中庸》云：「由遠自邇，升高自卑。」《左傳》云：「天道遠，人道邇。」又云：「焉知天道。」若求用世之學，六合以外存而不論可也。

十目十手圖 附五際十人圖，又附圖六道圖。

四方合上下爲六宗，即六官六相。八方上下爲十方，蓋由四正加四隅，則變六爲十，與佛書十方說同。

北堯五際五人

五際十八圖

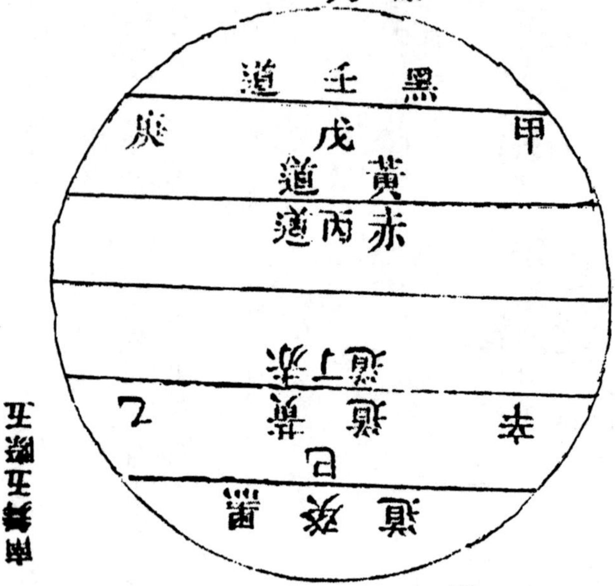

附《易》六爻分南北圖

上	北	黑
五	北	黃
四	北	赤
三	南	赤
二	南	黃
初	南	黑

附《易》爻分南北圖

按地有三道，合南北爲六道。易卦三爻，重卦則爲六爻。蓋以卦配地，初上無位，爲兩黑道，三四不中，爲兩赤道，一五在中，爲兩黄道。南北二帝中分天下，以二五黄道爲中，如晉楚分伯之説。至於大一統，則合南北爲一。晉如楚之從者交相見。別以三四爲中心。故京師在赤道緯度之中，其圖如左：

上大過　五小過　［四中三］　二小不及　初大不及

按：中分爲五人，合之爲十目十人。若大一統合十千爲九州，則八千爲八伯，居四方，而以戊己居中一州，坿圖。化十爲九，戊己同宫，爲民之父母，如《論語》云「亂臣十人」，合唐虞爲九人，以己從天不數也。

齊詩六情説

傳云：「堯舜以仁而民從。」又云：「桀紂以暴而民從。」若就一隅，斷無仁暴皆從之理。蓋合天下言之，彼此是非相反，好惡不同。如文家尊尊，質家親親，東方親，西方素。《爾雅》太平之人仁，即此仁也；崆峒之人武，即此暴也。仁暴彼此相反，亦如上下無常，自我言之，爲仁爲暴，自彼視之，亦以我之仁爲暴，轉以彼此之暴爲仁。

絜矩六矩圖 上下合中爲天地人三才，四旁合①爲五方五常。

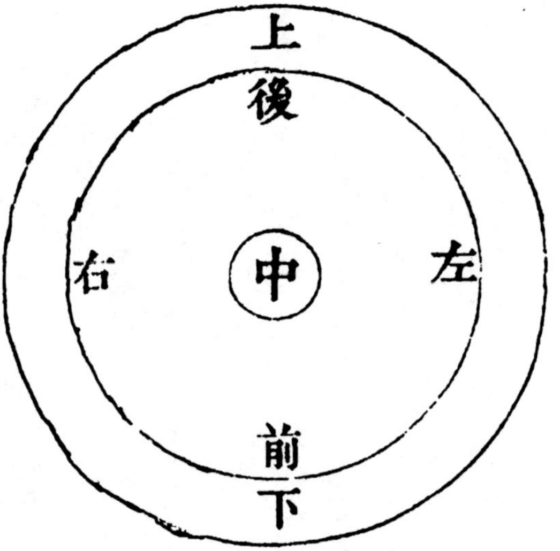

《傳》云：「是以君子有挈矩之道，所惡於上云云，所惡於下云云，前云云，後云云，左右云云，此之謂挈矩之道。」

① 「合」下疑脱「中」字。

《周髀》以六矩測天地。《論語》「七十從心所欲不踰矩」。〇前後左右，即二十支，爲《内經》六氣，以三十度配一支，外十二州配十二月，爲六合，故上下在六合以外。

三皇三才圖 三引《詩》爲三皇，故《詩》爲天學。《韓詩外傳》有「孔子詩於無有之鄉」，與列、莊同。

上	中	下
南山在上民即下民 天皇從卜瞻仰之本乎天者親上。	泰皇一名人皇 父母即雎鳩	殷屬下土配上地，則爲民明矣。配上帝與瞻小民對，本乎地者親下。

按：凡言上下者，皆爲皇，通天地，感鬼神之學。若就本世界言之，則止五帝五方，由中以推前後左右，不言上下。上謂九天，下謂九淵。《詩》之「鳶飛魚躍」，《楚辭》「上征下浮」，後世所謂「上窮碧落下黄泉」者是也。邵子所謂先天圖，即上下圖，同此。

五帝五方圖

五引《書》，如前後左右中之五帝五極，故《書》爲人學。邵子所謂後王圖同此。

附尚書末五篇圖

《周禮》以六起數，爲七政，爲皇學，爲天學。凡以五起數者，均爲帝學，爲人學，蓋帝絶地天通，於本世界只能言五方、五官。皇上下通，乃有天地二官，合爲六宗七政。故六官爲天地四時，五官則爲民師民名。此《周禮》五官所以爲全書也。《四川國學雜誌》一九一二年第四號。

大同學説

大同者何？不同也。化諸不同以爲同，是之謂大同。凡天下之物，莫不有類有群，自近及遠，由小推大，始於同，歸結於不同。飛以羽爲群，走以毛爲類。《易》曰：「方以類聚，物以群分。」《左傳》所謂「以水益水，以火益火」，《班志》所謂「以熱益熱，以寒益寒」。《論語》曰：「小人同而不和。」故凡人之智慧，世界之進步，皆以尚同爲初級。如人之交際，其始在家庭，父子兄弟，所謂家人骨肉之親，稍遠則爲鄉黨鄰里，又推之至於邦國，更至於天下。以同姓昆弟與異姓甥舅相較，則一親一疏，同姓同而異姓不同。與鄉黨較，則無論同姓異姓，皆屬血族，則甥舅爲同而鄰里不同。由鄉以推州縣，由州縣以推一省，更由一省以推之中國，由中國以推之黄種，由黄種以推之五種，其親疏之等以數十計。然而五種皆同爲人，是不同之中，有大同者在焉。名曰大同，其實皆不同也。又由人以推之動物禽獸，由動物以推之植物之草木，更由草木以推之礦物，形狀詭異，百有不齊，或有氣，或無氣，或有知，或無知。以天地父母言之，同在此世界中，不啻有甥舅兄弟之義焉。由人性以推物性，大同之中，各自形其不同，不同之至，即爲大同之至。更由人類以推鬼神，由六合以內以推六合以外，同與不同，無可究詰，而各隨人之分量以爲景像。《論語》曰：「君子和而不同。」《中庸》云：「參天地，育萬物。」化其同與不同之形跡，由聖賢以推至誠神化，其分量亦有數等，所謂「語大天下莫能載焉」者也。又自其小者言之，由一家以索之一身，由一身以分别臟腑肢體，「三百六十節以配周天，五臟以配五宫、五土，九竅以配九野、九州，一日之中，呼吸一萬七千，以配萬物之數。莊子所謂「自其異者觀之，肝膽猶胡越也。」我有身，萬物莫不相同。蠻觸相鬭於蝸角之上，伏尸百萬，流血千里，而蝸不知。由微蟲以推至小微蟲，至於形不可見，聲不可聞。然既曰蟲也，則仍有手足以運動，口鼻以呼吸，耳目以視聽，内之九臟六腑，外之經絡部節，不能不謂其與我同也，所謂語小天下莫能破者也。通其小大之故，則何親何疎，何人何我，我之身可與天同量，微物亦爲我之具體焉。

經傳之所謂小康、大同者，則專就政術而言，小至無窮極，舉王伯以立説，大之不可究詰，舉皇帝以爲宗。道德行藝之所以分，在於大小；小康大同之所以别，專在同不同。王學之七君子，自其小者較之，則大不可加，因對大同，故謂之小康。皇帝亦非無進境，自小康較之，名曰大同，合數十百千之等級，而以二等分之，二者之宗旨，又專在别同異。《論語》曰：「君子和而不同。」又曰：「君子周而不比，小人比而不周。」又曰：「君子不可小知，而可大受也；小人不可大受，而可小知也。」蓋天下之物理，皆喜異而惡同。男女同姓，其生不殖；草木接種，其子乃佳。電學之南北極，種學之血液，泰西通人，著爲專書，其理至爲明確，無事繁引。故人生知慧之塞與通，政術之優與劣，則皆由是而分。大抵王伯已有民胞物與之量，私心未能盡去，故囿於小康。皇帝貴異而不貴同，能化諸不同以爲同，所以爲大同。

嗟乎！吾中國學術之所以不振者，不惟非大同，並非小康。私心所至，積成一鄉之天下，所以敗壞不可救藥。今請譬之於醫。凡大都之市，所稱藥室者，本草上品、中品、下品，無毒有毒，皆求備焉，以應病者之求。欲其補偏救弊，起死回生，非毒藥不爲功。藥室備藥，而所以用藥之權，則在醫，故病者必求名醫，望聞問切，因病立方，君臣佐使，輕重生熟，絲毫不可苟。以學術言，六經六藝，如五穀六畜，人所常食之品也；九流諸子，則爲藥物。凡藥物皆取補偏救弊，生死肉骨，當危急之時，存亡在乎頃刻，衝鋒犯難，必須勇將。所以硝黃薑附，本爲毒藥，其所以貴之者，正取其毒。醫之所以救危存亡，亦其善用毒藥，如回陽之四物，救陰之承氣，一歲之中，所救死、所癒病以百千億萬計，雖有平常無毒，久服輕身之參、芪、朮、枸杞、菟絲、黄荆、生地，皆退居無用之地。氣血不平然後病，藥必毒而後能醫人，此其理固易明也。毒藥雖能已病，并非教人如五穀之常服，亦非使人不求醫不問病，懵懵然如穀米魚肉常服之也。即如《墨子》，世所稱偏駮者，亦如硝黄桂附之有毒。考其《魯問》篇自言擇術而從，世主好戰黷武，吾則與之言兼愛；好歌舞、聲樂、奢侈，吾則與之言非樂、尚儉；祭祀不誠，怠惰自安，吾則與之言明鬼、非命；私心太重，吾則與之言尚同云云。就《墨子》所自言，其宗旨各條，皆爲救弊而設，因病立方，藥必精良，惟恐其毒之不厚。推之儒與名、法、縱横、小説、農家，同爲藥物，苟非病人，則以飲食自爲調養，其説皆在六經。不幸而有疾，則不能不求之藥室，六藝之外，所以別有九流，亦如飲食之外，別有藥物，一常一變，一經一權，天地之間，不能專言飲食而屏絶藥物，一定之勢也。乃今之言學術、言政治者，不講醫理，不審病勢，深惡諸子，以爲非聖人大中至正之道，流弊甚大，不可常服。故其處方也，必求一不寒不涼不升不降、雜湊平庸無毒諸藥，倡言於衆曰：「吾方中正和平，決無流弊，不惟有病可服，即無病亦可服；不惟此病可服，即他病亦未嘗不可服。」不審時勢，不論機宜，矜矜以防流弊爲宗旨，方其持論中正和平，亦自託於聖人之中庸，所謂非之無可非，刺之無可刺，偶有小效，遂群推服，以爲聖人復起，不易斯言。一時之業醫者，喜其便易，不必詳經絡，讀《本草》，言四診，但雜湊平淡藥方，改頭换面，遂覺投無不利，謬種流傳，牢不可破，殺人如麻，病家雖死，亦且無所怨，猶以爲其方和平，絶無流弊，其死也盡原於命盡，並非醫者之過。嗟乎！中正和平之醫生，充塞吾中國二十二行省，日以殺戮我人民。或者有識微見遠之士，大聲疾呼，以爲庸醫殺人，必倡明醫學，以挽回殺運。且此庸醫者，多學而未成，生計無聊，借此謀衣食，無足深責。一時名公巨卿，老師宿儒者，抱此庸醫殺人中正和平之方術，日以敗壞我國家，堵塞我聰明，在彼方自以爲内聖外王之學，旁觀者亦以爲孔子之道，即在於是，日日爲學術政治防流弊。試問今日之政治學術，其歸根究竟何如乎？蓋知流弊之害，而不知防流弊之害，且什倍千萬於所謂流弊也。在此輩惑於西人之强盛，好以西學新政號召於人。就其平日之宗旨而論，所謂西政西學，其弊或且什百倍於我中國之諸子。弊且實甚，更何論流弊，故雖盛推西人，而我中國之古子，方且斥以爲異端非聖，以此而言，西政西學，所謂羊質虎皮，不惟無異，而害且不可勝言。蓋其心摹力追，素奉以爲宗旨者，在九流之儒家。儒家者流，好甘忌辛，黨同伐異，實即孔子之所謂小康，而與大同相背而馳者。竊以爲閉關以前，彪然自大，崇尚小康之儒説，尚無大害。方今天下交通，中外一家，必須標明大同至公，宗以鎔化小康自私之鄙吝，乃能存國粹，强國勢，轉敗爲功，因禍爲福。

蓋以流弊言，天下無無弊之政治學。六家九流，太史公、班孟堅論其長並及其所短，固矣。《經解》一篇，言善學者之所長，並推論不善學者之流弊。不善學諸子，固有害於人心風俗，若《經解》所陳各經之流弊，不與六家九流同乎？此亦如藥物之有毒，端在醫者之善用，苟非良醫，不唯平和之藥足以殺人，即飲食酒肉因之而病死者，實繁有徒，然則將并飲食酒肉而盡廢之乎？故良醫以毒藥奏奇功，庸醫以常藥釀殺運；良相用諸子而得平安，如諸葛武侯教後生讀申、韓之類。愚者因六經而致敗亡。如王莽、王安石。故藥無論有毒無毒，在醫者之善用；學無論諸子六經，在讀者之善學。欲求世界大同，必先於學術中變大同，以六經爲主，以九流爲之輔，此吾中國學術之大同也。能化諸不同以爲同，推之治法，乃有大同之效。

以世界所有之物而論，則大同之學，比於瀛洋，孔子六藝，分派六洋，上下四旁，無所不通，化爲九家。以五大洲大小分派，中國之江河占其二。小洲占一，大洲占二。美蘇彝士河如墨家，中國河如名家，江如儒分爲八。孟與荀分占八派之二焉，以川江分占二家，則荀統嘉定以上，以孟爲金沙江。

古語曰：「百川下海，藏垢納污。」含宏其量，不計清濁污垢，無所不容納，所以爲海。《莊子·秋水》篇以河伯與海若相見，河伯爲九流之一，海若比於聖人，未至海之前，河伯自大，以爲天下莫能與京，即九流各持門户。怡然自足，方自以爲大同；既見海若，相形見絀，乃知自爲小康，貽笑於方家。莊子藉河海以形容小大，所謂觀於海者難爲水，游於聖人之門者難爲言，謂九流不得聖人一體固不可。大抵吾中國數千年之學術，皆以江河爲瀛海，亦如河伯終身未嘗至海，不能以支流爲天下之大觀。

夫學至於江河，本自足以名家，特自以爲足盡水之量，則不免誣聖人而以小康自足。中國之稱聖賢，多舉孟子以概孔子。所謂孔孟，亦如所謂江海，江雖未嘗不大，比之於海，不過得其一支流。考六藝由小推大，窮天極地，無所不包。即以《論語》論，九家不過其中之一體，與儒相反對之墨家，其宗旨載在《論語》者，亦數十條。故推論「大哉孔子，博學而無所成名」，「天縱將聖，又多能焉」。孔子之自述，則曰「無可無不可」，「道不同不相爲謀」。至於儒墨，其局量褊淺，不足以登大聖之堂，黨同伐異，動輒相攻，好名爭勝，同爲儒家，日尋干戈，著書立説，若天下至要之事，無有過於此者。三王孔子已名之爲小，若後世儒家者流，又爲小中之小，故其爲學，師心自用，動輒齟齬，誠所謂鄉曲之見，乃猶自託於聖人，豈不大可異哉！大同之皇帝，小康之王伯，出於六藝，爲至聖原始要終之全體。儒家以王自畫，不敢言大同，而專言小康，是或一道也，乃又攻伯。或曰「孔門五尺童子，羞稱五伯」，或曰「仲尼之徒，無道桓文之事」。《論語》盛推管仲之功,《春秋》專言桓文之事。凡一己宗旨之外,皆欲屏絶之,不唯與聖言相反對,《春秋》一經,亦皆在屏絶之内,此等褊狹私心,流爲學術,吾國儒者遂以孔子爲專言王學之聖人,所謂皇帝大同,故久絶此思想,於二伯之學術,亦以爲聖人所羞稱,喜同惡異,於族類則中外之界最嚴,於學術則人我之見尤甚,謬種流傳,至爲國家大害。毁教堂,甚至有拳匪之事。變法維新,久不能進步者,其無形之現象,實在於此。

故當今欲言變法自强,首在開士智;欲開士智,必先明聖人大同之宗旨。舊所傳之儒説,爲小康之小者,就其所宗法之孔子,據經立説,以恢張海涵之分量,以化其中外之防,人我之見,開拓其心智,移易其精神,使其自悟其舊來之學術,乃一隅之私説,與聖人大同之學南轅北轍,如水火,如霄壤,如冰炭,而後可徐引之至於道,藉以見全球皆大同之版土,象生皆大同之人民,所有海内外政治學術,皆我分内所當考究。宗法聖人,推求海外,爲經傳所有之學術,初非崇奉外人,有背於先聖。且進而言之,民胞物與,黄種與不同姓之兄弟異種異族舅甥,折衷一是,惟善是從,種族之見化,人我之見消,智慧開通,學問自然增長。取人之所長,以證我之經義,發舊有之所伏,以推之全球,分纛揚鑣,固無所不可。若其致用之方,則專在《春秋》、《尚書》二經。

蓋大同有天人,天學尚可緩,而專致力於帝學,人學有王伯之别,王學可緩,而切要者在於伯。方今中外開通,共球畢顯,言疆域則土圭之三萬里也;於五洲則五帝之分方萬二千里；畫爲九疇，則鄒衍之九九八十一也；編爲五書，則各方之利害得失也。儒家舊説，專詳中國之一隅，所謂五服五千里者，不過大同三十六州中之一州。以疆域州國、風土人情、政治宗教而論，當由《王制》以推《周禮》，由中國以推外國，大小雖殊，而其體國經野，設官分職，則疊矩重規，初無二致，驗小推大，不過擴充，固無所難。唯《尚書》所言皆帝學，大成一統，以後全球人民進化，道一風同，分用二十一曆，所謂協和於變，欲爲帝學立法，故不得不言其大成。

當今時局，諸國林立，無所統一。赤道以南，尚屬草昧，各親其親，各子其子，會盟征伐，互相雄長，不過比於隱、桓，所謂亂世，小康一統，尚屬未能，若大同《禮運》大同云云。更無論矣。凡欲有用於世界，亦當切合機宜，通經致用，其要皆在於《春秋》。一帝一伯，大小本屬齟齬，然三千里者，未嘗不可爲三萬里之小影。考《周禮》爲皇帝之書，司盟司約，君臣往來於諸侯，外交亦如《春秋》。蓋凡實據，無論大小，皆有分合二局之不同。《春秋》由分而合，五洲將來必至一統。唯見當割據時代，不能不因時立法，故以《尚書》之帝學開拓其版圖，而以《春秋》之見局以求其實用。三傳《公》、《穀》詳於經例，而於邦交政事，不如《左傳》之詳明。故三傳之中，尤以《左傳》爲切要。

《春秋》既爲俟後之書，凡糾合諸侯以尊天子，中國實力舉行，考其義例，與今世界切合者尤多。既非述古，安知不爲今日世界大春秋之陳法？故學者宜先就三千里中，外以南北中分，方伯多在豫州，數十條大義，詳考其與今日世界相同，然後求諸國内政外交，以西史及政治各書證明經傳舊事。如弭兵會、維也納之會，屬地使館盟約，不下數百條，以今證古，以中統外，而詳考其異同文野之分別，凡今日諸國所已行之陳事，即將來成敗得失之歸宿①，皆可於經傳中得其指歸。《左傳》文繁義雜，有天學《詩》、《易》各經説，今當分門另編爲成書。凡《左傳》所未詳，而其見於他書者，并取以補傳之所不足。如内政之教育、用人、財政、兵制，外交之朝聘會同、盟約公法、行人辭令，以小學大，以大字小，諸大綱編爲成書。《周禮》行文五書，尤當仿其例，分門編纂，以爲周知天下之根本。《王制》、《周禮》爲二經之傳記，在所必詳。至於《詩》、《易》爲哲學，自願研究，固無不可，而欲求實用者，則《周禮》、《左傳》尤爲切要。將來世運變遷，必不能出此程度，大約五百年以内，此法尚可通行。

又二書除政法以外，西人各種學術，大約皆於其中，細心推考，編録成書，亦爲當今之急務。中國舊説，多以經爲空言，求實用者多治史，又當畫經史之界，經非古文，乃未來之新經，以經傳爲主，畧取中外史事，以爲補證，則用力少而成功多。經傳之與古史，程度相去甚遠，非謂史不可讀，要在有賓主、輕重、專博之分。以大同爲精神，以小康爲實用，因時制而爲此議，切要尤在化其自私自利之舊習，而以聖學大同爲歸宿云。

今之中西，風氣禮俗相反，學者遂願歧而二之。不知陰陽之分，文質之别，大在中外，小

① 歸宿：原作「歸縮」，據文意改。

在一家一國一物，皆得言之。《顔氏家訓》當南北朝時，一人身仕兩朝，於南北學術、典禮、音聲、體質、風俗皆分判之。今讀其書，亦如今國史館所記外國事宜。自中國一統以後，南北混化，其形迹不能如當時之分劃之嚴密，中外再數千年，安知不如中國南北之分，久遠遂化一統。故自其異者觀之，肝膽猶胡越，自其同者觀之，無論中外即一隅，南北分王，亦若如水火冰炭之不相投，久而得合爲一。故讀外國之書，亦當以取法顔氏之意。此小大當其初莫不有分別，而終有小同大同之一日，則吾中國古者南北之分，實即今日中西之界，來者之視今，亦如今之視昔，世界大同，固可由中國之小同而決之者。《莊子》曰「大有大同異，小有小同異」，即此之謂也。《中國學報》一九一三年第八期。

書陰曆陽曆校誼後

去年平在成都國學會演説陰陽曆優劣，其詞未經登布。名山吴君總其大要，作《陰曆陽曆校誼》，與《中國學報》二、三期普定姚君所撰《改曆芻議》頗有異同。今更發表意見於後，用祈姚君商正是幸。

姚君引《周禮》正年歲，謂《周禮》曆法兼用陰陽曆，其説是也。按《周禮》五官，正歲、正月之文並見。凡天道、農事，皆用歲法，所謂「三百有六旬有六日」，即斗建十二宫二十四節氣之説也。其云「正月」者，專述人事，起元旦，至除夕。王者布號施令，皆以正朔爲斷，「以閏月定四時成歲」之説也。姚君云：「陰曆但有虚位，而無實體；但作號誌，而無實用。」又云：「民智未開之時，借徑陰曆，俾有號誌之可識，日出而作，日入而息，月照於夜，悉與人事無與，但供測候家之徵驗，與詞章家之資料。且非惟無與人事也，而實足爲人事之累，正宜改弦而更張之。」下引沈存中説爲據，則不能無疑。考日系諸行星，與本地球相去太遠，無甚關係。月附地球而行，最爲密切，故凡天文、輿地、政事、醫藥、山川、鳥獸、草木、水族，每因月體圓缺而變動，朗載各書，吴君已略陳大概。謂月與人事無關，此非天下公言也。據進化之理推之，以爲中國春秋以前之曆法，取北斗日躔而遺月，與今西法相同，形而下者謂之器。孔子立教，專主法天，所謂形而上者謂之道，《尚書》「欽若昊天，敬授民時」是也。《易》曰：「懸象著明，莫大乎日月。」孔經作曆，由陽曆而改良精進，制閏法以求合月體，故陽曆取斗日而已，陰曆則加月爲三。《春秋》書日食，專就月體以定朔。故《公羊》曰：「食之前者朔在後，食之後者朔在前。」藉使月體與人事果全無關係，法天之學，亦不能舍月而專言斗柄日躔，一定之理也。中曆可以包西曆，西曆不能包中曆，陽曆在前，陰曆在後，前者爲草昧簡陋，後者爲精進文明，晦朔弦望之説，明見經文者，無慮數十百條。《論語》曰：「畏聖人之言。」《記》曰：「非聖者無法。」沈存中號爲通人，此條違經反道，爲全書之累。中國學説，專主尊孔法經，未便主張沈説，反對經文。民國改用陽曆，與剪髮、西服，皆屬一時權宜之計，取其交通便利。中國閏月，經傳明説，尚屬純全保存，將來國是大定，漢家自有典禮，法古從人，尚難預定。即使長此終古，經傳閏月之法，秦漢以來，實行已久，必不至於澌滅。姚君駮西曆建月大小之不合天道，歲首之不始於冬至，欲於外國陽曆之外，用沈説别爲中國陽曆，其用心誠苦。特西曆之參差得失，彼用彼法，不足計較。乃因差誤，略爲修正，於中法削去閏月，遂自命爲修改中外曆法之偉人，使經傳閏月古法，由姚氏一人而斬，亦見其惑矣。按歲月日名詞，歲取歲星，日取日度，月則專取月體。如不用閏法，則月之名詞不能立。陽曆以月名，乃用中名翻譯西曆而誤者。姚氏云以節氣立月，是爲純粹陽曆，不知言節氣則不能言月，節氣全用十二宫、十二次，或改曰建、曰次、曰宫，均可，斷不能仍襲陰曆月字之名詞也。姚氏既知陰曆陽曆並行不悖，正年歲並用，已見《周禮》，中國實行已二千餘年，有何窒礙？而謂適足爲人事之累，并謂其表面之陰曆，原在可有可無之間，舉而廢之，原自易易云云，放言高論，不但反經，且乖事理。《論語》云：「不以人廢言。」使其法果善，無論出自何人，皆可奉行。陽曆之不首冬至，與二月祇用二十八，直斥爲非可也，何必牽引羅馬陽曆，含有多數專制污點，徒爲附會，真屬贅疣。姚氏保存國粹之意，本爲深切，惟駁西法，乃致與經反對，不得不特爲發表，以明陽曆在前，閏爲孔法，以爲尊孔明經之一端，以求正於姚君。更希高明不吝教誨，匡所不逮，無任感禱。《中國學報》一九一三年第八期。

〔附〕陰曆陽曆校誼 名山吳之英撰

成都國學院講會，廖季平有陰曆陽曆短長之議。之英請鬯其説曰：曆者所以御陰陽也，天不能有日而無月，人不能有男而無女，大明生東，月生西，陰陽之分，夫婦之位也。天道遠矣，曆之何也？曰：聖人爲敬授民時而有曆象。俶黄帝作調曆，爰後有顓頊曆、夏曆、殷曆、周曆、魯曆、六曆，各有曆元，遺説猶可考也。其法奈何？曰：《虞書》稱「曆象日月星辰」，知「欽若」之意，成象姟存焉。原容成推步之法，首命大撓編甲干以紀日。日數十，天以六爲節，因而六之，爲當期日，用符天度，故曰「期三百有六旬有六日」。諒首法本以日紀，左氏述史趙據亥文説絳老甲子，士文伯以二萬六千六百六旬釋之，援此例也。日之積不可遠紀，必有所節。月節日者，朔望弦晦其候也。校其候，剖甲子，半六而月，半月置氣，三分候之，乘三變氣，以命四時，倍六而歲，爲常歲，概故曰「以閏月四時成歲」。以有奇分，分積不閏，不得爲成也。閏成而奇積不理，曆爲漏，法則七閏十九歲以爲章，四章以爲蔀，二十蔀以爲紀，三紀而復以爲元，而五星伏逆遲留胥會焉，故曰「在璇璣玉衡，以齊七政」，謂稽古同天之功密也。秦漢以來，曆家帥沿古誼，近貶稱陰，迺傳陽曆之名，謂自西國創法，以日紀名，陽歲首十一月爲正月，日皆三十，或逾一，唯二月止二十八日，四歲而二月閏一日，訖冬至律十二月成歲爲常。法新甚，談說之士異之，解之曰：中西異地，數學分門，歐人巧慧，未可究詘。然有三說焉：法毗於日，理不當以月計，一也。月競贏數減，閏編居二月，二也。積銷與分銷一致，配日之尊，徒譔盈闕於虛界，周年而十二作，既采名，幡棄質，三也。有此三疑，故陽曆可得而說也。何也？至陽肅肅，月祐靈曜，繼日育物，大用無名。景星代月，猶爲嘉瑞，寧有重明麗照，等之幻人，犃標茂烈，以章陳趣？其餘功用，可隨證而析也。其關於天者，元精沕穆，灝然壹運，犁爲晝夜，以月主陰，助陽宣化，月有生成。延其氣則夏至日南，秋冬局納，司半歲焉。擴其運則麗正趨閒，劑晦出明，司降氣焉。虛作致滿，滿爲招虧，方於中昃，無愆允軌，流轉根静，恒久不息，昭其德也。色如丹砂，焦及桑曆，道假房南，連月裧裧，占日用之，五星陵犯，憂在兵亂，占星惡之。傳曰：「冒以驁，其應雪，席以黿，其應雷，入箕爲風，麗畢而雨。」又曰：「亘惟霧，沈陰沍，渟無雲，露華新。」又曰：「月中人被蓑，高壤歡歌；月中人持戈，車騄馬馳。」距年播爲詠謠，井里服習而有驗者也。其關於地者，《春秋運斗樞》曰：「月中實者地景，空者水景也。」語曰：「天鉤入月，地爲之坼；樞星摩，地爲波。」故海運潮汐，準月輪張縮。枚乘觀濤廣陵，秖在八月之望，正以金水之氣，動而有孕，則《淮南子》援以立説焉。其關於人者，方諸津水，以配玄尊，大事用之，藉以教孝。夜明設祭，姊長倫兄，拜出西門，時廵特典，藉以教弟。《素問》施鍼，按死生爲痏，循穴補瀉，藉以教仁。銅盤承液，甘潤合餌，藉以教和。攝斗建命舍，則周髀家之故步，藉以教義。六律六同，稟氣名，察清濁，藉以教信。至於孤寒夕憤，光凝蠹簡，索絢段燿，紅女代燭，故月得四十五日，藉護勤儉。生麗胎娠，十月爲算，喪服制衰，二十五月而差，藉達性情。其蝕也，捄以弓矢，禜社而鼓之，天子素服省刑，后修陰令，卿士主其適，藉勑明罰。明堂肆覲，閏月居門，甸服來祀，諸侯異位，藉張王制。群吏之守，國用常秩，月有要；百工伎藝，廩賜所及，月有試，藉稽浮沈。其尤重者，十有二番懸書，順時頒憲，則禮樂兵刑庇焉。其關於物者，牛胞黄珀，注目而吸，虎合牝牡，弇靈而翳，犬吠其蠹，鵁尾其雛，燕來春中，雁歸秋半，熊兔蟾諸蝎蛇之屬，巢户穴突，是區高下。妊乎迕氣，或複或奇，三五啓斂，陸産所宗準也。犀肉通蔽，魚腦增損，蟹膏日稟，鰕顆日益，螺蚌函肉，鼈黿裹珠，仰觀盛衰，效其精髓，水種之承畀也。牡桂曄曄，滲華伏霸，蘆灰播圓，晝離抱珥，月繼受朔，月盡則凋，黄楊蔽芾，逢閏鞠勾，曇花收光，霄霆歎實，蓂莢章薈，葉謝還舒。三千餘族，難與悉舉，草木有心，無忘恩殖矣。然則月者，體尊用宏，不能具也，而固遺之，是擅離日耦也。夫歲之首至，曆法也，亦周正也。改朔所以張革，故《革》象曰：「君子以治曆明時。」而常事咸用寅正者，陽闓氣發，民析任作，子丑陽微，董仲舒所謂空虚不用之地陰所積也。顓頊之法曰：正月朔日，日月五星起於天廟，故紀月。漢大初法：月二十九日八十一分日之四十三，先藉半日月先朔見，是曰陽曆，不藉月見後朔，曰陰曆，或宜朝陰從陽，肇奠斯名，仍從月判。先王正時，所謂履端舉正歸餘，故於朔合元，通調陰陽之術，不宜得偏稱也。或謂孔子修《春秋》，書日遺月，疑於彼月維常。不知日食之書，爲月立典，食魁舉朔，起月辰所集，明食日者月也。大其用，諱其迹，猶書恒星不見，夜中星實如雨然，以是爲書月正例也。何以不揭？陰雖有美，從陽而成，所謂實予而文不予也。弟子之問公羊子也，曰「何以不月」，不問「何以不日」，知聖人重陰之補陽以成道矣。世稱歐人善言天數，詢其曆，乃主日而忘月。譬諸親父而忘母也；親父忘母，果學也，先其名母可也，其俗又貴女而抑男。學與俗錯，是殆别有微理，而故衒舛譎邪？歐人之巧慧，良不得一二尋流也。《中國學報》一九一三年第八期。

經學改良表

祆教當明中葉號稱最盛，積久失真，兩《約》不免背道而馳，路德不辟患難，起而矯之，去僞闡微，別標門目。雖以教皇權力，舊黨環攻，無所撓屈，至今談其軼事，猶凜凜有生氣，誠不世出之偉人哉！新教雖未能折定一尊，然與舊教中分天下，或且過之，其始固一匹夫之力也。吾國以經爲國粹，勢之盛衰，問於六藝，乳瓶金水，不能不望有路德其人者一振興之。四譯既編《四變記》，因撮要編爲一表，以明新舊之所以不同。其於路氏之說有合與否，閱者自能得之，固無俟予之贅言。編竟識此，以明嚮往。光緒丙午，鄭可經記於中巖。

舊學宗旨	新經學宗旨
於作經之人不詳作者。或以爲帝王，或以爲伏羲、文王、周公、史臣①。	專歸至聖。

① 史臣：原作「使」，據文意改。此表下「史臣」同。

六經作者分屬帝王史臣。	專歸至聖一人。
專以史讀經爲述古，樂道人之善。	以經爲新經，爲萬世立法。非古人之陳迹。
六經全爲中國一隅舊法，不免疊床架屋之病。	六經各主一時代，小大淺深各不相同。
《尚書》與《周禮》同爲中國史書。	《尚書》與《周禮》同爲六合以内之制。
《詩經》爲史臣所採各國政事民風。所言皆殷商、春秋上下四季，所謂採《春秋》、採時事。	《詩經》亦如《楚詞》，上天下地，多六合以外、萬世以後之事，非中國春秋以前所有。
《易》爲卜筮之書，經四聖而成。	由《乾》、《坤》繙譯成書，故爲六合以外之天學，《繫辭》皆主之。
《儀禮》爲周公所作一隅之禮制。	《禮》爲春秋新制，非古所有。小爲中國，大爲全球，由一反三。後來海外皆仿此草訂禮制。

皇帝王伯舊樂皆中國以前所有，後來古樂全亡。	《禮》、《樂》由春秋起，所有皇帝三王之樂，皆指後來。有皇帝之疆域，然後能用皇帝之樂。
舊以經爲勸善之書，爲朝廷、鄉黨、士庶人通用。上爲史鑑，下爲格言。	經專爲俟聖而爲，皇帝王伯典章非士庶人所得用。修身格言，別有專書。
修身言行，皆於六經求之。	六經皆平治。
東漢以後學派，詳於聲音、訓詁，而無師法。	博士通經致用，詳於微言大義。
唐宋以後爲學究派，望文生訓，不必有師說，但能識字，即可治經。	先秦學必有師說，然後能治經，故無師之經皆不傳。
經爲古史，亦如史鑑，詢事考言，別無深義。舊法六經混同，其於本經斷章取義以求之。兩《經解》幾及千册，如十五國風之次第，與《周禮》鄭注七千里九州之說，幾無一人齒及，殊不可曉。	經爲新經，當就未有經以前考其制作之宗旨。既有經以後，詳其全經之意義，專治一經，於全經無文字之處，務求其師說。本經既已貫通，又詳考他經，有所不用之故。

尋章摘句，一人可以遍治群經。	以專經爲主，不能兼通，或數人分治一經。
不問作者爲誰，不論一經宗旨，但就一句一章，望文生訓，支支節節，故無通經之效。先秦以下言經者大抵皆中此弊。就行中略舉數十條、數百句，以爲行文典故之用，全經巨例宏綱，無人道及，故有句無章，有章無篇，有篇無全經。此二千年來經生之通弊也。	章句在其所略，必求本經之義意，與未有文字之先，如《春秋》何以有十九國，《國風》何以有十五風，《尚書》何以有二十八篇，詳人所略，略人所詳，專詳微言大義。
惟六經皆我注脚，不求甚解，既已誤解，又從而駁之，疑經删經，此風日熾，以致成爲教而不學之風氣。	讀經專爲知聖。經爲盂，心爲水，盂方則水方，盂圓則水圓，學而不教，萬不能增長智慧，以求實用。
以經爲勸善之書，亦如《感應篇》、《陰騭文》，但求淺近明白，故凡舊傳緯書，皆在屏絶之列。	孔子繙十二經，緯書與舊傳皆爲聖門傳授之橐鑰。如無緯與舊傳，而經萬不能通。

以古經爲家人言，凡童蒙、士農工商皆所共習，避難就易，不求深解。凡所論述，皆無謂之周旋，稍涉疑難，相率避去。	經專言平治，惟入大學堂以後，專門仕宦學，刻意求淺，求通疑難，《學記》所謂「如攻堅木」。
舊以六經爲芻狗糟粕，在昔爲莊、列所攻，在今爲西人所攻。	經專明俟後待行之旨。
舊先大後小，先文後野，以致爲西人所攻。	據經爲衰世而作，別有進化宗旨，與西人之說相同。
舊以馬、鄭爲宗祖，因《王制》、《周禮》小大不同，以致所有典章制度，無一可通，無一可行，以致六經爲愚人之學，凡用功深者莫不迷惘。	經以大小分《王制》、《周禮》，所有制度無可行。
儒家主仁義，以道家道德爲異端。	王伯仁義、皇帝道德，各主一宗。
陰陽五行附會災異。	陰陽爲二后，五行爲五帝，統六合而言。
《詩》、《易》魚鳥爲見物起興。	上飛下潛，察乎天地。

經學以聖人而止境。	聖人人學，天學爲至聖、至誠、至人、神人、真人、天人。
《大學》修身以前，專詳格致，老死不能盡其功。	以修身爲本，格致即知所先後。
道學終身用於修身，不能及平治，故《大學衍義》公言平治。	蒙學已詳修身，《大學》專詳平治，不立修身工課。
自正其心，自修其身。國自治，天下自平，如八股盛世話頭。	人人親親長長，而天下平。身屬一家之身，家屬一國之家，國家生聚教養之事爲最繁賾。
以良知、禪宗、静坐爲工夫。專詳知中正迷罔，不可指實。	周公坐以待旦，不尚頑空，正鵠明白，但求中的，力巧不尚知致。
漢小學、宋格致，老死不出童蒙窠臼①。	童蒙學派，壯夫不談。

① 窠臼：「窠」原作「窩」，據文意改。

宋明以禪宗爲内聖。	無我無固，形似心異。
儒者於經不言神怪。	《詩》、《易》專詳上下天神、地示、人鬼。
以天文、地理爲身外事。	《天文》、《地形》全爲經説巨例。
專以儒家爲傳經，他屬異端。	諸子爲六藝支流，儒爲經之一小枝。
誦讀乃爲經學。	社稷人民即爲學，不專在誦讀。
以考據、校勘爲經學。	鈔胥派、刊工、鈔手，不足以言學。
以聲音、訓詁爲經學。	童蒙派惠、戴、段、王，不足以言學。
以紀事、考言爲經學。龔、章以史爲經。	《廿四史》、《通鑑》不可以比經。
以多聞、識小爲經學。	《格致探原》、《爾雅圖》不足以言經。
以頌美、歌唱爲經學。近人以詩爲唱歌課本。	教堂歌頌與經迴別。
以褒貶、美刺爲經學。朱子以書法學《春秋》。	《綱目》書法與經迴別。

以誥勅、奏議、古文爲經學。李氏以《文選》爲三代後經學。	古文雅正，不可與《尚書》同語。
以占驗、謡詞爲經學。前人以爲卜筮。	牙牌、靈碁不可與《易》同語。
以樂府、風謡爲詩學。	歷代樂章不可與《詩》同語。
以時文、講章爲經學。	天懸地别。
以學究、法律爲經學。	南轅北轍。
不求知聖，惟欲學聖。	不許學聖，先求知聖。
因自以爲聖，故直斷傳記爲非聖言。	凡俗所駁斥，皆有精義，必立志求通，乃開知慧。舊皆自封。
自聖，故有道統之説。	至聖如天。諸子曾不得比於一星一辰。有一聖，天下萬世皆被其澤。若俗儒，則危亡尚不能究，何況比聖。
自聖，故以聖爲學而能。	人皆爲堯舜，孰是後來堯舜？况並無至聖可學之明文。以己推經，所以釀成今日世局。

自聖，故以古人無一知道。	宋元以下直如聾瞽，無與聞見。先秦、西漢諸大師親授微言，後儒信心蔑古，後二千年後起而攻之，是爲無知妄作。
自聖，故云抱道在躬。	以道爲一器物，可以把持懷藏。虛矯誇誕，妄自尊大，實則不知道爲何物。
自不生知，故不信生知。	撰《生知篇》詳發此旨。
自不前知，故不信前知。	撰《前知篇》詳發此旨。
自不能綏動來和，故以學究求聖。	博士以仕宦説經，宋明以學究説經。以村學究爲孔子，是與博士如鯽同矣，何必尊孔尊經。
自不能拔萃出類，不信生民未有。	海上國粹諸公欲尊經而不得其詳，嗚呼難矣！
援周公以亂孔法。	魏默深不講經學，擬奏欲復周公先聖之祀，真爲無知妄作，目不識丁，大抵其人有迷惘之病。

以陳迹疑經。	六經由今始見施行，人學由王伯以皇帝，六合以内無不包。
以粉飾疑經。	皇帝典章皆屬俟後進化、先小後大，先野後文。退化。先大後小，先文後野。非樂道人之善。
以無用疑經。以音訓空理陳迹説之，古不可治今，中不可治外。	經專皇帝王伯政輔之學。臣工之學詳於傳記，自今以後，經方將大行。
以經爲美術，於政法史子外别立經學。	當舉經爲主，以統各科學。各科學皆經之一枝節。
崇信西説，以摩西以前實用經，後以不便而改。	經制合乎天理人情。未至其時不能行，已行不能改，皆外間僞説。
以六書文字西之古法，改良精進乃成之。	六書專爲經而作。爲全球有一無二之專長，絶非外人後世所及，既與不能受，非聖不能作，故至今無别法。
中國無一人可師，一書可讀。	知俟後之旨，自然改觀。

以《春秋》爲一時之書，欲用當時不合，乃著書。	由一時推萬世，由萬世推萬萬世，不與天地同毀壞。
以孔子爲一隅之聖人，不如耶廣大。	由中國推全球，由全球推之上天下地，囊括天地。
以孔子爲哲學、政治、教育家。	至聖博學無名，廣大配天，不可以一譜求。

《四川國學雜誌》一九一三年第七號。

詩經國風五帝分運考

《尚書》喻《詩》，《周》、《召》即《費》、《秦》二誓之二公，《邶》三篇如《湯誓》，《王》三篇如《金縢》，《豳》三篇如《顧命》，《唐》、《陳》則二帝，唐爲堯號，陳舜子孫。《檜》、《曹》又如《文侯之命》與《吕刑》焉。考二國皆爲火正故墟。是十五國風，一《尚書》之二帝三王、二伯四岳之制，特序目小有先後耳。考《易》首伏羲，太昊、少昊同以昊名，故以周、召分左右，定周主東極，召主西極。惟是周公伯而不王，故以勾萌、蓐收二司配之。考《易》「東南得朋」，用夏變夷之道，詳於南而略於北，此周、召稱南，檜、曹皆火，正詳南略北之經義也。青統素統，即以見於二統九篇中，故首尾詳南北二帝之事。唐爲堯居北，以代顓頊之位帝也。周、召即羲、和，詳於南服，以南半球未經開化，故用功獨專。至於陳爲舜後，舜葬蒼梧之野，冢又在海外南經，故以舜代炎帝神農，郯子所謂火師而火名者，是司南極，而檜、曹二火正殿之，亦如周、召北帝詳南，南帝亦詳北。此南北兩極各分三風之治也。天風之詩，皆中分之，或乘時，或退休，以二爲斷，此首尾六風之説也。至於其中九風，則託三代之小名，以行五運之大法，詳東西而略南北，郯子所謂二昊以龍鳥名官者也。

蓋嘗據《周禮》賦、比、興之名以説之。考季札觀樂目次，審定經制，以《邶》、《鄘》、《衛》三篇爲商人，爲賦；《王》、《鄭》、《齊》三國爲齊人，爲比；《豳》、《秦》、《魏》三國爲興，爲周。始《商》，次《魯》，次《周》，亦如三小之次於三《頌》，爲逆行。此九國而三統之説也。《王風》，《魯詩》以爲魯在東大統，以託伏羲，爲海外東經、大荒東經。以中國爲中，則日本以外之海島，當爲今美洲。《豳》在雍乾，位西北，爲少昊所司之分，爲海外西經、大荒西經，爲金德王之政。歐以中國爲中，則應以歐洲當之。蓋就中國言，以美爲東，以歐爲西。就中土言，則以中國爲東，美爲西。《詩》之中字有二義，一指中國，一指中土言之。按三統云，又以周爲黄，黄爲中央，其實地在崑崙，《淮》本所謂「冀州中土」者也。中國爲東勝神州，崑崙爲冀州中土。《書大傳》、周山經以五帝分司五州是也。《國風》多以商統爲主者何耶？曰：周、召之二鳩，以鳥名官。《召南》之素絲，《緇衣》之政敝，《檜風》之三素，《豳風》之《七月》，《齊風》之首素，《邶》、《鄘》之《柏舟》，大約主素統者八風。又以商殿三《頌》，孔子殷人，先就三統立説。且美洲非聖人舊，雖曰金統，要必由中以化外，故國少昊都曲阜，以西方之中亦歸於東魯，如少昊以金德王爲帝，治五洲，其餘四洲之帝皆退位。以神主之，東洲則勾萌，本洲則祝融，中洲則后土，北洲則玄冥。其餘皆放此。以金德王，當在美洲立留都。《詩》之主教，則在東方。以孔居魯，少昊之都亦在魯，故曰「顛倒衣裳」。金德之帝，不在西洲，而在東洲。考三統九風，一統一君二臣，如《易》之三人行，損一人；一人行，得友二臣，以備二統之臣，君則自王之主。國如《邶》爲王，則魯、周二統之王。《豳》退位，以《鄭》、《魏》爲之臣。如一王而二伯，《王》爲王，則

《鄘》、《秦》爲之臣。亦如《易》之三爻中，有一君二臣也。而一篇之中，又自分三統，有自應本風之篇，有附應二統之篇，可以考見。由斯以推，則一風分應三統，九風互相爲君臣佐佑焉。

大約每國之中分爲三，以互相起。三九共爲二十七局，再倍之，則爲八十一局也。九風共百〇九篇，每風得三十五篇之譜，加以三小爲三十六篇焉。而小大中之各占一門，如《邶》三風，《大豳》三風，《小王》三風，向居其中，亦各有三等疆域之別焉。《四川國學雜誌》一九一三年第七號，又見《戊午周報》一九一九年第四十期。

左氏春秋論

專主孔子不分周公魯史赴告

案西漢以上博士專主微言派，以六經爲至聖作，經爲孔作，傳爲賢述，並無所謂周公、史臣。《左傳》雖屬晚出，與《周禮》同，而劉、賈、許、服，皆比附二傳，同宗至聖。又史公爲《左氏》釋例解經漢人中之始師，所引書法，全歸孔子，與所傳《公羊》之學本無異。自杜氏後起，立異求新，故與先師相反，僅以不言「凡」之條例歸之孔子，言「凡」者以爲周公之舊例，外事則歸之赴告，內事則以爲史臣，有文質之分。故所著《春秋釋例》，每例中皆分四門，除孔子外，別有周公、赴告、魯史三等之異同。推詳杜氏所以致誤之由，豈不以韓宣子於獲麟以前已見魯之《春秋》，是孔子以前別有魯史，爲周公之舊例。傳文屢言赴告異同，所以必出三例，傳之所有，不敢廢之。特考傳以大義爲主，不惟謂六藝在孔子前，下至傳說，亦以託之時人。如《易傳》「元者善之長也」四句，託之穆姜。「困於石」與「入其宮不見其妻」，爻辭之「象曰」託之占者。《帝典》八元八愷、放四凶之傳說，託之季文子。《詩經》全部大義，託之季札觀樂。二傳據理解經之文，皆託之於臧哀伯。此爲《左傳》特別之例，當特別解之。按如所言周公、赴告、魯史之三例，皆就魯史言，所謂「未修春秋」之條例。孟子引孔子自述《春秋》之旨，曰：「其事則齊桓、晉文，其文則史，其義則丘竊取之。」所謂史即魯史，未修之《春秋》也。既於魯史原文有所取義，則未修之《春秋》爲史，既修之《春秋》爲經，故傳於經例之外别見史文，與之相反。如獲麟以後續經，如邾射執君之類，與元年七不見經之傳，其中史與經合者爲緣經立説，例與經相反者爲異經見義例。特見未修《春秋》之原文，以明孔子改制之取義，與《公羊傳》所謂之「不修《春秋》曰：『星隕不及地尺而復。』君子修之曰『星隕如雨』」，義例相同。凡古人修史編書，莫不皆有藍本，既已修之，則自成一家，故於原文合者取之，不合者或删削，或改正。既經改作以後，則必首尾貫串，義例專一。況孔子修《春秋》，何等鄭重，所謂「筆則筆，削則削，游、夏不能贊一詞」，杜氏以不言「凡」屬孔子，僅爲四門之一，是孔子於《春秋》僅修其小半，未修之三分，與所修者雖衝突違反，概不爲之整理，此良史所不屑者，而謂大聖制作，乃蹈此弊乎？既將全經瓜破豆分爲四門，使能貫通，猶可説也。今考《釋例》，其解釋經文諸條，凡能解者，則歸之孔子，與新例相齟齬者，乃假此三門以爲消息。每門之中，皆有數條，例不能通者，以爲不入例之條。蓋魯史既經孔修，左氏依經立傳，則必追論以前未修之史法可知。至言「凡」、不言「凡」，本無新舊之别，則周公一門，可以並入孔子。又傳於魯國事實，每以公舉儀注爲言。蓋傳據魯秉周禮爲綱領，所謂公舉者，以舉爲經所應書之事，經所不書，則以爲公不舉，乃據理而斷，不爲公之勤惰、舉不舉而變其書法也。又如赴不祔，故不曰薨，不反哭於寢，故不書葬。赴祔既爲夫人典禮，妾母不能用。二傳曰「非夫人故不稱夫人」，《左氏》曰「不赴不祔，故不書薨」。《左氏》據典禮爲言，與二傳文異義同。如公不與小斂，故不書日，二傳以爲惡貶之，故不書日。考傳禮喪葬，有加等減等之説。有功則葬有加禮，自然有過則殺之。公於卿卒禮得與小斂，故書日，不與小斂，貶同大夫，故不書日。全部傳文，并無言魯史書法有異同之文。如定、哀與隱、桓書法不同，二傳以爲遠近例、三世異辭例。《左傳》襄、昭之傳文，詳於以前數倍，遠近異同，不言可知，此爲《春秋》先後異辭之本例。今乃謂定、哀爲一世所修，隱、桓爲一世所修，則二百四十年史臣，至少必經七八人之手，并無定例，各隨個人之意而增損之。孔子亦仍其原文，聽其齟齬，豈有此理？至於赴告一例，傳屢用其説，此爲經之赴告例，不謂未修《春秋》魯史之赴告例也。《春秋》於諸侯卒葬期會，詳其有故無故，與嗣君所以待先君之有恩無恩，或早書，或遲書，在二傳直以爲當時、過時、不及時，以明其厚薄安危。傳不空言立説，故皆託之赴告，過時爲緩，先時爲速，與二傳雖異，當考其立言之本旨，不得望文生訓。如滅項，二傳以爲齊師滅，與傳本同，杜氏因止公，遂以爲魯滅，不知傳有明文，魯當時萬無滅項之理。又如仲子未薨，所謂未薨者，即君氏之不曰薨，謂以卒書耳。考成公經曰「僖公成風書薨」，故舉謚。此言惠公仲子不舉謚，而稱仲，與成風異文，知其以妾母卒，而未嘗以夫人書薨。杜氏乃以爲仲子未死，而王臣來賵，因與二傳立異，遂至乖謬無情理。杜氏號稱左癖，力反前人，解此大經，故自晉至今，經説多矣，據《左氏》解經者，絶無其書。今細加研究，乃千瘡百孔，以此見治經必守家法。後人之攻三傳，則更如蜉蝣之撼大樹，徒資笑柄而已。《國學月刊》一九二三年第一期。

春秋孔子改制本旨三十問題

孟子「《春秋》天子之事」，所稱天子，即五百年聞知之王。藉帝王垂空言，以俟百世。《公羊》：「其諸君子樂堯舜之道與？未不亦樂乎堯舜之知君子。」天生德於予，即天子。惟天子乃可言天生。仲尼不有天下，即素王。素王，所謂空王。故佛稱素王，耶蘇亦稱猶太王。無臣而爲有臣，即素臣。《左氏》所以有素臣之說。

素王又當讀爲素皇。伊尹告湯以素皇九主之說，即《商頌》之「方命厥後，奄有九有」。以王法皇，九主即九洛。

受命制作，以爲萬世法，生民以來，一人而已。六經盡美盡善，孔子以後無須再改。匹夫爲百世師，天命木鐸，惟孔子一人。乃言改作，近七十子，遠之孟、荀，亦不敢以此自號於衆，何論餘子。

參用四代，以成一家之言，非孔子自述微言，後人幾不得其蹤跡，與指刺時事，忿争囂辯者不同。

素王兼用四代，以成一統，如與顔子論時輅冕韶。

制即《王制》、《周禮》，非尋常文質、過不及之殊。

《論語》文質，即今中西，即《詩》之魯、商二《頌》，《樂記》之齊、商二歌。

改制爲聖人微言，自明心迹，非教人學步。後儒以己律聖，己所不能，以爲聖人必有敢爲。

譯改之制，全在六經。空言立説，非干預時政。

雅言即繙譯，繙譯即改制。述而不作，掩其創作之意，故以述自居。繙，如西人以拉丁文譯古書。

繙經自託好古敏求，聞見擇善。

周無公田，《詩》有公田，即素王新制，於三代取善而從。公田，中國實未曾行，海外大同學、貧富黨，其歸究爲公田，非數十百年後，地球中亦不能行。

浮海居夷，指今時局而言。從周、從先進，即今中西，非謂姬周，以新周爲大統皇，周公即皇之位。

《論語》行、志，行爲王伯小統，志爲皇帝大統。

《詩》爲志、爲思，即今泰西思想家之説。王伯不重思，將來大統亦不重思，但求力行。

餼羊、親迎、陰闇、短喪，即弟子商定改制之事。

孟子「諸侯去籍」，所聞即孔子之制。

孟子見禮聞樂，即孔子之制。

《春秋》譏不親迎，譏滅國，託始以爲作俑，所以貫通各經始《春秋》。

古之三代，後之秦始、漢高，著之律令，行之當時，乃真爲作者因時立制，爲史，與垂法百世之經不同。

賈《治安策》、董《天人策》，良法美政，獻之時君。孔子則爲後世立法，非爲一時一代立言。

黄《待訪録》、顧《日知録》指陳以備採擇，孔子託之帝王，以爲古人陳迹，但爲好古敏求，並不顯言改作。

後世開國元勳、中興名佐，垂爲典章，行之當世，與孔子以庶人繙經立教情事迥殊。開創帝王，因時立法，後來修改，多失本意。故堯、舜、禹、湯其初立之制，皆爲後人所亂，使孔子王於當時，必不能流傳百代。

後世私家論述，一知半解，多爲後王所採用，無位無德，與孔子契於堯舜，道貫百王，師表中外，其相去不可以道里計。《國粹學報》一九〇六年第十九期。

與康長素書

長素先生足下：羊城分袂，倏忽廿載，音書未通，情感常切，想同之也。世運變遷，浮雲蒼狗，台端以高騫而見疑，鄙人潛伏，亦未能免咎。國事差池，忽焉揖讓，個人升沈禍福，更何足云。頃因事北游，詢悉近況，妙晤任公，積愫良慰。君未能遽來，我不能驟往，東望茫茫，彌增叨怛耳。憶昔廣雅過從，談言微中，把臂入林，彈指之頃，七級寶塔，法相莊嚴，得未曾有，巍然大國，偪壓彈丸。鄙人志欲圖存，別構營壘，太歲再周，學途四變，由西漢以進先秦，更由先秦以追鄒魯，言新則無字不新，言舊則無義非舊。前呈《四變記》摘本一册，求證高明，周璞鄭鼠，不知何似。子雲言「高者入青天」，自非同游舊侶，恐山陰道上，轉成迷惑耳。惠頒《不忍》二册，流涕痛哭，有過賈生。然中外優劣，後止者勝，積非成是，浹髓淪肌，非有比較，難決從違。間常判五洲爲昆弟，推世界於中華，據撥亂言之，禮爲孔創，使別獸禽。《春秋》所譏，《坊記》所防，皆與海外程格相同，中人日用，舊疾久愈，藥方流傳，博施同病，洋溢蠻貊，今當其時。前陳《倫理約編》，頗爲申叔、無量所許，以爲戰勝攻取，非此莫由，特鈎深索隱，難得解人，以石投水，端在足下。政學中外，同剖野文，指揮若定，進退裕如，所謂深者入黄泉者非耶？以是爲救時保教奇策，台端其許之乎？鄙人畢生勞瘁，晚成二編，一以尊孔，一以救國。

嗟乎！尋行數墨，世不乏人，若此秘微，惟恃知我。獨是臣精衰竭，無力擴充，非藉群才，難肩巨任。匠門多材，何止七十！深望閱兵秣馬，分道守攻，大功告成，克副素志，敢不選奏凱歌，歡迎大纛，亦世界未有奇樂耳！倉卒臨穎，不盡所懷，並乞時惠德音，開我茅塞，手此敬請撰安不具。廖平頓首，四月十六日，作於京師皮庫營新館。《中國學報》一九一三年第八期，又見《庸言》一九一三年第一卷第十四號。

〔附〕答廖季平書 康有爲

季平仁兄先生：大刧飛灰，人間何世！醫院卧病，淒苦寂寥，故人之書，忽來天上，循誦三四，如見神采，軒鬈鼓舞，頓爾忘憂。參商東西，無由合併，願言懷思，我勞如何！昔聞執事說經鏗鏗，見忤當道，其與僕書三焚，不略同耶？道大不容，與君正堪共笑耳。僕昔以端居暇日，偶讀《史記》，至《河間獻王傳》，乃不稱古文諸書，竊疑而怪之。以太史公之博聞，自謂「網羅金匱石室之藏，厥協六經異傳，整齊百家雜語」，若有古文之大典，豈有史公而不知？乃徧考《史記》全書，竟無古文；諸經間著「古文」二字，行文不類，則誤由劉歆之竄入。既信史公而知古文之爲僞，即信今文之爲真，於是推得《春秋》由董、何而大明三世之旨，於是孔子之道，四通六闢焉。惟執事信今攻古，足爲證人，助我張目，道路阻脩，無由講析，又寡得大作，無自發明。遥想著書等身，定宏斯道。方今大教式微，正賴耆舊有伏生、田何者出而任之，非執事而誰歸？卧病困苦，無由一一吐盡肝膈，且待後日。今謹上《中庸注》、《禮運注》各一卷，惟乞是正。端啟敬問興居，不盡悽悽。載《庸言》一九一三年第一卷第十四號。

再與康長素書 癸丑六月

長素先生足下：得某日回書，悉台端病留醫院，未遂安痊，不勝懸念，伏乞珍重爲道，是爲至禱。來京即託友人呈拙著作二册，意在求證高明，斟酌可否，來函並未提及，不審前寄浮沉，抑醫院中不欲以文字相擾，故未蒙溜覽耶？在京撰《孔教會序》，於尊旨頗有異同，曾呈任公託寄商訂。昨陳博士來京，聞其轉述足下宗旨，以爲小康有君，大同則無君，不審此足下昔年之論？抑至今猶未改者？夫小康七人從禹始，則大同直指堯舜矣。五帝雖官天下，然堯讓舜，舜不能不謂君，舜禪禹，禹受命則不得復爲臣。然則謂小康、大同分家天下、公天下可也，謂大同以後遂無君不可也。君與民本對待之稱，直言之同爲人。謂大同以後無君，則將謂大同無民，可乎？不能同謂之人，特别有民視、民聽之小名，則舜禹之爲君，固不能取締。且無論二帝也，上之三皇五天帝，更推之至尊之上帝，皆不能不統於一尊。《莊子》「君臣之義，無所逃於天地之間」，雖下至神鬼禽獸且然，而況於法律學説之人？蓋嘗推論世界進化之理，以爲中國文明最早，當孔子三千年前，爲單獨之君權，一人暴厲於上，較土司、酋長爲尤甚。夏日炎威，鑠石流金，民不堪命，相激而成單獨之民權，如湯武之革命，曰聞一夫紂，未聞弑君，一時如釋重負，安享幸福，此秋日之和也。積陰不已，變本加厲，履霜堅冰，窮陰酷寒，裂膚墮指，雖與君權如水火冰炭之不同，積久弊生，爲害則一也。物窮則變，説者乃兼取其長，並去其短，化二者單獨之原質而冶爲一鑪，有所謂共和者，則爲年表所託始。單純君權、民權共和皆在春秋前，爲已過之態度，《論語》所謂「成事不説，已往君權，夏。遂事不諫，已往民權，殷。既往不咎」，已往共和，周。大抵皆爲野蠻時代事實，如八排黑蠻土司諸記，歷史各外夷列傳，言不雅馴，不可爲訓，古史闕文，聽其燬銷，以爲亂世作經，撥正以俟後聖，接輿所云「往者不可諫，來者猶可追」，此之謂也。故《春秋》之所非譏，皆當時之所風尚，積長增高，後來居上。即以王伯、小康論之，如《春秋》、《王制》君不獨君、民不獨民，點化淘融，渾然無迹，此君民二端，前史後經，所以有天淵之差别，萬不可同年而語者也。《孟子》云：「不揣其本而齊其末，方寸之木，高於岑樓。」今吾子乃以共和以前民主指爲大同，遂謂大同可無君，又作虚君等説，真屬認賊作子，不免衆生顛倒矣。足下《十一國游記》中於海外革命原委利害言之詳矣，君權專横，民不聊生，一如陳勝、漢高别無生路，男婦老幼舍命反對，以要幸福，物窮則變，天道之常，亦人事自然之準。西人革命，自圖生存，爲世界進化必經之階級。吾國數千年前湯武革命，何嘗不如此。直謂西人之革命師吾國學説可也。路索、孟得斯鳩等因時勢以立言，當時不顧生死利害，以先覺覺後覺，吾愛之重之，以爲造時勢之英雄。凡欲立一學説，挽回風氣，非有此堅强剛毅之魄力不能有成，匪特不薄之，更將師之耳。然天下無不敝之法，三統循環，文質相救，一定公理也。君權積久而敝生，足下既言之矣；民權之流弊，海外碩輔耆儒身受激刺，創深痛鉅，而莫可如何，其太息痛哭，不少賈生之言論，足下亦既聞之熟矣。夫人方思深憂遠痛改良之無術，我乃不問國勢、不問民情，與夫得失利害，茫茫然蒙虎以羊皮，斷鶴續鳧脛，亦至無當矣。足下素知，無俟縷呈，惟足下推中國爲專制，謂大同爲無君，不啻爲虎作倀。變法足以強國，至今日圖窮匕首見，路人相責，無可文飾。足下如欲挽救，則當深自引咎，如陸宣公草詔罪己，痛陳前日誤説，以啟同人之悟，徐圖桑榆之收，不宜人未能信之時，急急刺取外政，以一人之見，斟酌損益，定爲章程，自行挑戰，殊爲失計。夫章程之得失不足慮，必先求開誠布公，守法奉行之人。無論子之草案未是也，即使如《呂覽》一字不可易，而謂能使兩院通過乎？且今日之大患不在無法，在乎立法者之太多。代議制人人有發言權，不論是非，多數取決，一國三公，何所適從？外國可行之法，移之吾國而無效，地勢使然。縱使必襲外政，主張言論，必痛陳中外不能相襲之故，簡切顯豁，使人有信心，起疑慮，然後可以進謀用中可，用外亦未嘗不可。今吾子所擬草案，與兩院所主，乍合乍離，大同小異，執薪握脂以救火，攜石牽繩以救溺，以熱益熱，以寒益寒，辨淄澠，審商羽，在足下或以爲同牀異夢，而不知夢中又夢，將無已時也。吾人立説，當鉤深索隱，發微闡幽，不宜人云亦云，隨聲附和，以自託於識時務之俊傑。不然，路、孟二氏使當日從同，則亦無今日之馨香俎豆矣。相望甚深，乞勿河漢。總之就陳博士之説推之，足下在誤認屯蒙單獨之民權以爲大同，中間有數等必經之階級，不可躐等，不能飛越。若以諸黨角立，標金錢權力之資格，與有天下而不與聞，得天下而辟逃，君愛民如赤子，臣喪君如考妣，其相去豈非有天淵之别哉！奈何堯、舜、桀、紂同一視也。足下喜言《公羊》張三世例，以太平爲《春秋》之大同，不知此乃《書》、《詩》師説，非三千里可言。又《公羊》大一統之義，本以年月日言之。王陽習騶氏《春秋》，以爲大一統者，六合同流，九州共貫，内州州爲九宫、十干，外六合爲十二支、十二月。騶氏即鄒衍所傳海外大九州學説，本於《洪範》五紀，不可專據《春秋》言之。又《公羊》本國、諸夏、夷狄，周召分陝而治，周公東征西怨，新周王魯，故宋絀杞，皆爲《詩》説，先師借用之，非本經專條也。日前晤任公，嘗笑足下引孟子爲孔子大同嫡派，但據「國人」、「寇仇」二句，而不引「臣視君如腹心」一義，未免偏而不全。今特撰《君民九等資格表》證明鄙説。倉卒命筆，疵漏甚多，更望引而進之，是爲至盼。專此敬覆，並候撰安。

是書囑陳博士轉寄，未審達否。但鄙見如是，坿刊諸此，與海内人士公論之。平識。

《國學薈編》一九一四年第三期。

評新學僞經考

原編者題識：南海康有爲作《新學僞經考》、《孔子改制考》成，其徒號於衆曰：「井研廖氏説如此，夫有所受之也。」世人因其同喜爲公羊家言，亦遂以廖先生與康氏並論；詎知夫先生之學，前後凡六變，二三變以後，即尠爲人知，康氏所竊，殆其二變以前者，謂爲先生之糠粃可也。先是康氏得先生《今古學考》，喜甚；後於粤之廣雅書局相值，又出眎《知聖》、《闢劉》二編，乃引伸其説，爲《僞經》、《改制》兩考，未成，而先生之學，又數變矣，故康氏有遺書數千言，以相詆責之事；梁任公所謂受張文襄賄逼，復著書以自駁者，蓋亦指此年，豈同乎康氏之拾人涕唾，又復淺嘗輒止哉？餘杭章炳麟知其然也，雖持論不與先生同，於此則齗齗爲之辨正。並見《中國學報》創刊號廖宗澤所撰先生《行述》及章炳麟所撰先生《墓誌銘》。兹得先生此稿，遺文墜簡，縱虞非其全璧，然益足徵先生之非康氏師也，故特表而出之。

統觀全書，其於目録之學，尚有心得；然未能深明大義，乃敢排斥舊説，詆毁先儒，實經學之蟊賊也。其以新學名編者，不過即所謂今古文者而略爲變通之，據序意，以賈、馬、許、鄭之學爲新學，此漢儒之所謂古文也；宋人所尊述之經，即僞經，此祖詒肊説也。夫諸經中誠不免有後人羼雜者，何得遍僞群經，一概抹摋耶？就祖詒所謂僞者而略論之：曰費氏《易》、曰古文《尚書》、曰《毛詩》、曰《周官》、曰《春秋左傳》，以及古《論語》、《孝經》之屬，皆漢時之所謂古文也。夫漢儒傳經，首重師説，古文所以晚立學官者，以其先師説未行故也。其實無論爲古文，爲今文，而其經未嘗不同。以費《易》言之，與施、孟、梁邱，固有今古文之分也，爲同六十四卦，三百八十四爻，古文如是，今文何獨不如是乎？古文《尚書》，與伏生所傳二十八篇，亦分今古，國朝編者按：指清代。諸大儒，已疑百篇爲僞，而不敢直決者，以伏生所傳爲未備。孔子序《書》，原自百篇；《史記·孔子世家》言「孔子序《書》」，上紀唐虞之際，下至秦繆，編次其事」，以及《儒林傳》言孔氏安國傳古文《尚書》之説，爲可信也。祖詒不信《書序》，固並即《世家》、《儒林傳》之説，皆以爲劉歆竄改。今考百篇之目，多有爲他書所引者，如《太甲》、《太誓》見引《孟子》之類，不可枚舉。祖詒能概屏其説，而以爲非《尚書》篇名乎？祖詒不信壁中古文，當並其孔廟藏書之事而亦疑之，以其事原相類，今文與古文，不過後先之分也；何以於壁中古文，則不信《史記》，於《孔子世家》言廟藏孔子琴書，則反據《史記》，凡此之類，皆自相矛盾，書中如此類者甚多。多見其説之妄也。《毛詩》亦古文，《史記·孔子世家》稱「古者《詩》三千餘篇，及至孔子，去其重，定爲三百五篇」云云，今《毛詩》之目猶合也。後人考訂三家《詩》，其篇目亦未嘗不與《毛詩》同；不過三家序説，與毛互有同異，蓋漢時師説如此也。祖詒斥《毛詩》爲僞經，然則自《關雎》而下，《殷武》而上，皆爲劉歆所撰乎？《周官》雖亦晚出，然考其中典禮，多與他經傳合；如巡守禮，已見《堯典》；建都，已同《洛誥》之類。即其官名，亦無不載《戴記》之内。如冢宰，見《王制》；司空徒等，見《曲禮》；以及天地四時等目，見《盛德篇》之類。此皆祖詒所稱爲孔子制者也，祖詒稱爲僞經，於何見之？即其中間有異同之處，此以他經傳考之，亦莫不皆然者也。即如《儀禮》，亦間有出入，祖詒實未之考耳。據《漢·藝文志》，有《周官經》六篇，當即《周禮》舊本，祖詒既不信《藝文志》矣，又何足與辨哉？《春秋左傳》與《國語》，原相爲表裏，世稱爲内外傳，皆爲左邱明撰；《史記·報任安書》稱「左邱失明，厥有《國語》」者，蓋舉《國語》而《左傳》自在其中。今考《史記》世家等傳，多采其事，足明其書爲不誤也；與《公》、《穀》雖自别行，而實亦相通。《公》、《穀》單舉義例，而《左傳》則兼紀事實；今治《公》、《穀》者，不有《左氏》事實，尚不足以明義例，又安見非孔子授受乎？況《公羊》與《穀梁》，亦互有同異，《左氏》可疑，則《公羊》並可疑。不過三家師説，原自各異，亦如《毛詩》之與齊、魯、韓三家同；其自「元、春、王正月」以至西狩獲麟，又未嘗非孔子全經也。其他所稱古文《孝經》、《論語》之屬，此亦今古文之緒餘，不與辯，亦不足辯。總之祖詒之意，以古文爲僞，而以今文爲真；古文之僞不可見，則借劉歆校書之事明之。夫劉歆雖有校書之事，不能即故府所藏者而盡爲删改也。祖詒意以爲《漢志》爲歆所撰，劉向《别録》亦歆所改竄，至不能申其説，則並司馬遷《史記》而亦疑之。考《漢書》成於班孟堅，大半皆本《史記》而成，未聞劉歆有撰《漢書》之事也；向爲歆父，其作爲《别録》也，亦本當時簡删而成，歆方纘承父業之不遑，以云改竄，夫誰信之？至司馬遷《史記》，則自西漢已垂爲定本，史公《自序》所謂「藏之名山，傳之其人」，即祖詒亦以爲人人共讀者也，歆又烏得而改竄之？中亦有人補綴，如褚少孫所補之類，不在此例。即祖詒所指爲歆改竄者，亦不指此。即使改竄，亦當彌縫無間，不予後人以指摘之端，乃能掩其作僞之迹，何歆竟若是之愚乎？況其書中所言，或從《史記》，或又駁《史記》，或據《別録》，或反攻《別録》，大約於合己者則取之，於異己者則棄之，支離惝惚，莫衷一是，治經之道，固如是哉？凡治經之法，貴篤守舊説，經傳中微言大義，不少可以致力之處，即有可疑，亦當就其説而引申之。至目録一門，尤不宜妄加駁斥。士生千百載後，得以窺見古人緒餘者，恃有先儒之考訂耳，使其可疑，古人去古未遠，已先我而疑之；今祖詒力排舊説，獨逞肊見，皆謬誣之甚，妄誕之尤，不足以言治經也。《孔學》一九四三年創刊號。

覆劉申叔書

獲讀手書，紬繹玄言，羅覼眇論，直諒之益，惠我優渥，樹義之堅，何段掎摧。惟孔子制作，生民未有，六經五緯，道澈人天。墨列老莊，咸承派別，秦漢儒者，私淑遺聞，局於一隅，妄為推闡，遷就悠謬，為世詬病。賈鄭乘之，恣其搏擊，遂奪孔席，以與周公。望風承流，有唐轃極，逮趙宋請删緯言，而孔子之道息矣。豈惟神游物化，斥以誕荒，即言論道經邦，修身已足，夫無倦無隱。夫子自道誨人，而鬼神不告於仲由，天道不聞於端木。蓋大義所揭，止於聖人，而微言之好，則極六合以外，無聲無臭，載以上天，曰隱曰微，乃為顯見，誠不可掩，至則聖窮，其體為《詩》，其用為《易》，鶉鳶鱣鮪，上浮下征，變動不居，九流六漠，化人神人，與夢為一。所謂覺本無明，形名俱寂，未有甚於此者也，即出世深詣，有識無識，三界四生，人天魔龍，法輪常轉，皆名曰幻，亦衍莊列之緒，而揚涅槃之波。至于海性種元，世界無量，則國風三五，實配星垣，斗極巍然，天官具列，亦若鄒生瀛海，群斥不經，而輪舶既通，卒無以易。蓋為高因陵，為下因澤，張學恢道，亦在乘時。自揣顓愚，敢言先覺，然例以進化，千萬年後，人不能輕身遠舉，服氣鍊形，竊不信也。先生鈎深極遠，日進無疆，沉醞既深，自轃悟境，重違雅意，肅布區區。

廖宋同致章太炎書

太炎足下：天下之無學者久矣！吾兩人不幸見稱爲學者，又不幸與太炎同見推於蜀之後進，老韓同傳，千載傳疑，不得不爲太炎足下一言之也。足下讀書，豈得不知名義，非湯武不得爲革命，非列國不得有同盟。洋譯假定革命之名詞，孫黨妄竊同盟爲符號，後生不學，就事假名，若曾讀書，豈可隨聲附和？袁孫應合，破獄出囚，獵受勳位，此事卿本無功，民國何所謂爵？劉安拜將，適同左角之蝸；彭寵居功，大類遼東之豕，不滋笑乎？與蔡元培矜氣節無異，如遇黄門而稱貞，稱南軍府爲義師，豈果慕秦王之奇勇，不知民國爲何物？多數所同然，舊人絶口不問法治，新人猶知諱言名義。足下冒稱學者，謬附偉人，文理本不甚優，法理又非所知，而獨好舞文弄法，民八民六，自爲孫曹兩系之代表。在兩系當然入主出奴，在兩黨當然一彼一此，何以見爲合法、非法？言之不慚，稱之不已。湖南譚、趙之争，無非權利，何足控摶？江浙和平之約，制止議會政潮，自是弭兵正僎，而乃必爲之左右偏袒，又首鼠兩端，於浙則故入以降曹，於湘又自辯其非向北，中心疑者其詞枝，夫亦可以休矣。今曹氏賄選，與受同科，天下共棄，而在滬議員之緊急會議，有曰急須有所組織，不問人數，舉行非常會議，討論制憲。其間爲「由國民自己負責，將制憲權歸還國民」二語，詞嚴義正，而多數似陽奉陰違，有曰推代表分赴各省接洽，有曰冒名頂替，詳加調查，有曰頭緒紛繁，稍遲討論，有曰政治問題，由行政委員會議商辦，有曰應從事調查，先從上海著手，西南實力方面意思如何，亦爲重要。仍屬習狐鼠之故技，窟城社爲憑依，無非暮四朝三，固定私相授受，人之視己，如見肺肝，彼自爲謀，無煩齒頰。獨報載邵瑞彭君直揭檢廳電詞云：「幼承庭誥，自行束脩，及爲議員，不鶩黨爭，不競名利，舉發五千元支票爲賄選鐵證，謂政變之應如何處置，曹錕之宜爲總統與否，皆當別論。若夫選舉行賄，國有常刑，不爲舉發，無所逃罪。」是誠火内青蓮，滓中蟬蜕，操行廉潔，志節嚴正，而又事理通達，權責分明，新舊人才，此其選矣。吾於此君百拜議折，議員諸公寧不羞死！諸公又豈何地無賢，而涇以渭濁，國會適足爲賢者之汚，乃猶倚爲藏身之固乎？況已經破裂，即爲解散，而不意號稱讀書者，攘臂其間，發出迷離譫語，如太炎足下所云，牽引四年六年及今年六月，爲内亂之罪已成，雖依法選出總統，國民何能承認？受賄猶第二事。惟有回復戡亂原狀，再設攻守同盟。夫篡位之與復辟，不可並世而語；揖遜之與革命，豈有同時並興？在陳宧輩志在爲洪憲佐命，宜其指鹿爲馬，在孫段黨自居於共和巨子，何妨喝雉成梟。且皆不學，苦於不知；若嘗讀書，儻所謂卿讀《爾雅》不熟，死未知冤者乎？又不寧惟是也。後世書生汩於史家氣習，每好談兵，但皆謂敵王所愾，爲國騷除耳。未有談兵而以作亂者，有之，則黄巢與趙諗皆自爲之，未有好兵而仗人作亂者也。今原野饜人之肉，川谷流人之血，誰生亂階？是誰作亂？乃曰戡亂，試思戡亂是何原狀？爲何而改爲民國？必將曰爲民。爲何而攻守同盟？則將曰護國。護國又所爲何事？而且曰護法。護法又所爲何來？仍必曰爲民也。試問之多數人民，其願設攻守同盟而護法乎？抑願解除非法議員之法不法也？有願回復戡亂原狀而復行稱亂乎？抑曰稱亂可戡，而願回復治安原狀也？戡亂之原狀，爲争局部權利也；攻守之同盟，爲争割據地盤也。詖詞知其所離，遁詞知其所窮，立死於言下，尚何説之辭！彼犧牲他人之生命，率土地而食人肉，足下曾讀史，長槍大戟者任自爲之，毛錐子安用哉？何必䖝於其間，爲人奴隸齒也。誠不禁爲今日讀書人流汗而泣下也。毋亦途殫日暮，盎漿乞瀨女之遺邪？許唱於行橋，學輿人之誦，良亦可哀。學生之盲從，孤寒之影附，誤於先導者久矣。足下與梁卓如、蔡孑民、胡適之爲淺人所稱學界山斗，迷誤後生，非一朝之故，固不能一一盡言。而今日之言，爲害尤甚。夫以破裂之國會，串成賄選之總統，吾輩當約同言論界，昌言絶不承認，四字可了。誰堪戡亂，何謂同盟，師出何名，所持何義，有讀書學者弄兵之理乎？一言可以喪邦，好惡拂人之性，爲足下與諸人懼也。幸勉旃，毋多談！吾兩人與太炎足下皆未識面，而頻有人自南來致聲，有念相聞，爲體應求之初心，一盡直言之藥石，相約爲書已久，至今箭在弦上，不得不發。若能立心自贖，尚可斷足成身。昔聞初在江南，有偶句云：「群兒鼠竊狗偷，死者不瞑目。」則當日胸懷，迥非今比。後又聞學佛，懺悔前愆。聖門以知非爲進德之方，佛氏以悔罪爲回頭之岸，能改過者君子也，於足下又豈無望乎哉！廖平、宋育仁致言。四川《國學月刊》一九二二年第十七期。

廖平先生十五人之條議

日昨總統府、國務院、參衆兩院接到四川法學會廖平等電云：竊共和國度，根據憲法；憲法精神，本諸民意，稍有偏倚，遺禍無窮。凡代表民間者，不得以個人感情、一己意氣，認爲社會心理，盲昧主張。讀《草案》一九條，以孔子之道爲修身大本，孔教猶天，包羅萬有，僅以修身規定，猶屬初階。查會議紀事，竟有訾議之者。國維不張，於斯已極！（二一六條：評論員得兼國務員，立法、行政併爲一說，推其原因，國務員必盡出議院，則彈劾規定，乃等虚文。且閣、議員地位相對，何能併於一人？此事有礙行政統系。四四條「參議院審判被彈劾者，並得奪其公權」，及七三條「復權必得國會同意」等語，則彈劾爲議院特權，而審判被彈者，非組織特别法庭，即交付最高法院。公權通作，各國所同，剥權、復權，司法作用與黜陟全殊，豈可以議院專執從違，而害司法獨立？至省制不加入憲法，則省會何所根據？自爲風氣，收拾維艱，統一精神，由此而損。）凡此各條，皆《草案》之重大缺點，爲防流毒，用敢冒昧直陳，幸垂察焉。《宗聖學報》一九一五年第二期。

代廖季平答某君論學書 曾上珍

前蒙賜井研先生書，師實感激，引爲知心，久欲覆書，事繁終寢。蒙不揣劣陋，略代陳之。足下論所傳聞云云，固未深信，悠悠之口，不足計較。至以六經歸聖人制作，指爲詫異。蓋講章八比，汩没人才，應作如是語，未深知心也。其事繁多，非一二所能盡，率對以臆，於吾師之志未得其髣髴也。蓋地球開闢，先野後文，此中外公理，亦古今實事。中國開化早，占全球先。盤古以下，不知幾千百年，而至於孔子，夷風未化，文明程度，尚不及今歐美，就經傳言之，可見事實。開化之端倪，上古鄙夷，孔子實爲開化之祖，凡一切制度文爲、綱常名教、政治典章，至孔子制作而大備。六藝之作，二派相争，如舊學全歸帝王國史，征夫思婦，孤行二千年，鄙屑孔子，直同鈔胥，有何精奥，耐人循思。不知西人但就先後考之，古之帝王，必不能如此，中士從而和之，亦以爲史臣粉飾謏傳。電化新書，十年前已不覯，何況此三千年前之陳迹？此中外廢經，皆由古文家以孔子爲述一語之所招。如表張微言，六藝新經而非舊史，知來而非既往。至誠前知，不須學問，六藝雖有本文，未經試行，如堯舞之四表上下，周禮之土圭法，於兩冰洋立表測地，至今猶不能行，而謂古人能之乎？故欲存經，則必以爲俟後；欲言俟後，則必全歸孔作。此前後新舊經史存亡之所分，其要皆在孔作一語，此旨不立，則六經瓦解，此學宗一立，則收拾散亡，猶足成軍，便可自立於不敗之地。井研所以超越千古，功勞在此一語。足下隨流俗而攻之，實亦不能詳其說之有何等害誤。學問爲天下萬世立言，豈可苟焉而已，此必先明所以然之故，然後可徐論其得失，請略言之。世言唐虞三代之盛也，後皆莫及，不知乃出於孔託，實跡迥殊。考孟子以孔子賢於堯舜者遠，此事實之真堯舜。又《孟子》「當堯之時，洪水横行」①云云，及「舜與木石俱」云云，與墨子「茅茨土階」、「大羹玄酒」諸陋野，較今非、澳、南美何異？此極荒蕪之時代也。即《尚書》亦云，百姓不親，五品不遜，蠻夷猾夏，寇賊奸宄，文明程度必不能如《論語》諸所云也。孔子欲爲萬世立極，垂法後王，乃削掩其實跡，將後來之新制，託諸皇帝之文明，如「大哉堯之爲君」云云，舜無爲而治，唐虞之際，於斯爲盛，此經傳之堯舜，即賢於堯舜之堯舜，其彰明較著者也。既無僭越之嫌，又塞輕古之口，此聖人作經之妙用也。至於禹、湯、文、武，雖較前進化，尚不及今歐美。如官職一門，《明堂位》云唐虞之官五十，夏官倍，殷二百，周三百，官少事繁，政治何能完備？比今歐西，實多遜讓，其簡陋缺略，不問可知。傳言三公、九卿、二十七大夫、八十一元士，及封千七百七十三國，政美法良者，乃緣《王制》經文以説之耳。當時政治實未如此。此禹、湯、文、武之經書，由聖人雅言譯出之明證也。降及春秋，鄙野無文，君臣、父子、兄弟、夫婦之間混同淆亂，毫無禮

① 此句《孟子·滕文公上》作：「當堯之時，天下獨未平，洪水横流，氾濫於天下。」

節等級之可言。如臣弑君，子弑父，兄弟相殘，夫婦無禮，君納臣妻，父娶子媳，姑姐不嫁，僭越法度，干犯名教等事，言清行濁，三傳諸子，彰彰可考。近春秋猶如此，則以前數千百年，不更可知乎？又考經傳所載，如《禮運》「先王未有宫室」等云云，《易大傳》「庖羲氏没」等云云，言上古之狉獉，不一而足。孔子作經，或因或革，或損或益，將一切不可爲訓者諱莫如深，將一切可以垂法者歸之帝王，舊跡消磨，新章顯著，此綱常名教之典禮，聖人作經爲之也。泰西交通，後挾其長，以臨中土，專門天文、地輿、算理，以爲古實不通，萬不能知。如《周禮》土圭之三萬里，緯之地四游成四季，鄒衍之大九州，《月令》之曆法，實早三千年，而精美非近今所及。上古之事實如彼，聖經之所言如此，謂非前知聖作，究將何屬之耶？況東漢以前，諸博士及講學家皆言孔子制作六經，與《左》、《國》别爲一派，一作一述，兩不相妨，東漢以下古文家乃專以爲述。不知先秦以前，列子、莊子已傳微言派，斥述者之非，著書防弊，以芻狗陳跡、糟粕成説，不一而足。史公以爲詆訕仲尼之徒，蓋即爲古文家而發。故以作爲微言，述爲大義，二者雖爲兩派，亦如宣夜、渾天，立法雖異，得數則同。聖作則於古人似有貶辭，不知述則不得爲聖，至兩者不能相保，與其聖帝王，不如聖孔子，兩害相形，則取其輕，足下試求之自得矣。況今海禁宏開，學戰沸騰，中國舊説，無不敗覆壓倒，莫能自立。加以新舊分黨，更易支絀。以今之現象，再推數百年，中國文廟，勢不改祀耶穌不止。鄙見以爲，欲保國須明祖學，使人心有固志。今一切崇拜外人，有一生民未有覆幬六合之聖，必排之褫之，必賢而非聖乃止。蒙所争者一線命脈，繫以千鈞，誠蒙與足下及中國士人所當仰天椎心，痛哭流涕而不可終日者也。故井研宗旨，欲言學必知聖，不知聖之如日月，如天地，而以尋常馬、鄭、韓、柳、郭、邢儒生博士傳箋文藝相角逐，斯何以足爲德配天地哉！今中國政治不用舊來之弓矢，而改鎗砲；不用舊來之兵制，而改洋操；不用舊來之舟車，而改輪軌；不用舊來之書院，而改學堂，盡棄數千百年之舊法，改計圖存，時變所至，無可如何，何獨於學不然，而株守古文，必祖周公，而配以孔子，周南孔北，亦甚惑矣！夫《經學不厭精》、《新政真詮》等書鄙夷舊説，攻之體無完膚，前車之覆，後車之鑒，在今日情形固有偏袒不受節制之嫌，與其全軍覆没，何若振旅而還。周亞夫堅壁不出，左良玉全軍而反，後來者猶取爲奇策，此時不豫爲計，非王公將相士大夫之恥，乃蒙與足下等講學之恥也，是豈爲好辯哉！足下諒知其心矣。足下東游，才能智識大優庸衆，外國學界何如，必能深悉。如以中學置其中，足下其以爲勝乎？其以爲不勝乎？蒙不言，足下亦必曰不勝矣。蓋莫可如何中求一戰勝歐美，舍明經術無由。聖經原始要終，包括中外，凡一切皇帝伯王之政教，任人挹取，是今世界獨一無二之美善，可傳之無窮者。惟我土聖經出於一手，他人不能思議，非井研妄創者也。講皇帝學，尊聖人者，蓋舍是不足以見至聖之大，尤不足以收外人尊仰之心。將來我教不滅，我國不滅，我種不滅，其機括或在此不在彼也。蒙愚及此，敢質諸左右，伏乞垂教，并請撰安。曾上珍謹上。《廣益叢報》一九〇六年第二二五號。

代廖季平答某君論學第二書

金銘勳

去年得讀賜則柯師書，頃者同門擬欲裁答，蒙雖譾陋，心煩技癢，願貢所疑，以釋二三君子之惑焉。孔子作述之分，當時弟子各主所見，傳有二派師説，以爲言述宜於秦漢，言作宜於後世，王伯則其害尚淺，皇帝則其害甚深。孔子繙經，以《春秋》論制度考文，進退當日之王公卿大夫，故孟子以爲天子之事。使明目張膽，以微妙出於一心，爲一人之私書，人情賤今貴古，不足以悦服人心，反招時人所指責，故《公羊》有「定哀多微辭」之説。當時六藝初出，其道未光，必以爲帝王舊制，而後如秦之博士，漢之陸、賈、董、劉，其上書陳言，皆主尊經法古，帝王政德如此，所以興，秦不師古，所以亡。必用微言之説，以爲出於一人新書，非古帝王之舊，反不能推行盡利。此述而不作，宜秦漢之説也。董子以後，凡非孔子之言，皆已屏絶，經教張明，絶無疑阻。朝野推崇至聖，衆口同心，必張微言，出於聖作，乃以免芻狗糟粕之譏。如必以爲出於史臣，則事雜言龐。如杜征南之解《左傳》，於一經之中，分出周公、仲尼、史臣，甚至以爲史非一人，有深有淺，有文有質，《春秋》之文學因以大壞。或又以《詩》推諸狂夫怨女，此東漢以後經已大明，必以爲聖作之説也。三王春秋事近地狹，以爲先王舊史，雖有不合，其利害尚不相遠。至於《周禮》，三皇五帝之學，土圭三萬里，九千里、六千里、三千里爲一州，公侯封地，至於方四、五百里之大，十二年巡狩殷國，其所經營，皆在海外，若仍以爲皇帝之陳迹，不惟無此事，并無此理，不惟西人攻之，即中人亦懷疑而不信。此皇帝之説，一言作則百美俱備，一言述則萬事瓦解。當今海禁宏開，萬國會同，皇帝之學已將見之施行，萬不能再用舊法，以孔子鈔胥。東漢以後之古文家説，以經爲舊史，不惟閣下信之深，即師昔亦持此論，因同學考究數年之久，始敢持以問世，師友相難者無慮數十百起，推考源流利弊，乃定爲此説。不惟主聖作，其推詳細密，即主孔述，博考詳求，擇精取良，亦迥出於陳言之上。閣下謂以經爲依託皇帝，亦可謂堯、舜、禹、湯、文、武亦無其人，六經爲地球始終之絶作，説六經爲有一無二之重任，陰陽黑白，美惡得失，推究其極，皆在幾微之間，少縱則失。故讀則柯之書，必須平心静慮，忘餐廢寢，遲之又久，乃能得其理解，初非鹵莽滅裂，一知半解，便足以相難也。考《中庸》以古帝王爲有位無德不敢作，孔子有德無位亦不敢作。或以爲天既生孔子以德，何不并授以位，使其位德兼隆，見諸施行，不必依託故人，豈不直切了當。曰：善哉問也！因此可以見天心，亦可以明聖人之意。秦博士以古之帝王不過千里，降及春秋，略有教化。别有夷狄之中國，不過方千里者三四州，外皆夷狄。無論孔子爲晉楚之侯國，即使生周繼統而王，以顔、賜、由、求爲三公四輔，其功業所至，不過如春秋撥亂反正，用夏變夷。如海外者，孔子後二千餘年乃始通，所以由伯而王，由王而帝，由帝而皇，絶非期月、三年、百年之所能成。考《春秋》一書，記孔子當時之法度，王、帝、皇三等，必賴空言垂教，以俟百世之後聖，此天所以命孔子爲素王，而不爲真王，絶不肯爲政於當時，如立功之王霸，而爲立言之聖人，天心人事，故可考見者焉。《中庸》又有上無徵，下不尊，民不從之説。帝王孔子皆不能作，然古有通工易事，以有易無，合之則兩美，離之則兩傷，故孔子用通工易事之法，以己之德，合帝王之位，相輔而行，則德位兼隆。故帝有位而兼有德，則自作，亦如秦皇、漢祖自作詔書，不必依託於古之帝王。孔子有位有德，則以其空言，不如見諸實事，乃不得不如此變局，託於好古敏求，擇善而從，以我心之所欲，爲託之伯王，並託之帝皇，然後有位兼有德，無位者可以因人之位以行我之德，此孔子所以不自作，而并託之於堯、舜、禹、湯、文、武、周公者也。故《論語》曰：「述而不作，竊比於我老彭。」又曰：「蓋有不知而作之者，我無是也。」多聞多見，擇善而從。究其外言之，則自爲述，此《左》、《國》所傳大義派也。自其内言之，則自爲作，此孟、荀、列、莊所傳微言派也。然作非作，述非述，兩派各有得失利弊，必合觀之，因時制宜，乃足以變通盡利，此孔子化無位爲有位，帝王變無德爲有德，其始二者皆不敢言作，其後二者皆得而作。《論語》以《詩》、《書》、《禮》、《樂》皆雅言也。《爾雅》爲後世繙繹之名，故《莊子》引孔子言「繙十二經」。《莊子》之「繙」，即《論語》之「雅言」。孔子告哀公學爾雅以知言，《漢書・藝文志》：「惟《尚書》讀近爾雅，通古今語而可知。」當時二帝三王周公，如晉之《乘》、楚之《檮杌》、魯之《春秋》、夏時、乾坤之類，時人或不能讀，讀之或不能通。孔子自命爲通古今語，取古人之書，以當時文學寫訂之，如中國之繙釋典繹局之繹西書。孔安國以隸古定寫《尚書》，各隨人之學問高下。故今西書如化學、電學一書而有數繹本也。不惟彼此深淺文義不同，而其形式亦各不相謀，讀者非治其源委，不能知其原出於一書也。孔子之繙六經，由古史變爲新經，其中因革、損益、筆削，出於聖心，作中有述，述即爲作，或作或述，任人自取。如以爲真作，則必如《史》、《漢》之記事考言，秦皇、漢武之誥令。孟、荀、莊、列無所承襲，自成一家之子書。孔子之作，爲作者之一變局，與凡作者不同。如真以爲述，則必如刻帖之雙勾，刊經之印本，千金不易一字。今既不能將孔子所譯原本與相印證，且作與述原不可考，而書皆出孔子一人，豈無因革損益？故師席以孔子所述者不得以爲全屬舊文也。在閣下必搜古書以相難，不知自孔子後，諸賢承其流風，别爲經説一派，所有典章制度，皆緣經立説，與當時行事、故府典章，彼此不同，互見雜出。今可分爲二門：凡帝王列國通行舊制事迹，稱爲史事類。聖爲天口，賢爲聖譯。諸賢諸子祖述孔子，據經立説者，以爲經説類。如夏禹桐棺三寸，服喪三月，見之《墨子》及古書者，此史事也。《禮記》曰「夏后氏三年之喪」，與《堯典》「三載四海遏密八音」，此經説也。周時同姓爲婚，故穆王有盛姬，齊、晉、魯諸侯卿大夫皆所通行，此實事也。《春秋》譏魯昭公，乃創不娶同姓之義，而《左傳》、《國語》所言，當時不婚於同姓，一切議論，皆爲《左傳》據經立説，此經學派也。古之帝王疆域小，《春秋》於荆、徐、梁、揚皆以爲夷狄，此史事類也。《左》、《國》據《禹貢》立説，以爲周之先王規方千里以爲甸服，由侯綏以推要、荒，至於五千里，此經學派也。二派彼此不同蹤跡。如孟子論爵禄可謂詳矣，乃謂諸侯惡其害己，而去其籍，嘗聞其畧，既已去矣，孟子又何從而聞之？蓋孟子所説者經學派，諸侯所去者史事派，彼此兩歧，遂以所傳之經説稱爲先王之舊，諸侯所行爲後來流失經説。周行三年喪，魯、滕之先君皆莫能行，可以相觀而明矣。又王者封二王之後，用其服色，守其典禮。如杞之於春秋，事隔千年，則夏禮爲杞國世守則有之，以外之傳聞蓋不可考矣。孔子學三代之禮，乃《論語》「夏禮吾能言之，杞不足徵也；殷禮吾能言之，宋不足徵也」，是孔子所説之夏、殷禮，蓋爲後來三統之夏、殷、周立法，文明美備，迥非杞、宋所守之文獻。孔子所説，多爲二國所無，故曰「文獻不足徵」。蓋孔子自立三統之説，待其人而後行，與二國先王已行之史事不同。恐學者執簡而争，亦如魯、滕自據其國之舊典以相難，故爲文獻不足徵之説。蓋同者可徵，其不同者以爲子孫所守缺略，非先王之全文，足見經學與史事一新一舊，事出兩歧，不能皆同。故孔子聞宰我之問社，而曰「成事不説，遂事不諫，既往不咎」，蓋自明所説之三代，爲將來之三代，而非既往之舊文，正與列、莊陳迹、西人維新之説互相發明。《公羊》所謂「非樂道堯舜之道乎？堯舜之知君子也」，是作經以俟後聖。在孔子自己發明，使必言述，不可言作，孔子何必以此自明其宗旨哉？蓋古之三代，由簡而文，前後二千年之久，因時立法，不能相同。如唐虞之官五十，夏官倍，殷官二百，周官三百。田畝夏后五十而貢，殷人七十而助，周人百畝而徹。先野後文，不能循環，此三代之真事，所謂成事、遂事、既往者也。至如以松、以柏、以栗，以爲三統立法，可以互見更换，周而復始，此在文明已備之後，不能增損，如史之先少後多，彼此互書。蓋經説於制度大定以後，折衷一是，以垂久遠，後來但守成法，不得有所變改。然易姓而王，必有變易，故又定爲三統之法，於一定之中，分爲三品，彼此交换，變通不窮，不改而改，變而不變，如松、栢、栗三統可以循環，周而復始者，此爲經説派，爲杞、宋故府之所無，專爲後世法夏、法殷、法周三統立法。故孔子聞宰我與哀公三統循環之説，因其事以明三統。經説與三代史事不同，故成事不説，遂事不諫，既往不咎。所謂成事、遂事、既往，則爲三代真史事，如設官與田賦之類。考三統可以循環立説，同學嘗集爲成書，不下數百條，而舊聞史事，如設官、田賦之不可循環之類，同學嘗集爲《古制佚存》，二書對觀，作述益明。蓋弟子所傳，皆經學派，爲故府之所無。舊文孔子不説，見於不諫、不咎，因以遂滅，乃設官田貢二條，特見《明堂位》、《孟子》者，蓋循環之説詳矣。然不將杞、夏、周故府舊文略傳一二以爲先野後文之證，則讀者必反疑三統經説實爲當時故事，經史之分不明，聖作之功不見，此所以循環之中必參見一二條不可循環者，以見孔子「既往不咎」之大例也。觀史事經説異同分合之故，孔子之或作或述，經之爲舊爲新，不相觀而益明哉！閣下力主舊史，意若言聖作則有大害於名教，萬不可行者，其實亦如測天家之地動、天動，説異而得數則同，不過先入爲主。全歸孔子，則於古帝王似有貶損。其實聖帝王則必賢孔子，聖孔子則必賢帝王：二者必居一於此。孟子「賢於堯舜」，早有明文。自唐以後，學宫黜周公，尊祀孔子。國朝極推崇孔子，乃爲尊國制，明師説，并無違犯、有傷於名教。師昔持此説二十年矣，當日并不爲抵制西人起見。

近來新學大倡，凡其集矢聖經，得此一説，反足以栟幪全球，表張微言，此爲則柯第一功勞。蓋其中有鬼神相告，實出天誘，非此不足以尊經存經。至於所稱用今日外國譯名以解經，我爲俄，日爲倭，悠悠之口，更不足較。報章有爲師席作傳，推尊舊説，於皇帝宗旨有微詞，蓋亦先入爲主。又所見者皆良工之璞，同學亦辯論，容後繼呈。稱心而談，語無倫次，肅覆，伏乞鑒諒，并懇垂教。恭請撰安，後學金銘勳頓首上。《廣益叢報》一九〇六年第一一五、一一六號。

代廖季平答某君論學第三書

廖宗彝

同學擬爲答書，學識淺陋，不能有所發明，特就素聞函丈者略爲呈之，伏乞裁正。經所言之三代，非國史舊文，乃孔子新經，彼此不同，孔子嘗自言之，不必遠徵諸子。師說即以《論語》言杞、宋爲夏、殷之後，世守其典禮，孔子欲學夏、殷，常之杞、宋。乃孔子云「吾説夏禮，杞不足徵；吾説殷禮，宋不足徵」，歸咎於文獻不足，是經傳所言典禮有出於夏、殷之外，新舊不同，文野懸隔。又如宰我論社所言「夏以松，殷以柏，周以栗」，爲經傳三統循環之説，制度一定，無所損益，改其文而不改其實，爲後來變通之法。三代前後二千餘年，精進改良，月異而歲不同，如官之由百、二百以至三百，喪之由三月而五月、以至九月，是爲當日史文故事，經傳皆存而不論。故孔子曰「成事不説，遂事不諫，既往不咎」，三語非以責宰我，一語指一代而言，謂如松、柏、栗三統之三代皆屬未來法夏、法殷、法周之後王，初非杞、宋所守之成事、遂事也。《禮·檀弓》一篇爲齊學，其中專言孔子制作禮樂，並非周公以前所遺，不下數十百條，細心讀之，自可考見。考吾師作述雖分，於經文並無去取。國初承明餘緒，考據初有萌芽，義理之學極盛，僞《古文尚書》尤爲理學家之所主，「人心惟微」十六字，直以爲帝王之薪傳。閻百詩作《古文尚書疏證》，有一百二十八條，斥爲晉人所撰僞書，欲盡廢其書不傳。雖素崇信之聖經，閻氏一人創論，遂欲焚毀，以視但易作述，而於經文無所改易者，其相去爲何如！使在今日，亦必如劉歆争立博士，幾受不測之禍者不止。乃當日理學諸公多居顯要，何不聞一人與閻氏爲難？事久論定，博雅之士以讀僞古文爲恥。聖作之説，今日雖有異同，大抵先入爲主，門户之見，安知數百年後，中外學人不奉爲蓍龜，以與閻氏之書相頡頏？且閻氏分訂，只在《尚書》一經。井研之宗旨既不如閻氏之駭人聽聞，六藝各得真宰，盡祛謬説，其功績且數十百倍於閻氏，安知後日吾子不自悔失井研之學通行海外？以足下所云，轉相告語者盈千累百，一經覆答，各釋所疑，皆得悦然而去。耕當問奴，織當問婢，立此標準，以招天下之兵，實在好學深思，不可爲淺見寡聞者道。悠悠之口，未能習讀其書，追求命意之所在，蓋先秦諸子無不以經文出於孔作，以《春秋》爲國史，《詩》爲輶軒所採，《禮》爲周公所撰，甚至以《爾雅》亦爲周公作，然皆發源於劉歆。不知劉歆未爲國師以前，仍以經爲孔作。其《移太常博士書》首言仲尼没而微言絶，七十子卒而大義乖，文中言自衛反魯，然後樂正，雅頌各得其所。以經爲孔作，與博士無異辭。作者爲聖，所以有微言大義之説。使但鈔録纂集，如昭明之《文選》、李昉之《文苑》，不惟不能言作，又有何微言絶與不絶之可言？足下以爲一言孔作，亦可謂孔子無其人，是直以孔作出於一人之私言，並無舊説可循。試檢孔子作六藝考與改制考，然後知皆古師説，此何等事，豈能杜撰以欺天下後世？按《左傳》不以空言解經，孔子既托之於二帝三王，賢爲聖譯，故以經義寓之當時公卿大夫，以掩蓋聖作之跡，以爲帝王周公實已如此，不使人疑孔子六藝爲一家之私言。季札之論《詩》，季孫之解《書》，宣子之觀禮，下至《繫辭》之論四德，亦以爲出穆姜。後來古文家專主此説，此一派也，東漢古文家主之。列、莊爲四科德行之派，專詳道德皇帝之學，推崇孔子，與孟、荀相同，糟粕、芻狗、陳跡諸説，大聲疾呼，恐後人誤讀《左》、《國》，以孔子爲鈔胥，如東漢古文説。故《史記》謂莊子詬詈仲尼之徒作而非述，履而非跡，殆爲賈、馬諸儒而發，與孟子「賢於堯舜」、「生民未有」宗旨相同，墨子以禮樂出於儒者，指陳尤爲著明，又一派也，西漢博士主之。二説各有主義，相反相成。然定、哀之微辭，爲當時而發。諸子去古稍遠，經説已行，無所嫌疑，故力反左氏之説，以尊一經。至今日古文家説孤行二千餘年，六藝失其主宰，七分八裂，使人疑經攻經，删經改經，且至於廢經。亦如割據之世，閏運僭號，戰伐攻取，民不聊生，必得其聖人出，掃蕩群醜，廓清宇宙，同軌同文，而後可以言太平，求樂利，一定之勢也。況强鄰壓境，危亡已迫，乃家異政，人異教，干戈仇讎，日起於蕭牆之内。善於謀國者自當明祖制，消仇忿，彌縫缺漏，和衆心，明其政刑，以消息於未萌，以圖自存。使六藝果爲古文，當時教化所及，不出千里，其經營構造，僅如今一大郡之地，不得張皇太平，動云血氣尊親，六合同風。凡爲帝王者，設施不出版圖之外，蠻觸相争，至於微末。後來文明日啟，版圖較大，當日雖竭力經營，不足以爲後來之興觀。故無論堯舜，即三代實事，苟其書尚存，徒資笑柄。且書契未興，誰人秉筆？故非、澳、南美土著野蠻，並無舊史可徵，即華夷雜處，貓猓至今不聞傳有載籍。且開闢之時，政教月異，而歲不同。歷史數千年，何以經傳官名、服制先後如同一轍？西人就祆教以推文明程度，莫不先小後大，并無既已文明，後又蠻野。故《左》、《國》之説，一經指摘，處處疑難。惟以諸子聖作之説，雖有皇帝王伯大小之異，實出一人載紀。故皇帝王霸，疆域雖有大小之分，而政教名物，莫不相同。至誠前知，垂法後聖，因其行事，以加王心，以言立教，或伯或王，或帝或皇，不妨以一人兼撰四代之制度。故曰待其人而後行，可知非從前已往之事。由春秋以上溯皇帝，春秋版圖尚不足三千里之制，則以前可知不能有皇、有帝、有王，不待辯而明矣。既爲後人立法，原可以別立名目，不必依託古之帝王。然虚擬後來之四等制度無所繫屬，不成體式，亦如《春秋》非藉當時行事不能成書，故舉後來之由小而大者，如光之取影對觀之，反爲由大而小。既得此法，雖千萬年後一統之皇，五分之帝，二十分之王，七十二分之二伯，凡待人而後行者，皆可依年分疆畫界，詳其政教。故凡後來政治，心摩力追，皆可筆之於書，爲立言之木鐸，乃能創造此生民未有之絶業。凡古之帝王，皆屬立德立功，不唯不能作俟後之經，且亦無此思想。唯孔子爲後世法，事不能行於當世，乃創爲立言變局，所謂「天將以夫子爲木鐸」，故凡經傳諸子，如黄帝、管、晏皆出孔子以後，一言一行，各不相同。故莊、列以此事如神遊，如夢想。《楚辭》之《遠遊》，是當日之夢境。《春秋》説以爲孔子修《春秋》，筆則筆，削則削，就《春秋》説《春秋》耳。實則當時六藝亦皆此法。六藝《春秋》最爲平實，《春秋》不能贊，而謂國史、怨女曠夫能爲之乎？顛倒其説以立法古之教，故法古之説，先秦以下皆用之，實出經説。使就實事言之，泰西精進改良，愈古愈遠，一力求新，無可法之古矣。《中庸》曰：「生今之世，反古之道，如此者災及其身。」是即西人精進維新之説。孔子以新爲古，法古既以爲新，與泛言法古者名同實異。六藝顛倒其説，孔子之弟子及當時諸人何以信之？則以有繙繹之例。《莊子》引孔子「吾繙十二經以立教」，《論語》以《詩》、《書》、執禮爲雅言，托言古有載籍，時人不識古文，不通古語，故不能讀。孔子以當時之文字繙繹古書，成爲六經，亦如漢儒之以隸古寫定《尚書》，以爲作則非作，以爲述則非述，故曰「述而不作，信而好古」，又曰「蓋有不知而作者，我無是也」。《左》、《國》與諸子各持一説，以當時本有此二派，然一虛一實，學者當知所擇矣。在孔子本因心作則，取後來小康大同之事迹，分類筆之於經。故孔子曰堯有三年之喪，而弟子行，古來有公田，而時人亦信之。然其微文隱義，時有所見。如子張之問諒闇，魯滕不行三年喪，周無公田，而《詩》有之。使六藝果爲當時實録，何以有此參差乎？夏喪三月，國恤古今無行三年者，宰我請以期爲斷，漢文帝以日易月。《堯典》曰「百姓如喪考妣，三載四海遏密八音」，周喪且以期斷，而謂堯之史臣所自撰乎？當今海外習聞中國經爲古史，又教化先大後小，以爲乖於情理，故著書倡言攻經。東漢古文家説，無不披靡，用聖作則經可推行，言述則經必廢亡，其利害相去，豈可以道里計哉！而其樞機在作述之轉移間。説者以古文争一虛名，忍使六經廢亡，而不思改變，不知於孔子有何深仇夙怨，而堅執此義之甚也？西人自誇其坤輿之説，謂爲經傳缺典，以爲可以自外帡幪，别樹一幟。考中西相通，始於明之萬曆中。春秋以前之中國，黑子彈丸，其所設施，豈能及遠？不知經非實録，乃俟後之空言，載筆非史臣，乃前知之孔子。《周禮》爲三皇五帝之書，專爲海外而作。其他不足論，但就土圭言之，地球三萬里，升降四遊，遠在西人採得澳、美與測量地員繞日之上。至聖去今二千年，當時不必有輪船探地球測量之實事，乃能將其大地周圍直徑明白開載，且就其中辨方正位，體國經野，取五分一之陸地，以爲幅幀，畫井分疆，爲九九八十一禹州，以五土分畫五大洲之人種、動物、植物，又有五書詳各州之風俗美惡利害，攻伐會盟，使館報章，至詳且備。以爲《詩》、《書》、《易》大同之典章明白平實，無待附會穿鑿，可以立言起行，以視鄒衍海外九州之説，乃帝制之九州，大行人九州之外爲藩國，《周禮》九服九千里之師説也。時賢於鄒衍咤爲奇談，不知當日何以有此奇想？《詩》、《易》、《尚書》宏深精博，姑不具論，《周禮》爲三經師説，不過如《春秋》之王制耳。然博大精詳如此，果誰爲之耶？屬之堯舜歟？屬之五帝歟？屬之三皇歟？知不得不屬之我前知俟後之孔子也。西人所繙譯者《味根録》、《五經體注》，庸惡陋劣之坊本耳，使其得讀《周禮皇帝疆域考》，其皈依孔子，當較耶蘇爲尤甚。張明祖學，以執全球牛耳，保國保種之法，無俟別求。以爲聖作，有百利而無一害；以爲賢述，有百害而無一利。且得經傳明説，并非有意左袒，害利相形，足下安所適從乎？知不得不歸作於孔子也。蒙從學日淺，言一漏萬，又所呈臆妄，貽笑尊前，伏乞鈞鑒。後學廖宗彜謹上。《廣益叢報》一九〇六年第二七號。

史記無其德而用其事説

五帝之學，囊括全球，三皇之學，通於上下。每怪秦始混一六國，截長補短，疆域不過方三四千里，竊用齊人所獻鄒衍五帝終始運，銷鋒鏑，毁名城，刻石立頌，全係皇帝師説。至其稱尊號，又用博士説，古之皇帝皆不過千里，而稱皇帝，又云古天皇、地皇，泰皇最貴，今陛下混一區宇，當稱泰皇。始皇嫌遜不敢僭越，泰皇去泰著皇，始稱皇帝。西人每笑中人自以其國爲天下者，實由秦始作俑。鄒子雖有周禮海外大九州之説，不能奪也。西人又謂中國不進化，由戰國至今二千年，文明程度未能大進，中儒亦深信其説。如嚴譯各書與諸報章所論，大抵皆謂中國進化，是不知天心在經，與《史記》「無其德而用其事」之説也。孔經新出，亦如虎哥公法，爲一人私書。公法取合時宜，經則專爲俟後，與地球相終始。使非有帝王舉而行之，若之何不湮滅銷亡。如《秦本紀》言秦始蜡、始用正月、始時者數十條，皆謂始見之實行也。蓋天特生秦皇，漢王莽舉皇帝大同之經制，實見施行，如鄒子五帝終始之説，何以能存？非其時而誤用其事，秦新以亡。然其存經之功則不可没，故嘗比之爲孔子六經堆貨棧，《史記》因有「無其德而用其事」之説也。《公羊》云「許夷狄」者不一而足，又曰「漸進也」，又分亂世、昇平、太平爲三世，即《周禮》之亂國、平國、新國。傳紀緯候言三統循環之制詳矣，有不可循環者，如唐虞官五十，夏官百，殷官二百，周官三百。夏喪三月，殷九月，周期與三年。夏三廟，殷初四廟，末五廟，周初六廟，末七廟。此蓋漸進、夷狄，不一而足之法。所謂夏、殷、周即三世之符號，文明程度以漸而推，繼長增高，此一定之勢也。春秋戰國，人民程度約畧如今之泰西。今西人無祖廟、服制，與當時中國適同。孔子六藝，垂爲定法，原爲百千萬億世而作，非欲當時不備資格，由遠不自邇。升高不自卑，圇圇吞棗，冒昧施行。以三年喪論，當時進化淺，所謂無其德。如今引道外人，以服制始，必以夏制之三月。數千年而後，加五月、九月，又數千年而後，加期與三年，非有其德，不能行其事，固一定之勢。乃儒家者流，謹據經之明文，必欲行三年於當時，人民愛親之心未能及此，故有名無實。儒家之無德行事，躐等淩次也。墨與儒同出孔子，乃堅持三月，以久喪爲非，合人情，因時宜，所以墨學大行，儒學反絀。然使人盡從墨説，則有層次無完全，百千萬億世後，無以爲進化之準則。墨行於當時，儒垂於後世，一始一終，並行不悖。當今大賈貨多，非數年、數十年不能盡售，則大埠必有堆棧，以爲屯積之所，儲藏以備銷售。故儒家與始皇、新莽皆爲堆貨棧，以備數千萬世以後銷行。如三年喪、親迎、公田、學校、選舉。雖有其説，程度未至，多未見之實行。故周人實無一行三年喪之實據，弟子空傳其説，非有三年之愛於其父母者，則不能行也。國卹漢文以日易月，歷代尊之。《堯典》言「如喪考妣，三載四海遏密八音」者，真所謂禮壞樂崩。宰我就王伯言，欲減爲期年，故非至皇帝之世，君與民之資格皆有所不足。《尚書》爲皇帝學，將來必有能行之時，故孔子不改，且與子張言，以爲古之人皆然也。至鬼神祭祀，必待靈魂學已精，如《左傳》所言巫卜能與鬼神相對語，實即《中庸》之「如在其上」、「左右」，《論語》所謂「祭如在，祭神如神在」。又《論語》所云「吾不與祭，如不祭」者，即謂人學未精，不能感格鬼神，祭則不必受福也。秦漢以下，已將經典全行。西人譏中人祭祀不必見享，不必獲福，亦所謂「無其德而用其事」。《楚語》言顓頊以下「絶地天通」，人民精爽不貳，乃能感格鬼神，即爲俟後言。必至帝世，人民乃有祭享之程度。報章用西人説，以經傳多神權説，爲蠻野世界，正坐不知俟後之旨也。《四川國學雜志》一九一三年第十二期。

會典學十要

一、明綱。《會典》爲《則例》之綱，定爲百卷。《則例》乾隆本一百八十卷，不百年而盈千卷，以後重修新本，當溢出數百卷，億萬年後，則更不可勝數。故講堂先《會典》而略《則例》。然百卷之書，亦非倉卒所能畢業。今就光緒廿五重修本，以求綱中之綱。《易》曰：「易簡而天下之理得。」千枝萬葉，固不外本根也。此化須彌爲芥子之法。

一、括目。《則例》分年編纂，由事變而出，得魚在目不在綱，絜領而衣順，然温初不盡在領。今講堂既用新本，諸君則宜置全本，並宜推詳《則例》，如不能備，則取資性所近專書一門分考可也。此化芥子爲須彌之法。

一、原經。六部分職，肇於北周蘇氏，歷代相承。蓋秦以下皆用《王制》三公五官之法，明初廢宰相，分權於六部，乃仿北周，以《周禮》六官爲主。經立標準，歷代帝王卿相心摹力追，以求得其仿佛。今推本於經，以明俟後之旨。凡《周禮》誤説與其制未備，當引《會典》補足之處，亦略及之。

一、證西。《周禮》本包地球而言，《會典》仿之，其與西人法政不無異同。蓋經説詳綱領，乃百世通行之書；西法詳細目，乃一時實用之作。知古不知今，知内不知外，皆爲缺典。今參考西法，以求旁通。大約西法惟户政最詳，宗人禮部皆其所略。詳者當取之，略者亦當誘進之。

一、通史。《會典》以官統政事，固爲歷史職官志，其實歷史諸志即其中則例也。歷史就吾國時勢試驗，閲歷千回百折，乃成今本，利害相乘，皆由實驗與理想不同。三統循環，無不弊之法，然必知兵法之難，乃不易言兵也。

一、建官。政事由疆域、人民、風俗而構造。凡創設一官之初，皆有不得已之事實，當由有官之後，推想無官之始，乃爲得也。合讀全典，爲政輔學，有《大學》平治之德量，經營八表，細大不捐，因時因地，變化不窮。此合讀之法，所謂帝王之佐也。小而言之，則爲政法普通學。

一、分職。人之才地不同，聖門分四科，《班志》列九流，諸史特開科目以百數計，人苦不能成器，成則有用，不須貪多。分考爲專門學，就性情所近，分占一科，立爲專門。蓋《會典》僅詳大綱，《則例》亦止百餘年事耳，若欲精深普通，中外其事尚多，非專精不能有成，非成則難於致用。《荀子・勸學》以蚓與蟹明專門、普通之得失。學界前車可鑒，深望諸君專心一志，以二百人分治二百官，合之即爲全才，應用不窮，必使學生成一邱之貉，殊可傷悼。

一、補廢。凡世界政學開通，皆由富强始。非富不能自養，非强不能自存，故《論語》先言足食、足兵，《尚書》命官，必先由司空，而後乃及禮樂。先後之分，即中外所以别。如宗人禮部所掌，多爲海外所無，可證也。富強時代已過，專務文明，王孫公子，其謀衣食反不能與農工四夫賤役比，固一定之勢。《周禮》凡工學、商學、警察、農化諸學及地方自治，詳哉言之。自講經者未能發達浸淫，害及政界，此當求野學外，以還我完全之經制。

一、達旨。凡前朝檔册，糟粕也，《政要》、《則例》，過時之物，久亦成糟粕。外人政法各書，雖汗牛充棟，其實亦同。《易》曰「得意忘言」，能得其意，乃爲通，通則中可也，外可也，循而行之可也，削之而别創亦可也。故言禮者貴知禮意，言法者須知法意，若拘文牽義，入主出奴，固不足盡古今中外之變。即此區區一册，亦如銅牆鐵壁，不可入也。

一、樹德。《尚書》因德命官，以知、仁、勇、剛柔、正直爲三公以統百官，九德則九錫爲公，六德則六錫爲卿，三德則三錫爲大夫，專以德命官，故凡欲學何法，須有其德。此尤爲綱中之綱，本中之本，願諸君自勉之。民國二年四川存古書局印《光緒會典》附録。

游峨眉日記

丙申六月十二日，金鶴疇太守從成都來，約游峨眉。數年未竟之願，不敢不勉。因約王少懷、陳恪賓相從，於十四日從郡城起程，宿峨眉城旅舍。黃福川店。縣境久稱福地，平疇沃野，有成都之風，近因蠟樹，家給人足，頗有桃源之況。買鄰有願，不知何日償之。是日晴。

十五，晴。由縣城宿伏虎寺。二十里。出南門，過峨神。峨廟舊不入祀典，丁文誠公督川時，請於朝，初建廟，每年由郡守代祭一次。沿途山巒明秀，漸入佳境。過老寶樓，看明萬曆時銅鐘及銅塔。聞塔鑄《法華經》佛像萬千，鐘頗壯，上層皆六朝以上王侯將相，中鑄當時官銜，宰輔有新都楊公、夏公言，在嚴嵩之下，共六七人，中多官士名銜，作志者當搨全鐘細考之。報國寺地極宏敞，伏虎雄偉，谿流白石，頗似房山西域寺。

十六，晴。過解脱坡，宿大峨寺。連日鶴公均有詩，愧不能和，而推考《生行譜》，得合讀諸圖，乃知一卦三十六圖，每圖見一本卦以記數，故定爲首身皆三十六圖，合爲二千三百零四。又一卦旁通三卦，一卦十二圖，彼此往反，無論本身三十六圖與三旁通卦，各同十二爻，主客異位，故於各圖詳記之，覺往反七十二圖，骨節靈通。一卦三十六圖，每卦各當權一次，總圖即其目録。乾之策二百一十有六，合一卦全圖，數既有證驗，疑一卦每爻皆爲三十六，全卦合爲二百一十六，六十四卦共爲一萬三千八百二十四。山中未及推詳，俟再考之。鶴公言泰華之勝，以峨去京遠，故未極壯麗。因思岳以鎮州，今華乃在蜀數千里之外，又不與泰岱相對，就中國言，疑《禹貢》之華本指峨言。古幅員未廣，據目見以華當之，與以階文諸山當岷山同，若推考九州定制，則當以今華爲嵩，而以峨爲西岳，乃合經義。將來作《禹貢解》，用此説以俟採擇焉。《繫辭》三百六十是十圖之數，乾分六圖爲二百一十六，坤分四圖爲百四十四焉。大峨寺泉水清沁，原稱神水寺，頗占地勢。住持圓明號仙夢，人老成。苦留，故未成。鶴公并爲書楹聯。廟中古松圍可二丈餘，普賢象下石象出於天然，廟中楚狂古蹟，許圓明作一記，考其所生，俟成再寄之。本日行二十里。

十七，晴。清音閣早尖，萬年寺午齋，宿長老坪，一名天長院。共三十里。連日勾留，欲補之，故早起先行，寺僧尚未起。青音閣在雙飛橋上，二水夾寺，黑白水。而流湍疾，亂石鑄穴，終日號吼如新灘焉。寺橋之名已數百年，頗占地勢。寺迫於地，樓上有樓，頗似香港。萬年寺近改叢林，方丈平光已退菴，海光新接其事，改山門，與爲政以四會亭訟，可慨也。中爲磚殿，普賢銅像丈六金身獨居其中，妙相莊嚴，志云宋仁宗時功德也。殿深廣三丈餘，高等，四方十二窗，沿邊以磚作級，庋小佛像以千萬計。磚作牆壁，常人所能，以碎磚封頂，未詳作法，宜西人之細度量而圖畫之也。上觀心坡，由息心所上山，輿夫憊，予步行，二人左右翼而上，極困乃升。

十八日，因輿夫困憊，添夫四名，以鑽天坡更險也。昨日思得一法，以三十圖作十八圖讀，自綜者六爲三，偏綜者二爲一，以合以三輔一之法。繼思不如仍分主客，主三客三，以合生三之制，故別作《旁通表》，而諸卦分七世，由一、三、九、二十七、八十一至二百四十三，主客數異數。近閱堪輿書，頗與新説相似，如俗用紫白九宮，二八異位，又無天乙，蓋僅傳一半，而又有誤。楊公法多言一卦三卦，又以中爻爲父母，左右爲子媳。羅經宜以旁通爲用，一卦通三，乾在西北，與三女相通，又與三男相通，如乾之姤、同人、履、訟、遯尤妥，是餘仿此。每方卦以通者爲不出卦，以十四身爲山相通，二十四。不録以爲用。

由天長院起身，加綷夫二名，過初殿華嚴頂因險未上。蓮花石，石如蓮花，正殿後大者如几棹。上鑽天坡，到洗象池，大乘寺，白雲殿，宿雷洞坪。雲氣如炊煙，全山多塔松、俗呼爲冷杉，石湖稱爲塔松是也。杪欏樹。沿途小竹如籬，別有清風，非人間可比。路皆由山脈行上下，則頓落處兩傍雲壑深不見底。頗似山西車路。夜加綿衣，加火，觀燈，以月明不大顯。半巖石上留佛蹟，遠望之，眉目衣履絶肖，所謂①石像也。胡菊潭先生三至峨，著《峨籟》，峨之有志，始於先生，佚文除府志、行紀外，尚有見於《峨縣志》者，因抄之以貽蜀，尤爲縣志藝文添此一種。微之先生《丙子學易編》一年成，予以丙子年鈔得之，今年丙申初治《易》，將來擬以「丙申學易」名此書。私淑先達《峨續志》未成，亦擬編之，將來三度游蹤，必有成就，一邱一壑，勝蹟多矣。若峨之雄富博大，不名一家，目所未見，仁者樂山，將何以追蹤之。閱范袁記、來子賦記，梵宇雖有廢

① 所謂：原作「何謂」，據文意改。

興，景物如故，靈奧所鍾，故能持久。昔人以峨之隱逸，雖未列三公，而海内私以推崇爲震旦第一，此何修而得此耶？樹苔范記絶肖，山多鳥，范以爲無不審，偶就目見而言，抑景物改易也。

十九辰，過接引殿，三倒拐坡頗險。太子坪早煎。山高，養氣不同，不覺氣促心疾。又過永慶寺活普賢祖殿，有肉身。又過天門石，二石壁削爲門，寶圌山有之。七天橋、普賢塔、沈香塔。上頂，過錫瓦、古明心，日方已，僧家上供留飯。飯後到金頂，居錫瓦後。不半里。聞金頂本爲錫瓦藏經地，因災，有健者起，別立門户，强賓奪主，遂爲全山主寺，富强之冠。後殿修磚工以百計，右爲祖殿三重，與金頂比。後殿高比金頂，磚殿普賢像背山東向。省郡爲游來路。前爲捨身崖，下視白雲如綿，身在天上。鶴叟同候佛光，不大顯。因日光微。過未乃反錫瓦，鶴叟爲僧題匾榜。余與塑畫言，造像不可近淫褻鄙狎，一以莊嚴爲主，方合象教意，鶴叟急飭其改作，亦功德也。知客了澈師字如意，談淨土法不倦，孳孳以行持爲囑，坐香拜名山，四思三友法，僧所持似此。言修行人宜先自下視天，下皆在己上，萬人下即萬人上，如釋伽是。所有幻化，不可以爲真，卑以馭魔，驕則必敗。其語言切實，頗近儒之自卑尊人，道之柔存剛亡。余驛客之心未化，非所以馭魔進德，魔在自身，何以去之，山深聞磬，令我深省。考由縣至頂百二十里，由山東盤旋至西背而上，故普賢背山而向，適當來路。全山土木，幾於無處無之，不能興修，則必庸敗。蓋自道路修道以後，游人日衆，功德有加。本山往來便利，運價減省。山西修四天門，而民困蘇；西人輪舟車，而國勢壯，即此理也。方興未央，似無淪亡之勢，祆教必不能滅佛，況儒法乎？峨之秀，前賢以三蘇當之，不知若李、若楊皆超軼全代，不但馬、楊賦元而已。山既入祠，明朝有峨祠，以魏鶴山配。道路宏通，蜀才大出，非一殿撰所盡卜之。三十年以後，頗欲和鶴叟詩，機括甚生，不能速。欲觀峨雨，將暮得小雨，方同鶴叟立門外，雲來幾不相見，一奇也。至此乃知雲雨情狀矣。

二十，由頂下山，宿萬年寺。六十里。上三日，下一日，登崩之異，學者當爲其難。峨由縣至頂百二十里，萬年寺居中。從上觀下，則萬年卑極；及至寺，則門臨峻坡，下行尚有六十里。故上、中、下有九等之分。萬年寺至頂分爲二段，則以洗象池居中，上下景物各異。二者又分爲四，則以長老坪、雷洞坪爲界，十五里而氣不同，雪中段厚，上下俱薄。上以風大，下以氣緩。長老坪以下簡水，洗象池以上用水倉，如蘇州之天雨，頂上則食井水，范記所謂一井足供千人是也。洗象池以上飯如沙，又不能熟，與范記同。長老坪以下耕種如常；以上皆荒，無居人，以雪深五六尺，從秋至夏有半年之久，故不能耕種。木塔松居十之九，餘皆亂草，焙户薙而焚之，取其灰。長老坪以上無蚊、無蚤、無蝨、無蛇，真靈境也。本日心頗煩惱，入佛地而滓穢不消，此真妄想苦海，宜痛削除。久欲求定静以養心，力不得其要，今以此爲下手工課，有生即滅，不使蔓延。日記中以此自課，庶可生歡喜心。海光萬年寺方丈，資州人。學佛有年，性剛好勝，予亦治經有年，而鄙吝未去，觀過内省，宜力行持。《易圖》圖書、九宮外，可以八卦方位、九州五服損益説之。一圖三分，二五居中，十二卦内四外二十，當損外八以益内之四也。以畫井説之，則分爲四九，四卦爲一州，八正八隅，中爲王畿；以五服説，則中四五居二層十二侯綏，外層二十爲要、荒。又一圖州見十二，於孫世以下二十四見，未詳如何見法，當急作七代表以明之。日暮大雨。

二十一，由小路歸，宿峨縣，過龍洞，即瀑布，特底下土人以爲即雅水，謂雅則清，濁則濁矣。在城隍廟繳香，祈雨斷屠，以魚爲供。吾道甚窮，以人心向背卜之。夜課《易圖》，以三千六百爲總數，一首身二百一十六，十六首三千四百五十六，十六首以九計之，一百四十四，合數。海光占一行數，以爲命占天孤，占和尚三星。久有出塵想，未得其地耳。此又煩惱也，宜生歡喜心。本日小雨，少解暑酲，轉思清涼世界。小路切二十里之譜，由萬年下分路，去城十五里合路。

二十二日，近來頗生煩惱，未能自遣。後人既如此，宜境皆拂。然《詩》、《易》大端皆近所得，終日推前人之隙，宜人亦隙我。大抵讀書專則酬應寡，宜爲人不喜。古人專精，死生以之，況毁譽乎？家事立定腳根，不名一錢，久則自定，不可以剛，須以柔勝剛，以前皆敗於剛也。山僧出家，鼠牙蝸角，争競①無窮，況未出家乎？欲逃於禪，而禪無可逃，則不如柔以處之。由縣反郡，及蘇溪，遇李懷卿姻長往看地，錦屏山大黄葛樹下有草店前穴。未至五六里，已晚，與鶴叟步行，一路非雨則陰，藉銷暑毒，不然，則必病因矣。歸已將二鼓②，晚乃思擬詩《小

---

① 競：原作「兢」，據文意改。

② 二鼓：原作「二古鼓」，衍「古」字，删。

雨》。

二十三，晴，暑甚。王君來論九宫行法。近看顛倒之説，乃反復成二卦，乾坤坎離内三即爲外三，震艮之内三綜巽兑之外三，巽兑之内綜震艮之外，二十四反爲二十四，反復而内外不同，廿四即四十八和卦，二十四當爲水法，别二十四爲山法，和取二十四卦反，綜即二十四内卦，九宫太乙、天乙。並八，陽順行八位，陰①逆行八位。今以陽爲大乙，陰爲天乙，别爲陽，和爲陰。

自二十四日至七月初四日，十日内專於羅經大端，三元如三統經説之三正，法天地之分，五爲時王，乾五尊位。艮巽爲二伯，星應文武，卦順爲長女少男，逆爲長男少女。此五爲中統，法人之一君二民，夏法天，爲坤統三卦；殷法地，爲②乾統三卦。此兼用二代法。夏、殷、春秋三正，王及二代，《詩》之三《頌》、《尚書》之三代，皆同此法。父母六子，元父母三君。六子爲二伯四岳，艮巽爲時王伯，震兑次離，二代岳也。一二三天，七八九地，四五六人，五統巽艮，即邵子圖之姤③復也。坎一，坤二，震三，巽四，離五，乾六，兑七，艮八，此調對流行之數。《天玉》坤壬乙巨門，艮丙辛破軍，以乾

---

① 陰：原作「陽」，據文意改。

② 爲：原作「王」，據文意改。

③ 姤：原作「垢」，據文意改。

坤起例，諸卦皆當同此，以圖中三局，八卦同也。巽二文一武，艮二武一文，皆誤。貪當爲録，録當爲貪。此乃盤法，非用法。覃宣橋來論九宫，頗有心思，微欠細審，如謂周流即順逆，一而非三，未免信心顛倒亦如此。與所作頗相通，而無一同者。半盤陰，半盤陽，半正半錯。一首四身，三男三女，沿邊七十二候，此其同也。其異者，以一生三，以三生九，每卦分三局，爲九卦，合於九宫。祖宗在覃盤一卦統八卦，父母與子孫並數，宜提出祖父卦，一卦統八卦，分三局配對不勻一。三才成六爻，重見六卦，不免牽強。女皆由母逆數，長中少男順數，三局終。以父從乙辛中分，南爲三女母，北爲三男父，陽四卦以錯爲陽，正爲陰，錯爲四卦，以正爲陽，錯陰。八卦皆先錯後正，乾在内四，在外四坎同。

《國學薈編》一九一五年第六期。

麗矚亭詞序

詞者詩之餘，亦詩之變也。然源流出於古樂府，依永而和聲，一唱而三歎，其移情於詩爲烈，顧可以雕蟲而忽之哉？王蜀、南唐以來，作者甚夥，至白石老人而歸於純雅。史邦卿、高賓王、張東澤、吴夢窗各騁所長。降自趙、蔣、周、陳而後，張玉田講求聲律，窮極正變。《白雲詞集》慷慨悲涼，不勝庾信江關之感。蓋詞義以比興爲主，寄托爲工，一代之盛衰，往往見於言表，所謂言者無罪，聞者足戒，固不僅鏤刻雲霞、揄揚風月遂謂極詞人之能事也。金鶴籌太守以元瑜、孔璋之才，馳聲幕府，佐滇黔大帥，削平回亂，戡定數十城，積功得郡守，治吾蜀保寧，有循聲。公餘手不釋卷，所著詩、古文詞、史學雜論不下數十卷，同人慫恿付梓，太守以未能自信辭，僅以《麗矚亭詞》二卷付諸剞劂氏。平玩其使事沈博則似竹垞，托興婉曲則似玉峰，低徊詠物則因小而見大，激昂當世則言近而旨遠。太守之學不盡於詞，而藏鳳半毛，窺豹一斑，亦足見其全體，顧可以雕蟲忽之哉！光緒乙酉季秋月，井研廖平拜譔。《麗矚亭詞》卷首，光緒乙酉刻本。

冷吟仙館詩餘序

詞爲樂府之遺，興於隋，盛於宋，非諧音協律，難爲歌詠。黄鍾不可先商調，商調不可與仙吕相出入，此定法也。至於體派，則因性而成，温韋豔而促，黄九精而刻，長公麗而壯，幼安辨而奇，皆各擅一家之長，不必拘體派，而體派自成。詞家相沿以來，體派大略有二：一婉約，一豪放。大抵以婉約爲正，取其不失温柔敦厚之旨也。古之閨秀，長於倚聲，惟李易安爲詞家所不逮，巾幗中鮮能繼者。太夫人之詞，意在筆先，聲叶字表，如行雲卷舒，流波跌宕，良不易得，緣其性情藴藉，故能以婉約出之，而又得玉田清空之旨，不必從追琢中來，自然流露，無不合拍，斯亦奇矣！《世界觀雜誌》一九一五年第一卷第二期。

陸香初目録學敘

張文襄督學蜀中，創修尊經書院。丙子科考，蒙調住院。其時《書目答問》始刊，朝夕揣摩，於國朝諸名家，師承源委，縷晰條貫，莫之或先焉。至今五十餘年，未嘗廢學，學經六變，五花八門，蓋未嘗出《書目答問》範圍。丁酉秋間，宋芸子轉述南皮師語，所謂風疾馬良，去道愈遠，野人食芹而甘，願公諸同好。壬申春，香初在四川大學講座教授目録學，發揮《書目答問》，先成史編，繼之以文編、雜編，宗旨與予同。戊子應南皮師之召入粤，庚寅羊城安徽會館之會康長素，有《僞經考》，外貌雖極炳烺，足以聳一時之耳目，而内無底蕴，不出目録學窠臼。辛亥，香初居國學，創爲孔子作《周禮》、子貢傳《周禮》，智足知聖以起予。當時劉申叔在蜀，歎此新鋭之師。予竊笑香初爲學能篤實，不能光輝，孤軍深入，難以應敵，患在不治目録學。大抵爲學各有其時，未至其時，雖千百賁育不爲功，時至則一儒夫轉之而有餘，樞鑰一啓，美富備陳。去聖久遠，扶進微學，不可無術，目録學足以救亡，智竭力窮，揭此玄竅，香初自爲之。德不孤，必有鄰，千世而遇一大聖人，知其解者，猶旦暮也。壬申二月，八十一老人廖平敘。《國立四川大學周刊》一九三二年第一卷第二期。

讀甲乙經跋

或謂《甲乙》引《難經》，爲《難經》出於秦越人之證，此大誤也。考《難經》之名出於宋以後，隋唐時尚無此名，何況於晉。細考《甲乙》引《難經》者共十餘條，皆出宋人新校正。《甲乙》全書體例雖録《鍼經》、《素問》、《明堂》三書，然皆不引書名。其有書名，如《九卷》、《靈樞》、《素問》、仲景、楊上善、《千金》王冰注、《外臺秘要》、《難經》者，則爲宋校所加，皆有校語言其同異，亦如《傷寒》之可汗、不可汗諸篇爲叔和所輯，非原書本文，亦有叔和案語可證。《傷寒》自成注以後，同以爲仲景原文，以叔和所附混同一例，致使後人以叔和語爲仲景。《甲乙》今本原文與宋校接續，致使人以宋校爲原文，亦如《水經注》經注混淆。案宋時校正醫書，凡《素問》、《九卷》、《脈經》、《甲乙》、《千金》、《外臺》皆一律詳校各書，有高保衡等序可證。今通行本惟《素問》新校正甚詳，《九卷》、《千金》、《外臺》全不可考。大約校正本皆佚不傳，故不能如《素問》之詳明。《素問》凡新校正皆雙行，每條皆冠以「新校正」三字，故其原文與校語最爲分明。又《素問》校語先引别經異同，後加自斷，同爲雙行。今本《甲乙》所有校語雖間係雙行，全無「校正」字樣，凡引别書證其異同語，既非雙行，又不低格，致使經校揉雜，無從區别。今細校全書，凡不引書名者爲原文，其有書名爲校語。引書以後，必自下己意，亦如《水經》與注之各有條例，可以校正分明也。如一卷《精神五藏論》第一，首條原文，三百零五字。次引《素問》，百三十七字。雙行云「已上言九氣，其義小異大同」，則校引《素問》以後自下之校語也。「肝氣悲」至「至於秋」一條，引《素問》九卷，又引《素問》，共三十五字。下云「解曰」，九十五字。則校語誤爲單行矣。「心怵惕」一條，二十七字。下引《素問》、《九卷》，楊上善。二百餘字。楊上善《太素》，隋時奉勅撰，必出宋校，而非原文，更無疑義。「肺喜樂」一條，二十九字。下引《素問》。三十四字。「腎盛怒」一條，三十字。下云《素問》、《九卷》，百一十餘字。《五藏變腧篇》第二。四引《素問》皆雙行。以此推之，凡有書名，皆爲校語，皆當雙行，無疑矣。《陰陽表裏》第三「肺合大腸」八十八字。下引《素問》，百七十九字。雙行云：「稱六府雖少錯，於理相發爲佳。」此校自詳所以引《素問》爲證之義。《五藏大小應候》第五「心小則安」，九十餘字。雙行兩引《太素》異同，單行又引楊上善。四十六字。楊氏即《太素》，當同爲雙行，可知單行有校語，當作雙行矣。《十二經脈篇》「五絶」條三引《靈樞》，兩稱《九卷》，校其同異也。《奇經八脈》「督脈」條下引《素問》，百七十餘字。又引《難經》，十六字。皆單行，雙行又引《九卷》，三十餘字。下按云「《素問》言督脈，似謂在衝，多聞缺疑，故并載以貽後之長者」云，此條尤爲校語之明證。前單行《素問》、《九卷》，皆當作雙行。「蹻脈」條下四引《難經》，文下雙行云維脈、帶脈，皆見如此，詳《素問・病論》，及見於《九卷》。又三卷「穴道」下所引雙行王冰注《銅人經》、全書引王注數百條。昌廣撰《募腧經》、《外臺秘要》卷五《鍼灸禁忌》第一。故「春刺絡脈」條下引《素問》兩條，《九卷》五條。「長夏刺經」條下引《素問》三條，第二條下云：「所謂盛經者，陽脈也」，義又畧同。第三條下「餘如春法」，同爲宋校自下語。「秋取經俞」條下引《素問》三條，《九卷》一條，皆各有單行按語。「冬取井諸腧」條下亦引《素問》第一、二、三、五、六五條，皆有案語作單行。卷六《五味所宜》第九「故味酸先走肝」條下引《九卷》、七十餘字。《素問》，三十餘字。雙行云：「木辛，與《九卷》義錯。《素問》肝欲辛作欲酸苦。」「先走心」條下引《九卷》、《素問》二條，單行有解語，雙行又云「火酸，與《九卷》義錯。」「甘先走脾」條下引《九卷》、《素問》，加以單行解釋，雙行又云「與《九卷》不錯」。「辛先走肺」條下引《九卷》，六十餘字。雙行云：「《千金》云辛入胃而走氣，與氣俱出，故氣盛。」又引《素問》，除解語外，雙行云：「肺欲苦，與《九卷》義錯。」「鹹先走腎」條下引《九卷》、八十餘字。《素問》。五十餘字。大抵文義明白者則校語簡單，其有差迕則多引異義以相證，故於鍼灸禁忌五味最詳也。卷七「六經受病所謂五十九刺」條下引《素問》，百字。雙行云：「按二經不同，皆瀉熱之要穴也。」《太陽中風》第四「熱病而痓」條下引張仲景曰「太陽病」九條至「服葛根湯」止。《陰陽相移》篇雙行兩引《素問》，後一條云：「《素問》此下有八十八字，《甲乙經》無本，故不抄入。」卷八《氣奔豚》第二「病有少腹盛」條下兩引《難經》，以證心肺積曰病。「脅下滿」條下三引《難經》，以證肝脾腎積之義不同。卷九《欬逆上氣》第三「秋傷於溼冬生欬嗽」條下引《九卷》、八十字。《十二卷》。《口齒痛》第六「大迎」條下雙行云：「《靈樞》名曰禾窌，或曰大迎。詳大迎乃是陽明脈所發，則當云禾窌是也。然而下齒齲又當取足陽明，禾窌、大迎當試可知耳。」《血溢發衄》第七「胃之大腧五部也」條下雙行云：「五邪，按《靈樞》云，陽逆頭痛，胸滿不得息，取人迎；暴瘖氣鞕，則扶突與舌本出血；暴聾氣蒙，耳目不明，取天牖；暴拘攣癇痓，足不任身者，取天柱；暴癉內逆，肝肺相薄，血溢鼻口，取天府。此爲胃之五大俞五部也。今士安散作五穴於篇中，此特五部之一耳。」《婦人雜病》第十「乳子中風病熱喘渴」，雙行云：「《素問》作鳴。」案：此條又見《脈經》。下一條「乳子下赤白痢，腰俞主之」，乳子謂新產耳。二乳子皆在《婦人篇》，不在《小兒門》。《景岳全書》讀乳子爲小兒者誤也。今摘録校語，顯與原文不同如此，以明其例。至於瑣碎短文，不盡録。其中於《靈樞》或稱《九卷》，疑爲後人所改。其稱「九墟」者，或即《明堂》之異名，不指《靈樞》也。新校正序於《素問》、《靈樞》之閒稱「九墟」，合爲三書，與皇氏原序三部同歸之文相合。「九墟」即所謂《明堂孔穴》，今尚存卷首一卷，文與《九卷》多同。《甲乙》素無注文，今擬分別校語，詳録篇名，取隋唐舊説爲集注，以張明古法。又《明堂孔穴》十三卷，袁刻日本所得《太素》中有《明堂孔穴》，首《肺經》一卷，黄以周擬仿其例補之。考《甲乙》文有爲今本《內經》所無者，必出《明堂》無疑，俟將其佚文輯出，歸還《明堂》，而後補之，乃爲有據也。甲寅七月望日，四益主人跋。《國學薈編》一九一四年第五期。

中外解剖學説異同互相改良説

予欲溝通中外醫學，民國四年，曾抄中國從前解剖舊説，如《内經》、《王莽傳》、《醫林改錯》、《癸巳類稿》之類十餘事，交華西學校莫醫生，屬其繙爲英文，通告歐美醫會，研究改良之法。此世界中醫學一大公案也。按西醫以解剖爲根本，其法多解剖死人，其部位、藏府、經絡，據目所能見者，中外皆同，特中醫詳於手足十二經，西人詳於腹内奇經八脈，考《全體闡微》等書，中人所譯者已多參用《内經》學説，中西不同者不過小半耳。彼此抵牾，互相是非。亦如三傳同傳《春秋》，末流支派，務求相反。如丁福保以肝左肺右爲與解剖部位不合，而疑《内經》。不知表心裏腎，肝左肺右，此爲政治四方例，非藏府部位。如以爲部位，不惟左右可疑，心腎又何表裏之可言？惟海外解剖學説，新益求新，每數年小變，數十年大變，不敢故帚自封。將來必有絶大改良，今欲講通中外，西人精於製造，今以人身比製造機器，分爲四大門。

西醫以往之境界

金石、機器，如鐘表。

金石礦質，全無生氣，不識不知，無飲無食。未壞時，由機械發動而行，已壞則不能行動。今之解剖死人，是已壞之鐘表，但能考其車輪、鋼條有形之物，比之鐘表，是其發動流行之動機，已不可考。大抵中醫當師西國解剖圖，以證舊醫之誤，復古書之真。西書除形體外，種種功用妙用説，則不免附會。通水諸管，《内經》謂之屬、謂之絡系，有此絡系，而以爲水管則誤。蓋其所指，再進而求之生力資料之器。

西醫將來改良之境界

電水火生力機器。西書言腹内熱度，以百廿度爲常。此熱度由電而生，藏府功用，當由此電熱立説，不能仍以已壞之鐘表爲比例。

鐘表不飲不食，終年無消耗，人身無日不資飲食資料以爲輔足。此如鍋爐，必藉煤油而後力生，與鐘表之礦質已屬不同。今學堂全體模形亦有形而無神氣。

鍋爐之用，與釀酒之法同。釀酒法，血由氣化，必先詳氣之所由生。今西書詳血而畧氣，則血爲死水、穢水矣。又西學日新，而新書但能將形體細分，别立名目字形，至於功用妙用，仍拘泥①舊説，未有發明也。有糧穀，有煤火，由蒸氣而化水，故有蒸氣，有氣水，有煤滓，有糟粕，有敗水。酒與糟水非一物，氣水與鍋底之水非一質。中説詳藏府之分，水穀行府，而臟中所行皆爲蒸氣水，西書混而爲一，謂五藏皆有水管，是其所短。解剖家須知人必飲食，與電機、水機、火機之消耗同，不可以礦質、鐘表同視之。解剖第二次改良，必

---

① 拘泥：原作「据泥」，據文意改。

先講借力。

中外合通之境界

製造工廠之機器。西圖專詳形質，《内經》則形質與氣化並言，僅得其半。當參中説而研究之，如實不通，再訂可也。

鍋爐一機器也，已壞則必由工廠别搆造材料，更造一鍋爐。故機器爲死物，而製造機器之工廠之機，乃爲諸機之本原。鍋爐衹爲一器，不能自生鍋爐，必借助於工廠製造機器之機器。以鍋爐比人身，則蒸氣近似，而猶未能有製造之全能。但言機器，猶形而下者。

全體推究其極之境界

上帝造物之全能。如肝魂、肺魄、心怒、志慮之類，與真人、至人、愚人各等學説，尤爲之本解剖所不詳。工廠之製造，似已爲機器，然必别求材料，而後能製造，非材料不能成工。故鍋爐不能自生鍋爐，而必求工廠，工廠非别求材料，不能空造鍋爐。人身之爲鍋爐，能自生小鍋爐，而不待工廠；能自造渾全之鍋爐，而無須材料。與上帝造物之肇造天地人物主宰，同此全能，有如此神妙工用，不可測度。《全體新論》第三十九《造化》曾推論及此。乃按圖索驥，捫盤揣燭，與已廢鐘表之車輪、銅條等量齊觀，如之何可也。

西學日精，中學則日壞。西醫據晚近醫士之言，指爲中學而加辨駁，非也。今據西醫解剖新圖，以復吾國古學，如腦氣筋之爲督脈。淋巴管日本名詞。之爲衝任，今血之爲二蹻，既已取彼所長，證我古法，中外全通。又中書出二千年前，其半已合於西圖，則其餘之一半，海外所未詳者，試用其書而再加研究，安知不更發光明？願中外各去驕心，實事求是，既有導師，則不似從前之自闢蹊徑，苦無印證，彼此會通，形神交盡。後來大改良，乃真爲定說，願不以已壞鐘表之礦質，爲盡全體之能事也。《戊午周報》一九一八年第八期。

氣血二管即中國榮衛陰蹻陽蹻説

中國醫書，言經脈者詳於左右在外之十二經，而略於奇經。任督有專穴，合脾胃兩大絡，共爲十四經。滑壽人名。《十四經》書名。發揮是也。若陽蹻陰蹻，《内經》雖有長短尺寸，及爲經爲絡，學者不能指其脈之形象及其部位也。西人書名《泰西解剖學》，説腹中有動静二管，一名曰血管，中國經脈。一名迴血管，中國絡脈。另有一種名曰微細血管。中國名絲絡。○《解剖學》有圖有説。西人書名《全體新論》，云血管以赤色爲正，直出血脈總管，中國名陽蹻陰蹻，即中國由絲。由微絲管入回血管之中，絡引入大絡説。其色頓變而紫矣。由經説人飲食入胃，由蒸化氣。由氣化流質而爲血。按初由絲絡引歸大絡，由大絡引歸經脈，色乃變赤，與西説皆同。但由蒸氣化血，與西説以管相通，有水物穀分藏府者不同耳。《内經》云神藏五形，藏府爲形藏，通水穀者。《全體新論》云，回血管者，回導紫血入心之管也。總管二支，一支向下，以接下身藏府兩足之回血；一支上行，以接上身頭腦兩手之回血。散布兩小支，一如血管之狀。經絡相同。但脈管深，《内經》經脈深動不休。絡脈深淺皆有，《内經》絡脈淺静而不動，淺者爲陽絡，深者爲陰絡。應色無脈，血管乃赤。即説中所謂紫色與赤色，分配二管，因紅紫二色相混，故圖中一作紅，一作藍，易於別識，非以藍爲正色。

按《内經》絡脈之汁，初化之水，名曰津液，潤藏府，澤毛膚，其色乃爲白汁，不紅不藍更不紫。今人刺絡，有紅血出者，血爲養血所化，如人乳色白，露宿則變赤，□又《論語》云：「惡紫之奪朱。」二色相近，凡人吐血、便血、瘡口出血、痰中見血，輕者正赤，稍重則變紫，紫近於黑，血有黑色，壅瘀已深，紫乃血色之敗色。今以赤爲血管，紫乃迴血管，西人想像之誤説。

按：二管解剖時常親見之。《内經》爲神明之書，不能佚此大綱。參合求之，二管蓋即《内經》之所謂陽蹻陰蹻也。《靈樞·脈度篇》黄帝問曰：「蹻脈安起安止？何氣榮此？」岐伯對曰：「蹻脈者，少陰之别，起於然谷之後，上内踝上，置入循陰股，入陰，上循胸裏，入缺盆，上出人迎之前，入頄，屬目内眥，合於陽蹻，太陽而上行，氣并相還，則爲濡，目氣不營，則目不合。」

按：經脈爲血管，常動不休。絡脈不動居外，飲食入胃化氣。氣化爲流質，變爲赤色，謂之榮血。肝爲血海，爲血管之主人。絡爲氣管，静而不動。肺爲氣海，專主此管，初無□道。故曰「上焦如霧，中焦如露」者，蓋肺朝百脈，百脈指絲絡言。由氣化水，由絲絡引歸大絡。氣初化水，貫於絡中，至經乃變赤色。《傷寒論》所謂榮行脈中，衛行脈外，赤色行於經脈，有經隧可言。水穀由脾胃化氣，蒸化氤氳，所謂上焦如霧，如炊飯釀酒之蒸氣，分布四散，無孔不入。此内無經，所謂氣無隧道，仲景所謂衛行脈外。必由蒸氣化水，絲絡即微系管。引歸大絡，然後有經隧可言。是西人之血管者，即經脈；迴血管者，即絡脈；微系管者，即絲絡。西人之所謂動静色赤不等，皆與《内經》巧合者也。今以二脈屬之陽蹻陰蹻者，則尤有明證。考《脈度篇》，十二經又爲十三丈八尺，二蹻七尺五寸，合爲一丈五尺，任督各四尺五寸，合爲九尺，共十六丈二尺。十二經分左右雙數，任督居中，單數是也，二蹻與十二經分列左右，如同十二經例。左右分數，則當爲三丈，不僅一寸五尺，此最不可通也。經有合行並數之文，舊多失解。蓋十二經爲並數左右，十六丈四尺並數不分左右，則爲八丈二尺，合行則指二蹻在外，分爲四脈，在腹中内合行則爲二脈，故就腹中動静二管計其度，上爲一丈五寸，而不謂之三丈。黄帝問曰：「蹻脈陰陽，何者當數？」謂二脈有四條，各七尺五寸，今只數一丈五寸，是取其半，棄其半，故有此問。

西人學説以膽爲藏肝汁之囊。合肝膽爲一藏，最佳。由此推之，肺心當合爲一藏。西人學説詳肺而略肝膽，不言氣，專言血，又以肺心主血，不言氣肝膽，與中醫同，不以爲血海。《内經》言肝藏血有明文，又言心生血。血由氣化，心生之，肝乃藏之，亦仍肺主氣海之説。岐伯答曰：「男子數其陽，女子數其陰。當數者爲經，其不當數者爲絡。」黄帝曰：「善。」按《解剖圖説》，血管深，迴血管深淺皆有。深爲陰，淺爲陽，今但計其尺寸，故以陰陽言，其實一也。又男子以陽蹻爲經，以陰蹻爲絡；女子以陰蹻爲經，以陽蹻爲絡。全身經絡，無以男女分别異同者，異其名而同其實，不過就其深淺而言之，無所異。按十二經分數者，經絡行身之外，各有終始，不能不分數。任督單行，不能不單數。考《解剖圖》，二管居腹中，地位與任督相近，其上行至頭手，下行至足。陽蹻有二，陰蹻有二，共爲四脈，所以有數半去半之疑。就腹中言，實只有二大巨管，如任督之單行，上行如樹之枝葉，下行如木之根荄，其中爲巨幹獨立，故上頭，中腹，下足，合計七尺五寸。在腹中只有二管，不能劈分爲四，左右數之爲三丈。此就陽蹻、陰蹻二脈分數、合數之疑難，得《解剖圖》而涣然冰釋者也。又經以二蹻分經絡，氣管爲絡脈，静而不動，血管爲動脈，動而不静。則《内經》之所謂經脈、絡脈，即西人之所謂動脈、静脈，合之兩美，相得益彰。《靈樞》本爲聖神之作，雖不必皆經解剖，而生知前知，先天弗違，固古今中外皆不能出其範圍。然後師解説傳鈔，脱非借證解剖，實事求是，則古經巨疑，萬不能通。又解剖拘於死屍，傅會形骸，所謂形而下者，至於生機氣化，氣與血名異實同，藏與府異同相反。生人與死人不同，則有耳目聰明之外者，西醫固未臻此境也。又常考其書，其全體分析各種名詞，有爲中外異詞，有爲細節，中文經所未及者，但有目見實據，則不能合中外而通之，其所言脈管作用，則每多杜撰。西人所言形骸則實，所言功用則非。而經言五藏六府，各有係屬相通。諸凡係屬，非水道之管，如膀胱有二上管，胃有上管，皆爲水道。至以人爲土木偶，西人詳於機器，乃不以蒸氣推之人身，則爲拘於形骸，未能通解氣化。久欲溝通中外，取西人之長，以補中醫之缺，今故於腦筋淋巴管外，又發明動静二管，即陰蹻陽蹻，中西大綱，無相同矣。

五海圖《靈樞》有四海，爲詳氣海而略血海，合之當爲五海。

心爲腦，腎爲衝任，膽爲睪丸，經文多立此。後醫乃以心膽屬之腹中，而腦與睪丸屏而不用矣。

東肝 合膽 血海

中央 胃 水穀之海

北腎 衛經十二經之海

南腦 心髓 海

西肺 合心 氣海

西人詳肺心之血而不爲肝膽，此大誤。

肺肝氣血管圖

肺 順行始於手太陰，逆行終於手太陰。

心藏肺汁之囊

氣管色不赤，在外靜而不動，衛氣晝行於陽，夜行於陰，五十營。《戊午周報》一九一八年第十期。

珍廷唐先生八十晉一讌集序

經傳議院制所以爲百世法，端在《洪範》稽疑。其曰「卿士」、「庶民」者，記作君子、庶人，卜筮之外，首重上下兩院。凡人老者知，壯者決，故議員皆老者。《王制》：「凡三王養老，皆引年。」《内則》一作「乞言」。所謂「凡養老」，五帝憲，三王有乞言。又《文王世子》，凡祭與養老，有乞言命語之禮。蓋「引年」乃「乞言」之字誤。《記》又曰：「七十杖於國，八十杖於朝，九十者天子欲有問焉，則就其室，以珍從。」所謂有問就室者，非即乞言就謀之謂與？昔楚邱先生披蓑帶索，見孟嘗君，孟嘗君曰：「先生老矣，多遺忘矣，何以教文？」先生曰：「惡將我使而老哉？使我投石拔距乎？追車赴馬乎？吾何暇老哉？將使我深計而遠謀乎？定猶豫而決嫌疑①，吾乃始壯矣，何老之有！」此古議院之所以設於學校，謀畫之所以重黃髮而絀勇夫也。漢制，博士弟子員射科爲議郎，得與聞國家大政，末秩微員，一言而善，王公貴臣，舍己相從，雖誥命已行，亦可追改，如捐珠崖，不許單于朝是也。此最古純樸之制，魏晉以下不能行，而海外草創，更無論矣。夫白屋關謀，芻蕘畫智，議員之職也。兼聽獨斷，惟在一人。大謀之

① 嫌疑：原誤作「嫌凝」，據四庫本《韓詩外傳》改。

術，則議長司之，見事而知得失成敗之分，而究其所終極，故無敗業廢功。《秦誓》爲校士之專篇，其名雖與《費誓》同，然《學記》雖曲藝必誓，則學校與兵戰同稱誓。昔人謂此篇全無秦穆悔過意，其曰「惟古之謀人，惟今之謀人」，非好謀而成與？又「番番良士，膂力既愆，我則有之；仡仡武夫，射御不違，我尚不欲」，不與楚邱之言若合符節乎？開縣唐宗堯議長長吾蜀省議會，民國七年六月，爲其四伯父元吉主人珍廷先生八十晉一誕辰，子姓鄉黨，將稱觴獻壽，具事略徵求壽序，以爲讌樂之助。按事略，宗堯之學業，全屬先生所養成，慈祥愷悌，明達機警，排難解紛，事實具載。宗堯爲省議會之表率，先生不又爲宗堯之先導乎！宗堯之爲議長也，固早能如一个臣，於諸議員有技，若己有之，彦聖不啻口出，利哉可占。當今時勢日非，川中全局，水深火熱，論者束手無策，惟悼歎劫數不可挽回。然千人諾諾，不如一士諤諤。值此大疑巨難，衆所不決者，責在議長；議長所不能決者，典型不遠。先生雖未就養成都，然八秩晉一，已在禮九十有問就室之例中。電達往來，崇朝千里，淝水之績，出於東山，借箸之謀，原於黄石，先生未必無奇謀碩畫，足以轉危爲安，轉禍爲福，如古人所稱善謀者，詢兹黄髮，則罔所愆，吾蜀父老子弟，其庶有瘳乎！昔端木受命，一出中國，列强興衰成敗，由之改革，微弱之魯，終得保存。言之不文，行之不遠，若是者可謂文矣，不知者猶或非之。使世有斯人，余雖爲之執鞭，所欣慕焉。井研廖平頓首拜撰。《戊午周報》一九一八年第十一期。

邑侯廖公芷材德政頌

縣長廖侯芷材蒞吾邑之六月，戢匪安民，功在闔縣。龔君熙臺述中區紳耆意，撰《述政記》，韓碑柳雅，朗然可誦矣。而東南兩鄉耆舊以龔記既開於先，不可無以繼其後，爰合集五場，走書索文。余以珠玉在前，李劉擱筆，續貂遺笑謝之。象以東南與中區同受艴幪，既不能開始於前，又復逡巡於後，感恩戴德，無一言以紀其烏私之忱，人其謂我何！按今日時局，親民之官非武健不能爲能吏。前任之李、曾咸以治匪稱，縣人方君琢章歷任繁要，所捕治或數百人，多則以千計，已去任，民思之，未到任，民望之，載在報章。時會所趨，殺以止殺，雖惠人慈母，不能不明刑以弼教。秋初還縣，聞治匪已逾百，嘗以哀矜之說進。避暑城南臨江寺，犍爲送盜者飯於寺門移時，余家傭亦以送匪來告。邑侯謂余曰：「此亡命者皆自尋死，無法以生之，奈何？」相與黯然久之。還家，姪成鎔絜譚告余曰：「捕匪鎗斃者衆矣，因知必死，或陽狂高歌，示無所畏，或詛咒稱寃，自謂枉死，或婉轉哀求改過自新。」邑侯所治者近百人，臨刑咸俯首帖耳，各生後悔，其歸怨長官，詬厲團警者絕無其事。余初聞而疑之，訪之鄉鎮，詢省中從縣來者，咸無異辭，不審果操何術以致此？雖韋仁壽囚爲禮佛者何以過焉！《傳》曰：「以生道殺民，死而無怨。」鴻鵠高翔雲表，余猶有人之見存真，所謂多見不知量者矣。東南各鎮與仁、榮接壤，外匪伏莽，互相鈎連，較文明、拱辰兩鄉爲尤甚。邑侯之保護奔走，籌畫亦愈苦。最可佩者，舒軍、陳軍到縣籌餉，幾至衝突，邑侯居中調處，彼此解決。所籌款項未能與鄰縣相抵，邑侯以縣小民貧，不能再事搜括，至以去就生死相争持。兩軍素諗公治術清廉，愛民如子之血忱，得從末減。吾民親睹鄰邑受禍之慘痛，室家離散，傭僕鞭打，十室九空，吾邑鷄犬無驚，若不知有籌款事者，莫非邑侯之庇蔭保育所致。《康誥》曰「如保赤子」，邑侯誠所謂「愷悌君子，民之父母」矣。企彼公堂，稱觴獻壽，豈敢復計文詞之工拙，無一言以達鄉曲僻遠之孺慕，故粗具梗概如此。凡襲記所已載及他奉行政事，俱從略焉。乃爲頌曰：法正人愨，罪當人從。用猛遷善，姑息養癰。髖髀之解，非斤則斧。短鍼攻疽，緊何有補。桓桓君侯，寬而能栗。因時通變，蔚爲時率。火烈民畏，斯獨愛之。果操何術，蓋亦無思。惠既洽矣，百姓且寧。我揚斯頌，式昭德音。《戊午周報》一九一九年第四十期。

清旌表節孝誥封宜人李母孫太宜人墓誌銘

宜人之喪，孤權彙刊強、戴、宋三公舊作以徵文，更乞銘以志其墓，蓋取原始要終之義。按宜人父孫公樹穀，亦贊善弟子，重其家教，故爲元魚聘焉。同治壬戌，元魚瘵故，宜人聞訃乞奔喪，贊善不以爲可，豈不以高人絶世之行，禮不強人以難能，兄弟之子猶子，年高厭世，不肯再貽身後累歟？甲子贊善薨於成都，宜人請奔二喪，孫公不能難，因攜西上。當時政府及鄉前輩嘉許宜人素志，謀所以成之者，門人請再撫贊善三弟耐軒公子仲言爲後，俟有長子先後元魚，亦如朝議穆宗德宗相繼立後故事。大署及府縣並立案，恐其事中變，元魚冡嫡之延，或不得如宜人之意也。壬申權生，實焦宜人之所出。甲戌，宜人從閬至省，定撫事，所謂爲李氏延一綫之傳，非有志者事竟成歟！元魚無後而有後，贊善無孫而且多孫，朝廷三十餘年所卒不能得者，匹婦七年乃克滿其願，此雖天心，亦有人事焉。如必謂《禮經》拘泥大宗不必後，則武鄉奚必求喬仲慎改字伯松哉？存亡繼絶，不能不爲宜人頌焉。然考宜人從閬至省者三，有三從之義。甲子奔喪，爲李氏婦，丙寅姑馬病，來侍疾，喪後復旋閬；甲戌來定撫事，則爲夫死從子，時權已二歲。壬辰由權迎養，母子始同居，蓋孫公之没久矣。綜此二十年中，在室多於夫家，權由乳哺以至昏娶，前後母子聚守不過期年，宜人既以撫承爲己志，則當如晉賀僑妻表，先爲衣服以待其生，洗浴斷臍，即爲取還，取藥下乳，分肌損氣，使子一情相親，絕本恩於所生，乃可告無罪於所天。雖父老病，亦不使顧其私親，不能撫人子以爲己後，而劬勞教養，一以委之焦宜人，幾如大禹三過其門，呱呱弗子，既無包胎之氣，又少長養之功，雖曰女孝，於母德無乃有所遺歟？余則曰，奔喪守貞，贊善尼之，長子後宗，父老疑之，乃宜人矍鑠壽考至八十三而終，嗣子敬愛，踰於所生，兩姪植涵，敬事如母，同居通財無間，較當日立案所議，遠過倍蓰，此固大家世族，深仁厚澤，禮教遺風，而不可以尋常薄俗耰鋤德色者同年而語。且戊戌仲言迎宜人母子如黔，焦宜人敬事如禮，凡事請命，以介婦自居。無何，焦宜人卒，植涵依賴宜人，亦如權無母時，十年如一日。瑾既絕嗣，並謀遺攀還奉瑾祀，鍾郝交稱，箎籥如故，雍和靜睦，相感以誠，母慈子孝，姒敬娣賢，報施來往，親疎勞逸之見，久已融化於無迹。宜人當時之不留省而歸閬，必別有時勢相妨，不足爲外人道者，利害相形，舍此而就彼，由後事以證前行，則固毫無疑義者。孟子曰「君子之所爲，衆人固不識者」，非此之謂歟？宜人卒於戊午三月初一日子時，距生於丙申七月二十三日子時，享年八十有三。權以五月初六日卜葬於仁壽四面山先壟之右，艮山坤向，距元魚墓僅丈許。權昆季吾友焦佩箴之甥，因次所聞，凡強、戴、宋三公已詳者不贅焉。爲之銘曰：

孰亢宗而承重兮，維贊善之冢孫。羌一楷而歧秀兮，如仲箎與伯壎。純德萃於一堂兮，歎人世之高行。嗟滄海之成陸兮，感帝女之精誠。四面高兮陰溪清，不祔葬而陪塋。維紫胎之先兆兮，尤鬼福之及人。《戊午周報》一九一八年第十二期。

祆教折中目録

皆經說與西教同者。

上卷

孔教六經皆以天爲主

天主明文出於穀梁

《莊子·天運》「孰主宰①是，孰綱維是」，亦推天爲主。《穀梁》：「爲天下主者，天也。」《董子》亦同《穀梁》。

聖人無父而生歸於天列證

耶穌母童女，與《生民》、《玄鳥》同義。

天下天子實義

全球乃爲天下。《春秋》以天王爲正稱；皇配天，天子爲帝正稱。

① 主宰：《莊子·天運》作「主張」。

天父適子即《西銘》乾天宗子

專主一天所以絶外教一物一神與祀禽獸蛇蟲諸神

《詩》《易》天下一家皇祖君子父母王子公孫同一父天母地

《古教彙參》不駁孔教

《春秋》小九州言天則中外所同

《新約》爲化愚故語多質樸文義頗與中國古子書同猶太王基督如素王天生

《新約》守柔不伐似《老子》

孔廟改象用木主與不拜偶像宗旨相同

不拜偶像專與佛與外教争

獲罪于天無所禱即不拜別神宗旨

不郊猶三望説

墨家博愛制器

《墨子》非攻，西人鑄兵，專以自救危亡。六家東儒西墨，施醫行教，亦泛愛之學。

天教與佛初化蠻野皆以博愛守貞禁殺淫

同父一天即中教博施濟衆

肇造天地即中學造物之義

《莊子》、《董子》屢明其義，如楮葉、牛馬、角齒之類。

《新約》重倫常並無廢倫平權之説

天生人物諸説同《列子》

舊教貴童貞新教改佛從儒

諸國鑄兵制器全藉教士博愛保全生命

孔教未興以前中國即同祆教

凡教皆同宗天

平權自由西俗有之非教宗旨

格致家推究天地未有以前全同鄒衍

中卷

皆駁西人粗而未精之説。

羣經傳記天外立天

子以父爲天、臣以君爲天、婦以夫爲天之類。

中國文家西人質家

《董子》立官象天

駁天外無祀説。

西人政教皆有尊卑等差

駁獨敬一天説。

翻譯諸書削足適屨多變從中教

欲化中人，實先自化。

西人綱常名教漸變中俗

《春秋》郊則不譏望祀

《春秋》尊王人即以尊天王

駁天不喜人敬神之説。

《周禮》祭昊天上帝不廢群祀

「禮三本」新解

《新約》以婦天夫以子天父以臣天君以僕天主

《穀梁》、《董子》天子母子尊卑異稱

禮決嫌疑別同異皆本差等

祀神祀主有利無弊

禍福之説全由祈禱改爲政令法天

靈跡怪幻以不語怪力亂神改之
靈魂永生以未事人知生改之
拜請煩瀆以務民義遠鬼神改之
禱以實不以文以禱久改之
教不事事所以弱夷改以政德
祆佛開荒聖教踵事增華精益求精
　祆、佛如「切磋」，聖教如「琢磨」。
老子化胡淫殺已息統歸孔教其法自滅
中外開通爲洋溢施及之時不須以絶爲憂
《中庸》道並行不相悖

下卷

祆教源流
新教變舊教
耶穌變天主
孔教由近及遠百世可知

中外不以所從多寡爲優劣。

《周官》皇帝統治全球

土圭三萬里開方四表統治全球。

五土爲五大洲《大行人》方九千里爲九州即鄒衍帝制九九八十一方三千里

《尚書》一經兼及海外

《山海經》《楚詞》道家爲天學即佛大乘

《桑柔》顛倒反覆以化四極風俗

埃及古文摩西《舊約》與中法同《新約》改之爲教士附會

經傳微義非西文所能譯傳載道之書必須中義

埃及古文皆屬附會。

群經皇上帝帝皆人鬼非天

群經天與上帝帝比文連見

聖經本於天理人情因乎時勢未至其時不能用既興已後不能更變

帝王已得天下偃武修文

諸國紛争如七雄，日以攻戰爲事。天下一統，必如始皇之銷鋒鏑、毁名城，漢高之講朝儀、禁挾書。

祆教初在中國孔教已與祆教流入西域今又反還中國
祆教流入中國與佛法先後略同不關中國治亂
徐光啓表跋
《景教碑》跋
《癸巳彙稿》祆教考跋

重訂六譯館叢書總目

春秋穀梁古義疏證十一卷湖南刊本印行，見擬排印。
左氏傳義疏證二十四卷
易經十首四朋六首四朋古本
詩學提要以四、五、六爲《國風》、《小疋》、《大疋》，爲三十六官，四風四詩爲三十三天。《小疋》自《谷風》以下爲三十三天，《齊》首三篇、《抑》末三篇兼補兩端，合爲二十六天。《三頌》十五篇。全詩二百八十一篇，言病之變化。
詩緯校定真本
内經上下經文考訂補易緯
雷公十一篇全爲易緯補説
易學提要二卷上經卅卦以合天、人、地，下經五中言病之變化。
藏俞五十穴府俞七十二穴證詩表附《藏穴五俞分屬五行俞穴分屬六天考》。
王啓玄引古經易詩考
五運六氣即易詩緯候之微附日本丹波氏《駁義》。
易三天考

六經皆孔子自作篇附《劉歆顛倒五經義證》，孫宗澤敬編。以上待梓。
易生行譜
春秋三傳折衷
大學中庸
長短經
公羊證疏附《大統春秋凡例》。
公羊解詁三十論
左傳古義凡例
經學四變記
經學五六變記
春秋圖表
易説
詩説
羣經凡例
今文新義《書大統凡例》〇《尚書弘道篇》〇《書中候弘道篇》。
今古學考

古學考
知聖篇
經學初程
王制訂
世界哲理箋釋
六書舊義
經話甲乙篇
起起穀梁廢疾附《釋範》。
易經古本
倫理約編
坊記新解
孝經凡例
分撰兩戴記章句
家學樹坊
禮說
王制集說

群經大義
皇帝疆域圖表
周禮訂本注
地理答問
漢志三例表
撼龍經傳訂本注
地理辨正補證
會試硃卷
六譯館雜著
六譯館外篇
春秋三傳折中
孔經哲學發微
春秋左氏古經説
九州通解
莊子新解
莊子敘意

三巴金石志目録

周禮今證原名《光緒會典》。

醫類

黄帝内經明堂

藥治通義

平脈考

診皮篇

診絡篇

人寸診補證

三部九候篇附《十二經動脈表》。

診骨篇

診筋篇

脈學輯要評

難經經釋補證

營衛運行考

分方異宜
靈素五解篇
黄帝内經
仲景九候
傷寒總論
傷寒評議
傷寒古本考
傷寒雜病論古本
傷寒古本訂補
巢氏病源

書札一通 民國十九年

子俊縣長鈞鑒：此次教局議標賣各場店房，鄙人爲將來回場住居計，苦無避静之所，擬買教局所提柬生店，深居埒中，地頗清静，即長孫宣伯現在佃居者。敬請鈞署轉囑教局，鄙人指買此店，憑衆議價，以免標售，而杜争端。諸希維持，特此敬請，順候公安！陰曆九月初六日，廖平頓首。

（藏四川省井研縣檔案局）